范学辉 ╲著

大宋开国

山西出版传媒集团
山西人民出版社

图书在版编目（CIP）数据

大宋开国 / 范学辉著. —太原：山西人民出版社，
2022.6（2022.8重印）
ISBN 978-7-203-12047-6

Ⅰ. ①大… Ⅱ. ①范… Ⅲ. ①中国历史—宋代—通俗
读物 Ⅳ. ①K244.09

中国版本图书馆CIP数据核字（2022）第003977号

大宋开国

著　　者：范学辉
责任编辑：崔人杰
复　　审：李　鑫
终　　审：梁晋华
装帧设计：陈　婷

出 版 者：山西出版传媒集团·山西人民出版社
地　　址：太原市建设南路21号
邮　　编：030012
发行营销：0351-4922220　4955996　4956039　4922127（传真）
天猫官网：https://sxrmcbs.tmall.com　电话：0351-4922159
E-mail ：sxskcb@163.com　发行部
　　　　　sxskcb@126.com　总编室
网　　址：www.sxskcb.com

经 销 者：山西出版传媒集团·山西人民出版社
承 印 厂：山西出版传媒集团·山西人民印刷有限责任公司

开　　本：890mm×1240mm　1/32
印　　张：10.25
字　　数：210千字
版　　次：2022年6月　第1版
印　　次：2022年8月　第2次印刷
书　　号：ISBN 978-7-203-12047-6
定　　价：68.00元

目　录

关于通俗历史读物的几点思考

——写在范学辉《大宋开国》出版之际

　　撰写通俗历史读物，当然并不是将历史学论著改写得通俗易懂就可以了，实际上它应该是一个再创作的过程。

　　史学论著对以往发生的人类社会活动展开研究，那些活动既然早已是往日烟云，今天的人们想要了解它们，讨论它们，首先要做的是搜集一切可能找到的历史资料，来复原相关的历史事实。因为，与研究当代社会不一样，在历史上哪些事情发生过，它是怎样发生的，很多都是未知数，必须首先将它们弄清楚。于是史学家们就不得不花极大的精力来复原历史事实。这就是为什么史学家们常常强调要"文章不写一字空"，或者"字字有根据"的原因。史学与文学不一样，不能虚构，所复原的史实必须以可靠的历史资料为依据。但是由于种种原因，保存下来的历史资料总是那么残缺不全，很难令人满意。尤其是关于历史上人们生活的许多细节，以及历史人物的各种心理活动等等，更是如此。这样的情况，当然会对史学研究造成许多困难。有的时候，史学家不得不放弃对某此史事的探讨，造成史实的"留白"现象。

由于这一缘故，史学论著常常会花大量篇幅来展开对史实的考证，而且有时仍无法得出明确的结论，只能提出某些也许相对接近史实的假设。也因此，史学著作常常会给人以一种过于"烦琐"的印象。

与此同时，史学家们之所以花如此大的精力来复原史实，是因为学术研究的目的是要理解历史，所以他们还必须根据复原的史实来分析、讨论历史上人类社会的各种现象，对它们做出解释，分析各种历史现象相互的因果关系，回答种种关于历史上人们社会活动的"为什么"。这就是史学研究的两大基本步骤：史实复原与现象解释。但是，由于人类社会运作的机制实在太过复杂，无数因素交织在一起，更何况必须的信息还那么不充分，如果说宇宙是自然界最为复杂的研究对象，那么在人文社会科学界，人类社会本身就无疑是与宇宙相对应的、同样复杂深邃的研究对象，因此史学家们对历史现象的解释大多数也不得不是试探性的，只能小心地一步步探索深入，常常无法给出清晰并且确定无疑的答案。

由此可见，对于绝大多数史学著作来说，仅仅将它们用相对平易的语言改写一番，是难以写出令人满意的通俗读物的。史学家们必须根据自己对历史的理解，利用自己所掌握的历史知识，对它们作一番重组。在很多情况下，为了满足通俗叙述的需要，他们还必须对一些在分析研究中不一定需要的历史细节展开专门的探讨，才有可能写出令多数读者满意的读物。

具体而言，在这一过程中史学家所必须做到的，首先自然是要言出有据。正如学辉在他的《后记》中所说的，"每一句话，甚至每一个字，都要做到有出处，有史料依据，有研究支撑"，这是史学家撰写通俗历史读物的原则与底线，有逾于此，就会逸出史学，走进文学的范畴。学辉多年从事北宋初年军政史研究，其所达到的深度与涉及的广度，无疑为他这本二十万言的《大宋开国》提供了最好的基础。其二，学辉虽未声言，明眼人一看即知，为了撰写这本通俗读物，他深入到了比分析讨论所需要的更多的历史细节之中，例如他关于赵匡胤的拳术和棍法的叙述就是。其三，就是针对史书中原本有相互歧异记载、史学界有不同认识的问题，史学家应该依仗自己的学识，做出正确的判断与选择，将相对明确的历史知识传达给读者。正如学辉在《后记》中所言，"或择一而从，或兼采众说，或另提新解"。总之与研究性论著不同，在绝大多数情况下，通俗读物不能充分展开关于各种可能性的讨论，并将最后判断的任务交给读者来完成。这一过程看似主观，但却是有必要的。因为史学家建立在深入研究基础之上所作的选择与判断，反而更具客观性，可以达到"虽不中，不远矣"的境界。这对于大多数读者来说，估计是不能胜任的。

如何将通俗性历史读物写得"有趣",对多数读者有吸引力,对于史学家来说显然是比做到让它们通俗易懂更难、更不容易应对的挑战。时下坊间常见的或者笔下生花的炫耀文采,或者脱离史实依据的凭空想象,甚至虚构离奇的历史情节等等写法,当然都不可取。事实上,人类社会千万年来的演进,其精彩复杂,跌宕起伏,乃至历史人物所表现的聪明智慧与丰富的情感世界,是远远超越任何虚构的文学作品所能企及的水平的。细心提炼,平实叙述,以展现历史的波澜壮阔与非凡智慧,无疑是通俗历史读物引人入胜的不二法门,学辉这一本《大宋开国》正是这方面的杰出例证。

由此可见,撰写通俗历史读物并非易事,没有坚实的学识基础,真正做到深入浅出,很难写出合格的作品。进一步讲,对于通俗历史读物,史学家与读者双方可能都需要作必要的心态调整。对史学家来说,应该认识到将自己的专门研究心得以通俗的形式向大众传播,本来就是自己份内的事,应该尽可能提高自己,在精深研究与通俗写作两方面都做到得心应手;对于大多数读者而言,也需要将自己从传统的历史演义与当代的戏说电视剧中了解"历史"的习惯中走出来,明白史学与文学的不同,追求在了解深邃的人类历史运动中来获得精神的愉悦。

我曾说过:"人们常常误解历史学家,以为他们都是冬烘先生,食古不化,事实上,优秀的历史学家绝不是这种被歪曲的形象。熟悉科学的研究方法，拥有宏观的视野与综合分析的思维方式，更兼因为了解史事而常常秉有通达的心态，这些都是历史学专业训练所可能赋予人们的能力与品质。"一般阅读，虽然主要只是为了获得更多的历史知识，但我相信对于形成更为周全的思维习惯，也是大有帮助的。

学辉英年早逝，学界同仁至今不能忘怀。山西人民出版社有意再版他的《大宋开国》（原书名为《宋朝开国六十年》），友人敦促我写"序"，因此写下自己关于通俗历史读物的几点思考，借以表达对这位执着于学术的真性情汉子的怀念。

包伟民

2021年8月8日于定海小居

第一章

引子：五代群雄太平梦

> 忆昔开元全盛日，小邑犹藏万家室。
>
> 稻米流脂粟米白，公私仓廪俱丰实。
>
> 九州道路无豺虎，远行不劳吉日出。
>
> 齐纨鲁缟车班班，男耕女桑不相失。
>
> 宫中圣人奏云门，天下朋友皆胶漆。
>
> 百余年间未灾变，叔孙礼乐萧何律。
>
> ——杜甫《忆昔》节选

大宋的历史，要从五代写起……

唐昭宣帝天祐四年（907），立国近三百年的大唐帝国轰然倒下。潮起又潮落，花开更花谢！自古无不亡之国，无不败之朝。改朝换代是古代王朝政治不变的定律，是所有王朝的宿命，大唐自然也不例外。不过，大唐的历史尽管走到了终点，大唐曾经作为人类文明灯塔的无上辉煌和荣光，却不

会随之灰飞烟灭。那"天可汗"唐太宗李世民开创的万国来
贺的"贞观之治","太平天子"唐明皇李隆基造就的"开元
盛世",早已在诗人的笔下和人们的心中,幻化为如歌如梦
的太平盛世的传奇,超越了一家一姓的兴亡成败,在历史的
天空永远定位于永恒。

时势造英雄,英雄造时势。朱李石刘郭,梁唐晋汉周!
你方唱罢我登场的五代群雄们,究竟谁是真正大英雄,谁将
与唐太宗、唐明皇比肩而立,"太平天子"的桂冠将花落谁
家?还是大浪淘沙,重整山河待后生?毕竟,梦还在,希望
就在……梦回大唐,一曲慷慨悲歌,古今传唱。

乱世枭雄:朱温灭唐

大唐谢幕,五代登场。

大唐僖宗中和四年(884)五月十四日,深夜,开封郊
外四十里的上元驿。下榻于此的大唐河东节度使李克用一
行,突然遭到了猛烈的袭击。真相很快大白,事件的筹划者
竟是大唐宣武镇节度使朱温!朱、李二人白天尚且把酒言
欢,为李克用击败黄巢举行庆功宴,夜间朱温即乘李克用醉
酒之机发动突然袭击,并四面纵火,图谋置李克用于死地。

真是人算不如天算。从天而降的一场瓢泼大雨不期而
至,浇灭了大火,李克用本人也及时地从醉酒中清醒过来,
在养子李嗣源的拼死护卫下,狼狈不堪地冲出了重围,但他
的三百余名卫队被朱温全部消灭。这就是有名的"上元驿事

件"。

上元驿,作为五代的起点,被记入了历史。也许并非是巧合,七十六年后的建隆元年(960),同样是在上元驿,宋太祖赵匡胤兵变于此,最终结束了五代。只不过,那时的上元驿已经更名为"陈桥驿"了……

朱温成功地打破了一个旧世界,他废黜唐昭宣帝,改国号为梁(907~923),成为五代的第一位皇帝,后梁的开国之君梁太祖。朱温建都东京开封府(今河南开封),他的开国年号是"开平",也就是"开创太平"的意思。但他真正开创了一个新的太平时代吗?

据说,朱温素怀大志,有志于"经营王业",放猪出身、后来参加黄巢起义军的他,了解民间疾苦,也确实推行了不少打击门阀、减轻税赋的利民政策。洛阳地区在后梁时期,就最早从战争的废墟中恢复了过来。但除了这一抹难得的亮色之外,整个后梁时期的国政乏善可陈。

更何况,朱温虽然堪称白手起家的一代枭雄,其刚猛英断,杀伐用兵,皆不输于三国时的曹操,但他有一个致命的弱点,那就是急于称帝。从"安史之乱"之后,各藩镇节度使们跋扈称雄,都是各地实际的土皇帝,但他们通常并不尝试用武力推翻唐中央政府,至多是控制朝廷,力图挟天子以令诸侯。这是唐末各藩镇心照不宣的潜规则。

当朱温连弑昭宗和昭宣帝两位大唐皇帝,又贸然将唐室一脚踢开,第一个打破了这一潜规则之后,本来就虎视眈眈

的天下群雄，岂能甘居其下，善罢甘休？割据太原、人称
"独眼龙"的河东节度使李克用，随即打出了"中兴唐室"
的旗帜，割据江南的杨行密、割据四川的王建等大大小小的
军阀，也大多闻风响应。其实，李克用也好，杨行密也罢，
这些人也都不好说是什么人唐帝国真正的"忠臣"，只不过
是借题发挥，乐得挥舞朱温免费赠送给他们的"勤王讨逆"
的金字招牌罢了。连他自己阵营当中的心腹大将、镇守重镇
潞州（今山西长治）的丁会，当得知朱温杀唐昭宗的消息之
后，也立即宣布讨伐篡逆，不战而降李克用，致使朱温经略
幽州（今北京）、河东的大业功败垂成。

可以说，朱温登上皇帝宝座的那一天，也就是他众叛亲
离的开始。这一点，倒十分类似于后来民国的窃国大盗袁世
凯的命运。相比而言，当孙权遣使劝曹操称帝时，曹操当即
就洞察了孙权的险恶用心："这小子，不过是要把我放在火
炉子上烤！"一笑置之。后来，他又公开表白说："若天命果
真在曹氏，那我就做周文王好了。"经过曹操多年的苦心经
营，他的儿子曹丕果然就像周武王一样，水到渠成、顺理成
章地坐稳了皇帝宝座。

朱温急于称帝，不但使自己损兵折将，他的后梁政权和
朱氏子孙也落了个凄惨的下场。难怪他的大哥朱全昱就当面
骂他此举一定会使朱氏"覆宗灭祀"。说到底，朱温毕竟没
有曹操的胸怀。

当然，朱温推翻大唐，也与他黄巢起义军大将的本色有

关，从这一点上来说，他当年背叛黄巢投降唐朝，确实是迫于形势所逼。黄巢战败之后，其余部绝大部分归附了朱温，成为朱温势力的主要骨干。由他来置唐朝于死地，也算是曲折完成了黄巢起义军的使命。

英雄立马起沙陀：李克用、李存勖父子

李克用和李存勖父子，则始终以"中兴唐室"为号召，与篡夺大唐的朱温势不两立，李存勖同光元年（923）称帝后也仍然以"唐"为国号，为表示与朱梁划清界限，李存勖还下令将都城由开封迁往大唐的东都洛阳。李克用死后被李存勖追谥为"唐武皇"，李存勖自己则被谥为后唐"庄宗"。

不过，李克用其实不姓李，他出身西突厥沙陀部落贵族，长期活动于代北地区，即今天的山西北部、河北西部和内蒙古中部一带，其祖上本姓"朱邪"，因世代效忠大唐，多次出兵勤王，被唐朝皇帝赐姓为李，并列入了皇室的族谱。李克用和李存勖父子，遂自称大唐后裔，以大唐合法的继承人自居。

李克用因为一只眼睛长得大，一只眼睛长得小，外号"独眼龙"。他自幼骁勇善战，还利用部落当中认干儿子"义子"、"太保"的形式，纠集沙陀、突厥、回鹘、粟特等代北地区蕃汉各民族的雄杰鸷武之士，组建起了一支绝对效忠于他个人的剽悍的武装"义儿军"。

大唐僖宗中和三年（883）七月，李克用率兵南下进关

勤王，以三万多一点的兵力，以少胜多，大破黄巢主力十五万众于沙苑（今陕西大荔）附近的梁天阪，杀得横尸三十里，随即一举夺回长安。经此一战，曾称雄天下的黄巢起义军江河日下，迅速败亡。李克用则一举成名，作为绞杀黄巢起义军最凶恶的刽子手，被大唐封为检校司空、同中书门下平章事、河东节度使，自此雄居重镇太原。"独眼龙"李克用和他的沙陀铁骑"义儿军"，就此成为令中原军阀们闻风丧胆的噩梦。

李存勖胆勇过人，英武更胜其父，他十一岁开始从军打仗，二十五岁的时候继父位为晋王、河东节度使，执掌河东兵权，一举痛歼了乘李克用之死来犯的后梁精锐，连其死敌朱温闻讯后都模仿曹操称赞孙权的语气，心悦诚服地慨叹道："生子当如李亚子！"后唐同光元年（923）十月，李存勖力排众议，亲率精骑，置梁军的纠缠于不顾，出其不意地直取后梁都城开封，不仅颠覆了后梁政权，为朱梁、李唐二十年夹河苦战画上了句号，更是古代战争史上的经典杰作，堪称"斩首行动"的范例。

此前，李存勖已先后消灭了幽州刘仁恭、刘守光等当时的枭雄，制服了成德（治河北正定）、魏博（治河北大名）等地半独立的河朔强藩，这是自唐代"安史之乱"之后，整个华北地区第一次真正意义上的统一。他还一度统一了四川，并多次击败了契丹的开国君主耶律阿保机，将契丹的势力牢牢阻挡在幽州之外。李存勖时期的后唐，是整个五代时期版图最大的。

更为传奇的是，李存勖以冲锋陷阵为乐，在向敌阵发起冲锋的时候，李存勖本人和全军将士往往都要齐声高唱战歌，伴随着军乐队的奏乐，真正是凯歌行进，响遏行云。这些慷慨激昂的战歌，都是由李存勖亲自吟诗作赋，亲自作词作曲，人称"御制歌"。

李克用和李存勖父子叱咤沙场的壮举，使他们成为五代家喻户晓的英雄传奇，被尊奉为"战神"。宋太祖的父亲赵弘殷，就是李存勖的追随者，宋太祖本人也是以李存勖为偶像，他在即皇帝位后，曾经专门礼聘了一位曾经侍奉过李存勖的宦官李承进，专门向他打听李存勖的事迹。宋太祖自己也酷嗜音乐戏曲，在军中组建了颇具规模的军乐队"钧容直"。这一切，显然都有李存勖的影子。

毫无疑义，李克用和李存勖父子是五代最出类拔萃的、最优秀的职业军人，他们统率的沙陀铁骑是五代历史上最为强大的武装力量之一。但是，正所谓"马上"得天下，却不能"马上"治天下。仅凭强大的武力，未必能打出一个太平盛世来。一名优秀的军人，若要成为称职的政治家，还必须要经历痛苦转型的过程，否则就难免在战场上称雄，却在政坛上被淘汰。李克用父子的军事生涯，可以称之完美而无愧，但他们作为政治人物却是比较失败的，甚至较之于老对手朱温也尚逊一筹。

李克用空负足以睥睨当时的沙陀铁骑，却在朱温连珠炮似的打击下一筹莫展，长期局促于太原一隅。他没能在政治上打开像样的局面，拿不出什么办法，以至于纵容士兵自行烧杀抢掠，当然难以成事。可以说，李克用骨子里只是沙陀铁骑的军头，至多只是优秀的河东节度使，而不是合格的"晋王"。

李存勖登上皇帝宝座之后，虽贵为皇帝，依然百分百地保持着军人的本色，没大仗可打的他意犹未尽，或者是成天带队行围打猎，围剿豺狼狐兔；或者是变本加厉地痴迷于梨园戏曲，在粉墨登场当中寻找厮杀的感觉。他还为自己起了个艺名"李天下"，但这位"李天下"，实在是只知如何"打天下"，哪知如何"理天下"！

可以说，李存勖从来就没有真正找到过做皇帝的感觉，对军中的部下，他懂得克尽统帅职责，尽可能地重赏厚赐以收其心，然百姓疾苦、国计民生等皇帝的分内之事，他就既不擅长，更没有什么兴趣。据李存勖本人所说，他十三岁的时候就通读了儒家的经典《春秋》，还曾多次亲手抄录。但从他称帝后的所作所为看，他的这一说法，要么纯属自我夸耀，要么就仅是死记硬背，根本就未能体会到儒家经典中安邦治国精髓的一分一毫。

李存勖的夫人刘皇后则是贪财好货。为勒索钱财，她竟然腆颜认当时的洛阳首富张全义为干爹，当刘皇后穷困潦倒的亲爹上门认亲的时候，却被她命人一顿乱棍给打了出去。偏偏李存勖有"爱美人"的英雄通病，对如此一位夫人言听计从,任由她搜刮民脂民膏,还下令各地交纳的税赋贡品都要先运送皇宫内库,经由刘皇后过目挑选。如此一来,本来就一团乱麻的政府财政更加吃紧,连军饷都无法按时发放,刘皇后私人所藏的金银财宝堆积如山,但却一毛不拔。

枢密使郭崇韬是李存勖的谋主,他在军事上是一位干才,但在政治上也十分的短视。因为姓郭,郭崇韬就自称大唐名将郭子仪之后,装模作样地以名门望族自居,还以提拔、扶植崔、卢、李、郑等为代表的"中朝士族"为己任,对真正有能力的人,反而以"家无门阀"为理由拒之门外,演出了一场乌烟瘴气的门阀贵族卷土重来的闹剧。

后唐君臣行事如此,焉能不败?果然,同光四年(926)四月,李存勖就在主要由一群伶官发动起来的政变当中戏剧性地死于非命。此时,距离他灭亡后梁,才不过刚刚过去短短的两年多一点儿的时间。

"小康"之治:后唐明宗李嗣源

相比而言,李克用的养子后唐明宗李嗣源,倒是在治国理政方面颇有些建树。天成、长兴(926~933)七年之间,他开创了五代一个"年谷屡丰,兵革罕用"的难得的"小康"局面。

李嗣源,外号"李横冲",沙陀人,自幼追随李克用,以"义子"的身份担任李克用的贴身亲兵卫士。上元驿事件的时候,年仅十七岁的李嗣源拼死冲杀,护卫李克用,当被逼到墙角的生死关头，李嗣源以罕见的神勇，背负着李克用跳出墙外，得以逃脱了朱温的追杀。从此之后，李嗣源就被李克用视为心腹爱将，在李氏父子军中青云直上，由亲兵卫士而卫士长，由卫士长而独当一面的大将，由大将而中书令、蕃汉内外马步军都总管，成为后唐禁军的最高统帅。同光四年（926）兵变爆发后，李嗣源受命平叛，但当他率兵迅即南下收拾残局时，却被部下们拥戴，登上了皇帝的宝座。此时，他已经年逾六旬。

李嗣源虽然也是起家沙陀军人，但与李克用父子相比，他有一个很大的不同，那就是：李氏父子世袭酋长，是沙陀最为显赫的部落贵族，而李嗣源幼年时连自己的姓氏都没有，只有一个小名"邈佶烈"，被李克用收养为义子之后方得名"李嗣源"。李嗣源也没有受到教育的机会，毕生大字不识一个，当了皇帝之后，看不懂大臣们所上的奏章，只能是让人念给他听。可见，李嗣源完完全全是出身贫贱的部落平民。早年的平民生活，加以多年充当性情暴戾的李克用的亲兵卫士的经历，都使他养成了谨小慎微、深沉稳重的性格。

身为大将的时候，李嗣源作战勇猛，战功最大，但从不争功，更不跋扈，表现得十分的低调。因此，尽管有人以"功高位重"、功高震主为理由，建议庄宗李存勖早日除掉他，而李存勖也对他产生了怀疑，曾一度解除了他的兵权，但李嗣源终于安然渡过了危机，重掌兵权，靠的就是韬光养晦，让李存勖既抓不着什么把柄，又低估了他的能力和雄心。当然，这并不是容易做到的。

登上皇位之后，李嗣源一如既往地较为低调，表现得颇有自知之明。和庄宗李存勖相比，李存勖奢侈淫逸，后宫佳丽三千人，充斥着来自幽州（今北京）、镇州（今河北正定）和定州（今河北定州）各地的美女。李嗣源生活俭朴，将她们大部遣散，后宫中仅留百余名老年宫女负责洒扫，年轻漂亮的都放出宫去，与家人团聚。在古代帝王当中，这一直是被视为很难得的"盛德"之举，自然也减轻了朝廷财政供应的负担。李存勖曾向功臣们竖起手指，傲气而又嚣张地说："我从十个指头上得天下！"李嗣源却谦和地表白："我是被大家拥戴到这个位子上的，哪里能治理天下！"李存勖擅长吟风弄月，自夸手抄《春秋》。李嗣源目不识丁，却喜欢听儒生讲解儒家经典，向他们请教和从中体会治国安邦的道理，更勇于承认自己治国才能有限的事实，放手重用冯道、任圜、赵凤等汉人士大夫为宰相。

冯道此人后来在历史上的形象不太光彩，但此时的冯道，风华正茂，全然没有"长乐老"的世故和暮气，他担任宰相之后，不顾高门大族们的冷嘲热讽，大刀阔斧，断然将滥竽充数的门阀子弟从朝廷中撵了出去，破格提拔、任用了一大批有才能、有见识的平民才俊之士，使得后唐庄宗以来门阀回潮的逆流为之丕变，尚不愧为"真士大夫"。任圜也是一个"以天下为己任"的人，性格耿直，而且精于理财，他出任宰相兼财政主管三司使之后，不到一年的时间，朝廷的府库都充裕起来，军民的生活也得以改善。

李嗣源充分发挥了汉人士大夫们治国理政的才华，又清除了宦官、伶人等乱政的毒瘤，使得庄宗末年乌烟瘴气的朝政，很快就焕然一新。

尤其难得的是，贫贱出身的李嗣源即使在登上帝位之后，仍然没有完全忘本，对民间的疾苦总有一份割舍不下的共鸣，一首控诉苛政重税的《伤田家诗》：

> 二月卖新丝，五月粜秋谷。
> 医得眼下疮，剜却心头肉。
> 我愿君王心，化作光明烛。
> 不照绮罗筵，偏照逃亡屋。

就能让他泪眼婆娑，当即下令废除两税加耗等多项苛捐杂税，还专门让人把这首诗誊录在卧室的屏风上，时常吟诵；鱼肉百姓的贪官污吏，总令他怒不可遏，痛斥他们都是罪该万死的"老百姓的蠹虫"，曾一口气下令处死了三四名州刺史一级的高级贪官……

直到一百多年之后，当宋朝史学家欧阳修编撰《新五代史》的时候，他仍然亲耳听到了许多民间口耳相传的关于后唐明宗李嗣源"为人纯质，宽仁爱人"、"纯厚仁慈"的佳话，于是乎挥笔泼墨，为李嗣源写下了这样一段激情洋溢的赞语:明宗"不迩声色,不乐游败。在位七年,于五代之君,最为长世,兵革粗息,年屡丰登,生民实赖以休息"。

七年的"小康"之治,时间不算长,但其意义却无法低估。按史书的记载,后唐天成元年(926),李嗣源登基之后,每天晚上都在皇宫中焚香向上天祷告说:"我是一个胡人,只是因乱世才被众人拥戴到皇帝的位子上,但愿上天早日降生真正的圣人,为万民之主。"因宋太祖赵匡胤恰恰出生在天成二年(927),宋人在谈论这段历史的时候,这往往是他们最津津乐道的一件事。范仲淹、苏轼等宋代的名流们,就异口同声地说:"我太祖皇帝应期而生。""应期"云云,当然是神化宋太祖,不足为凭,但也不能说是纯属无稽之谈,因为,范仲淹们毕竟讲明白了这样一个基本的事实:

正是有了后唐明宗七年的"小康"之治,不仅使刚刚经过二十余年梁、唐惨烈厮杀的民众有了一个难得的休养生息的机会,更使赵匡胤等新生代们有了一个还能说得上大致安宁、祥和、温馨的童年生活,能够得以健康地成长起来……

草原天骄:辽太宗耶律德光的"大同"梦

长兴四年(933),李嗣源病死,他的几个儿子争夺皇位,后唐政局大乱。李嗣源的女婿、北京留守、河东节度使石敬瑭趁机在太原起兵,迁都开封,建立了后晋政权(936~946)。石敬瑭起家于突厥沙陀军人,实际上是昭武九姓粟特人的后裔。至于石敬瑭称帝以后,自称为春秋时期卫国的大夫石碏和西汉的丞相石奋之后，那就纯属典型的乱认祖宗了。

昭武九姓粟特人，也叫"九姓胡"，是中国南北朝、隋唐时期分布于今天中亚阿姆河和锡尔河两河流域的古老民族。粟特人是一个商贸民族，随着丝绸之路的繁荣，他们大量东移中国。定居中国的粟特人，通常以自己的城邦为姓氏，主要的有康、石、米、史、何、安等。"安史之乱"中的安禄山，就是粟特人，幽州城就是粟特人主要的聚居区之一。宋太祖的皇后宋氏，妹夫米福德，将军康延泽、安守忠，徽宗时的大书法家米芾，也都是粟特人。其他的，像"安史之乱"的史思明、镇州军阀王镕、宋朝开国元勋石守信等，也都有或多或少的粟特背景。

石敬瑭的父亲，名叫"臬捩鸡"，一听就是一个落魄的部落无赖。出身如此低微的石敬瑭却能够开创帝业，当然是一个枭雄式的人物。他在位的六年多时间里，据说就做到了"礼贤从谏"。石敬瑭的谋主、宰相桑维翰，更是一个很有能力的人，宋太祖赵匡胤就十分欣赏他，曾当着宰相赵普的面说赵普为相不及桑维翰。

但是，石敬瑭的皇位，得来的却实在是太不光彩了。他的"大晋"国号，竟然是契丹君主耶律德光赐予的；他的大晋皇帝，也是耶律德光册封的；他能够打败后唐的政府军，攻进洛阳，依靠的也是契丹的五万骑兵。

世界上从来没有免费的午餐。作为交换，石敬瑭主动提出和答应了契丹许多极其苛刻、屈辱的条件，如向契丹称臣，每年向契丹交纳绢帛三十万匹，还要称契丹主耶律德光为父，自居于"儿皇帝"。其实，石敬瑭要大耶律德光九岁多。

最为致命的条件，是石敬瑭承诺把以幽州为中心的十六个州的土地，即幽（今北京）、蓟（今天津蓟县）、瀛（今河北河间）、莫（今河北任丘）、涿（今河北涿县）、檀（今北京密云）、顺（今北京顺义）、新（今河北涿鹿）、妫（今河北怀来）、儒（今北京延庆）、武（今河北宣化）、云（今山西大同）、应（今山西应县）、寰（今山西朔县东马邑镇）、朔（今山西朔县）、蔚（今河北蔚县），都割让给契丹。这就是著名的"燕云十六州"，也叫"幽云十六州"。

"燕云十六州"的割让，不仅使中原王朝丧失了十六州的土地和人民，更重要的是使中原失去了险要的长城关隘。因为，"燕云十六州"一带，正是万里长城从北京至山西一线的所在地，"关山险峻，川泽通流，据天下之脊"。幽州自身的城池也十分坚固，堪称天下之冠。

契丹此前攻击过几次幽州，都遭到了惨败。石敬瑭把这一大片战略要地拱手奉送给契丹，使得广大中原地区无险可恃，原本完整的北方防线出现了一个无法弥补的大缺口；而契丹铁骑则居高临下，俯视华北，以幽州城为屯兵基地，进可以长驱直入华北大平原，直接威胁河南的汴京开封，退可以据城固守，以逸待劳，从而在与中原王朝的军事较量当中牢牢居于进退自如的优势地位。

由于"燕云十六州"是契丹凭借条约"合法"取得的，所以当后周和宋朝经略幽燕的时候，就不得不尴尬地面对石敬瑭的这一"历史遗产"，契丹辽国一方反而更加师出有名，宋仁宗时辽就曾以此为据，"义正词严"地来索取被周世宗用武力收回的瀛（今河北河间）、莫（今河北任丘）二州之地，经过一番交涉之后，宋朝也只能被动地答应增加"岁币"了事。

石敬瑭为了称帝的一己私利，不惜出卖中原地区的核心利益，难怪成为中国古代历史上最为声名狼藉的皇帝，被永远钉在了历史的耻辱柱上。如此奇耻大辱换来的皇帝宝座，当然既不会有什么荣耀，也是不容易坐稳的。道理很简单，契丹既然能立石敬瑭当皇帝，当然也就可能名正言顺地把他给废掉。不论石敬瑭如何竭尽全力地侍奉，契丹的贪欲都会水涨船高。更何况，如此窝囊的皇帝，对内怎么可能有威信可言！各地方藩镇节度使乘机异动，此起彼伏的兵变让石敬瑭焦头烂额，很快就在内外交困之中忧郁而死。

石敬瑭的侄儿即位后，对契丹略有反抗的表示，契丹立即兴兵南下，攻破了开封城，灭亡了后晋。石敬瑭的子孙都当了俘虏，被契丹流放到了东北的黄龙府（今吉林农安附近），也就是后来金朝流放宋徽宗和宋钦宗的地方。"决鲸海以救焚，何逃没溺；饮鸩浆以止渴，终取丧亡。谋之不臧，何至于是！"这是《旧五代史》当中对石敬瑭的评价，可谓盖棺论定。欧阳修在《新五代史·晋高祖本纪》当中,更是干脆没有给他写下哪怕一个字的评语。

石敬瑭充其量就是一个傀儡。后晋天福元年(936)至辽大同元年(947)的十余年间,真正强有力的人物,要属大契丹国的皇帝耶律德光。

契丹是我国东北地区一个十分古老的民族,兴起于"松漠之间",即今天辽河、潢河和大凌河流域等广阔而富饶的地区。宋人称其为匈奴的后裔,但他们一直称自己是中华民族的人文始祖黄帝和炎帝的嫡系后代。北魏时,契丹开始见诸史册。隋唐时期,契丹发展到了部落联盟的阶段,由八个部落组成,部落联盟的首领由八部贵族"大人"轮流担任,任期通常为三年。唐朝中央政府在当地设立了"松漠都督府",授予契丹贵族以都督、刺史等大唐官职,管辖契丹的事务。

"安史之乱"爆发后,北方大乱,契丹的势力趁机突飞猛进。开平元年(907)初,大约在朱温建立后梁略早一点,契丹当时的"夷离堇"即军事首领耶律阿保机,以世代互相联姻的耶律氏和萧氏两大族系的联盟为基础,又得到了韩知古等契丹化的汉人士大夫的谋划和支持,铲除了其他各部"大人",取得了契丹可汗位,建立了"大契丹国"。贞明二年(916),耶律阿保机正式称皇帝,年号"神册"。

契丹开国后,耶律阿保机向东攻灭了当时的东北大国渤海国,又与中原后梁朱温、后唐李存勖、幽州刘仁恭等多股势力相互周旋，纵横捭阖，以优厚的条件大量吸纳逃亡的汉人，力量愈来愈大。到他的儿子耶律德光即位的时候，契丹拥铁骑十余万，成为名副其实的北方强国，已经具备了逐鹿中原的实力。

耶律德光和后来元朝的元世祖忽必烈很相似，都是北方草原诞生的气魄宏大的英主，都是对中原汉文化有着极其浓厚的兴趣，身边也都聚集着一批中原的汉人士大夫，在他们的影响之下，耶律德光不满足于仅仅当契丹的可汗，而有志于做中原的皇帝。耶律德光在唾手而得"燕云十六州"之后，就没有强行在当地推行契丹制度，而是很有创造性地推出了胡、汉并行的"南北面官制"，即实行一国两制，在以幽州为中心的汉人地区仍然实行原来的汉制，允许汉人保留农耕民族的生产方式和发型、服饰等生活习俗，并放手重用韩、刘、马、赵等当地的汉人大族直接管理，因而很快就得到了燕云十六州多数当地人的真心拥戴。相比于后来金朝一度强迫金统治区内的汉人剃头辫发，清军入关后更下野蛮血腥的"剃发令"，耶律德光的民族政策显然是相当开明的。

正因为有在燕云地区成功的经验，耶律德光对自己坐稳中原的皇位信心十足。大同元年（947）正月初一，耶律德光进入开封。二月初一，耶律德光就于开封举行了盛大的典礼，在胡族贵族、汉人官僚们的簇拥下登上帝位，将"大契丹国"改为"大辽"，并改元为"大同"元年。

引人注目的是，耶律德光出席大典的时候，头戴通天冠,身披绛纱袍,手执玉珪,完完全全是一幅中原皇帝的装束。给《资治通鉴》作注的元代学者胡三省就此评论说:"契丹主犹知用夏变夷。"其实,不仅是改服中原衣冠,耶律德光改"大契丹国"为"大辽",意指"蕃汉一家",与后来忽必烈改"大蒙古国"为"大元",皇太极改"金国"为"大清",意义是一样的,都是为了淡化本民族的色彩,表示要做天下华、夷的共主。

至于"大同"的年号,更具有特别的象征意义,其典出自儒家经典《礼记》中最为有名的《礼运》篇:

> 大道之行也,天下为公。选贤与能,讲信修睦。故人不独亲其亲,不独子其子。使老有所终,壮有所用,幼有所长,矜寡、孤独、废疾者皆有所养。男有分,女有归。货恶其弃于地也,不必藏于己。力恶其不出于身也,不必为己。是故谋闭而不兴,盗窃乱贼而不作,故外户而不闭。是谓大同。

可见,"大同"是儒家学说当中"天下为公、四海一家"的最为美好的理想时代。按照汉代经学家郑玄的解释"同,犹和也,平也",大同,也就是最和谐、最太平的时代的意思。中国古代大王朝的皇帝公开以"大同"为年号,公开以"大同"为目标,辽太宗耶律德光算是第一次,也大致是唯一的一次,从中不难看出耶律德光的雄心壮志。范仲淹、王安石等宋代的士大夫们后来所打出的治国旗帜，也是复"三代之治"，即超越汉、唐，重建"大同"。从这个角度上说，耶律德光也可以说是他们的先行者。

无独有偶，在清朝末年天下大乱的时候，康有为也曾以"大同"为标题，写下了著名的《大同书》，集中阐发他所理解的理想社会。当代的一位伟人还不无惋惜地评论其人其书说："康有为写了《大同书》，他没有也不可能找到一条到大同的路。"

那么，敢于以"大同"为年号的耶律德光，他找到了一条通向"大同"的道路了吗？答案似乎是不言而喻的。但耶律德光起码是颇有些许体会：他一进入开封城的时候，就专门登上了城楼，任民众围观，还命人向惊慌奔走的开封市民喊话说："我来开封，是为了让你们过上太平的好日子。我虽然是契丹人，但也是人，大家都不要害怕！"他还曾当面向名臣冯道请教："天下百姓，如何可救？"又对文武百官们自信地表白说："自今以后，不修甲兵，不买战马，减免赋税和徭役，天下太平矣！"可以说，如果耶律德光能够把他上述的见解真正落到实处的话，由他开创一个混融华、夷，并包中原、漠北、辽东的大辽王朝，绝对不止是一个乌托邦式的空想。

按照传统的儒家的政治文化，"《春秋》大一统者，天地之常经，古今之通义"。"大一统"，是第一位的，也是古代政权合法性最主要的来源。"自古帝王，非大一统者，不得为正统",说的也就是这个道理。至于是由中原华夏还是边地夷胡来具体地实现"大一统",则是第二位的。当然,胡族入主中原要取得合法性,还必须"以夏变夷",即服膺华夏文明。相应的,"夷狄进于中国,则中国之",胡族若服膺华夏文明,推行仁政,中原则要开怀接纳,彼此无间。

大同元年(947)的辽太宗耶律德光,既手握有能力一统天下的强大铁骑,又主动地"以夏变夷",服膺华夏文明,还表示要解救天下百姓,兴致"大同"、太平,他完全有资格也有可能坐稳中原的皇帝。此前的北魏拓跋氏是如此,后来的蒙元和清朝也是如此。更何况,五代的后唐、后晋以及后汉,都是由突厥沙陀人建立的王朝,因而有"沙陀三王朝"的称呼。沙陀既然能做中原之主,炎黄的子孙"大契丹国"的皇帝耶律德光,又有何不可?因此,当耶律德光入主开封时,冯道对他所说的:"此时天下百姓,佛再出也救不得,唯有皇帝救得。"其他大臣也再三向耶律德光表示:"天无二日。夷、夏之心,皆愿推戴皇帝!"都不能简单地认为是骗耶律德光高兴的鬼话。当耶律德光征召各地的节度使入朝表态的时候,多数的藩镇节度使们虽然各拥兵马,但也是飞马进京,争先恐后地向耶律德光上表称臣。"大同"的太平旗帜,无疑是有强大的号召力的。

可惜的是,耶律德光设想的、已经在燕云地区初步实现了的"蕃汉一家"的局面,并没有在中原大地如期出现。在短短一两个月的蜜月期之后,中原各地反而很快是烽烟四起，驱逐契丹人的民众暴动此起彼伏，愈演愈烈。面对雪片一样飞来的告急文书，耶律德光懊恼地说："我没有想到中原的民众竟然如此难以治理！"胡三省在《资治通鉴》注当中驳斥道："中原的民众，困于契丹的陵暴掊克，才起而为盗，哪里有什么难以治理的！"

显而易见，这种混乱局面的出现，耶律德光本人的失策、辽军以占领军自居的凶暴和倨傲，无疑才是真正的主导因素。耶律德光后来在撤退时总算是恍然大悟，他总结说："我此行有'三失'，一是纵容士兵掠夺粮草，二是搜刮市民私财，三是不早放各节度使还镇。我有这'三失'，中原百姓都背叛我是很应当的。"这个说法，倒真是一个很难得的、实事求是式的自我批评。

除了"三失"之外，客观地说，契丹和中原民众之间相互之间的不了解，对双方矛盾的激化也起了推波助澜的作用。耶律德光自己曾对后晋的大臣们说："中原对契丹的事情都不了解，而我对中原的情况却了如指掌。"事实上，中原民众对契丹的事务固然是知之甚少，但契丹对中原的了解主要也是来自于传闻，又能真正知道多少呢？众所周知，连两个普通人之间融洽关系的建立，尚且需要较长的时间来互相了解，互相相处，当然也需要互相调整，更何况曾彼此冲突的两个兄弟民族呢？双方的了解，无疑需要更多的时间。

时间偏偏没有站在耶律德光一边。那一年的夏天来得似乎特别的早，三月的开封城已经是烈日炎炎，耶律德光和契丹将士都来自经年冰天雪地的东北,习惯了寒冷气候,实在无法忍受酷暑,只能是被迫北返。四月初一,耶律德光离开了开封。在北返的途中,他仍然是雄心不已,在给自己弟弟的信中,他还自信满满地说:"只要再给我一年的时间,太平不难指掌而致。"然而,就在当月的十三日,耶律德光就因为中暑而得了重病,二十二日病死于栾城(今河北栾城)的杀胡林。此时,距离他进入开封,才只有一百一十二天;距离他在开封称帝,更只有八十二天。

耶律德光壮志未酬,他的"大同"梦,只做了八十二天就破灭了。辽太宗终究没能像唐太宗那样,做成华、夷的天下共主。这无疑是他个人的悲剧。辽太宗死后,契丹在绝大多数的时间里,重新回归于"草原本位"政策,不再主动大规模地南下中原,更无一统华、夷的雄心大志,连他的"大辽"国号,在太平兴国八年(983)的时候也被改回为"大契丹国"。即便是历史上鼎鼎大名的大契丹国"萧太后"萧燕燕,她虽然挥师南进到黄河北岸的澶州(今河南濮阳)城下,距开封城仅一河之隔,但她的目标仍然不过是以战迫和而已。这对此后历史的走向,究竟是福邪?还是祸邪?恐怕都是很难做出判断的。若天假其年,耶律德光果真实现了以大辽为主导的华、夷大一统,是不是后汉的乱局以及北宋、契丹之间惨烈的战争,就很有可能避免了呢?当然,历史是无法假设的。

三十年致"太平"：商人皇帝周世宗

辽从开封退兵之后，中原群龙无首，坐镇太原的后晋北平王、北京留守、河东节度使刘知远趁机自立为皇帝。因为刘知远姓刘，遂定国号为"汉"，刘知远就是汉高祖。然此汉高祖，非彼汉高祖。据《新五代史》的记载，刘知远紫色面庞，白眼睛，是纯粹的突厥沙陀人，亲随石敬瑭得以起家，与历史上的汉高祖刘邦没有任何关系。

相比刘邦开创的四百余年帝业的大汉帝国，刘知远开创的后汉（947~950）却是先天失调，更后天不足，仅仅存在了短短的四个年头，不但是在五代，就是在中国历代稍具规模的王朝当中，也是最为短命的一个政权。

后汉开国伊始，整个华北地区，经过后晋与契丹多年残酷战争的破坏，早已是疮痍满目。乾祐元年（948），河中（今山西永济）、凤翔（今陕西凤翔）、长安（今陕西西安）的三镇节度使又联合起兵反叛，持续一年多的叛乱虽然最终被平定了下去，但原本尚属富庶的关中地区也就此遭到了毁灭性的摧残，后汉更加奄奄一息了。

客观的形势如此恶劣，偏偏后汉内部的权力斗争更如火如荼，四分五裂。刘知远只当了还不到一年的皇帝就去世了，临终前他指定由枢密使杨邠、郭威、侍卫亲军都指挥使史弘肇和宰相苏逢吉、苏禹珪五位文武心腹为顾命大臣，辅佐他的儿子汉隐帝刘承祐。但刘知远一死，顾命大臣们立即分裂成为两大集团，杨邠、郭威、史弘肇三位武将为一伙，苏逢吉、苏禹珪两位文臣为一伙，彼此水火不容，势不两立。武将们兵权在手，又由于刘知远留有遗嘱:"朝廷大事不要与书生商量，书生们怯懦胆小，必将误国。"所以，武将集团占尽了上风，杨邠最讨厌书生，多次扬言:"国家府库充裕，兵力强大，才是当务之急，什么文章礼乐，都是糊弄人的。"史弘肇亦然，他曾当面辱骂宰相苏逢吉说:"安朝廷，定祸乱，靠的是我手里的长枪大剑，你那毛锥子能管什么用呢?"还拔刀相向，险些上演了火并的闹剧。苏逢吉手无缚鸡之力，只能是忍气吞声。

至于皇帝刘承祐，众将们也不把他太当回事，一次朝堂议事，刘承祐刚刚说了一句:"此事大家要好好商量。"杨邠当即厉声呵斥:"陛下还是闭嘴吧，凡事有我们几个处理。"刘承祐当时只有十八岁，正是血气方刚的时候，不甘心当傀儡皇帝。于是，他联络宰相苏逢吉，于乾祐三年（950）十一月十三日一大早，在皇宫里埋伏了数十名武士，趁杨邠、史弘肇上早朝的时候，冷不防地一拥而上，把二人杀死在朝堂之上。

刘承祐还不分青红皂白，极其残酷地将杨邠、史弘肇等人的家属、亲戚、党羽、故旧、仆从全部屠杀，连妇女儿童都不放过，制造了空前的血案。一夜之间，后汉朝堂为之一空。郭威是杨邠、史弘肇的死党，当时以枢密使、邺都留守、天雄军节度使的身份坐镇重镇邺都（今河北大名），主持河北防御辽军的战事，因而侥幸逃脱了一死，但他的家属都被刘承祐杀死。

郭威，河北邢州尧山（今河北邢台隆尧）人，绰号"郭雀儿"，出身贫贱，自幼父母双亡，十八岁当兵，追随石敬瑭和刘知远，从士兵一步一步地做到了枢密使。三十年的军旅和官场生涯，把他锤炼为一个老谋深算、城府极深的政治人物。刘知远能够成功称帝，郭威居功至伟。后汉党争呈现白热化之势时，郭威又棋高一着，主动前往河北督师，从而一则避免了成为矛盾的焦点，可以坐山观虎斗，二则重镇在握，兵权在手，又可以虎视开封，居于进退自如的主动地位。开封事变的消息传来，郭威抢先下手，即刻以"清君侧"为旗帜起兵。刘承祐倒是敢作敢当，御驾亲征，在开封北郊的刘子阪迎击郭威，但他只是个养尊处优的公子哥儿，哪里是郭威的对手？双方接战，刘承祐死于乱军之中，郭威大获全胜，攻进了开封城。

郭威控制了开封，皇位已然在握，但他偏偏乐此不疲地以大汉"忠臣"自居，经过给刘承祐发丧、拥立刘知远的侄子刘赟即位、领兵北上抗辽等几番声情并茂的充分表演，最终方以兵变澶州（今河南濮阳）极其戏剧性化的一幕而收场：士兵们蜂拥而上，大汉"忠臣"郭威东躲西藏，仍被士兵们按住，把一面黄色的军旗当作黄袍披到了他的身上，并山呼万岁，拥戴他当皇帝。郭威见无法逃避，遂放声大哭，竟一连昏过去好几次。

正所谓"司马昭之心，路人皆知"。郭威这些欲盖弥彰的骗人把戏,虽然令人眼花缭乱,但其实都是自欺欺人,表演得太过了,也就糊弄不了旁人,倒是显得自己小家子气,白白落了个"奸雄"的骂名,还不如直接称帝来得光明磊落。颇具讽刺意味的是,赵匡胤后来推翻后周的陈桥兵变,与郭威的澶州兵变如出一辙,这倒也不奇怪,在澶州向郭威山呼万岁的那群官兵,其中就有赵匡胤,轻车自然熟路。广顺元年(951)正月,郭威正式称帝,因他自称系周文王的后裔,遂定国号为周,史称后周(951~960)。

郭威夺权过程中的最大败笔,就是纵容士兵洗劫开封城。早在南下之初,为满足士兵们的贪欲,郭威就公开传令:"打下开封城,将士们可大抢十天!"入城之后,郭威果然任由士兵们自行肆意妄为。结果,仅仅一天一夜的时间,开封城上至官府的金库,下至官民的私财,都被郭家军抢劫一空。如狼似虎的乱兵还趁机到处放火,杀人越货,无恶不作。若不是部下提醒郭威:再不禁止烧杀,开封城就要化为一座废墟。郭威说不定真要兑现他"大抢十天"的承诺呢。

郭威兵变,五代的动乱达到了顶点。然而,物极则必反,否极则泰来。郭威处事蝇营狗苟,在位三年没有多少作为,但在郭威之后即位的周世宗柴荣,却是五代历史上最为英武有为的皇帝,正如南宋大学者朱熹所说的:"五代时甚么样,周世宗一出便振!"五代由乱而治的历史拐点,终于真正出现了。

　　赵州石桥什么人修？玉石栏杆什么人留？什么人骑驴桥上走？什么人推车轧了一道沟？

　　赵州石桥鲁班爷爷修，玉石的栏杆圣人留。张果老骑驴桥上走，柴王爷推车就轧了一道沟。

　　这是一首流传很广、脍炙人口的河北童谣《小放牛》。歌中所唱的赵州（今河北赵县）石桥，指的是隋代工匠李春修建的石拱桥"赵州桥"，有"天下第一桥"的美誉；柴王爷，指的就是周世宗柴荣。歌谣里柴王爷"推车"卖货的形象，可以说是周世宗早年经商经历的极为传神的写照。

　　周世宗柴荣，河北邢州龙岗（今河北邢台龙岗）人，家境贫寒，自幼投奔姑母郭威的夫人柴氏，后来被姑父、姑母收养为义子。因为郭威常年在外当兵打仗，为了补贴家用，柴荣就和当地一位名叫颉跌氏的商人一起搭伙经商。

　　当时，江南地区出产的茶叶在北方最为畅销，茶叶的集散中心，在荆南高氏政权的首府江陵（今湖北荆州）；河北定州（今河北定州）则是北方的瓷都，曲阳（今河北曲阳）定窑出产的白瓷是当时的抢手货。所以，柴荣主要就是推车贩运这些特产，奔波在江陵和定州之间。赵州桥是定州和邢州间的必经之路，所以当地留下了许多关于周世宗的传说。

　　周世宗经商十余年，凭借着推车贩卖瓷器和茶叶，很快就发了大财，郭威从政也得到了源源不断的资金资助，终至开创了帝业。由于郭威的两个亲生儿子都被汉隐帝刘承祐所杀，柴荣就以养子的身份成为郭威的继承人。显德元年（954），周世宗登上了皇位。这一年，他三十三岁。

也许是因为靠贩运瓷器发了大财吧，周世宗当了皇帝之后，还专门下令在开封（一说在郑州）设立了御用瓷窑，称"御窑"，大宋开国后就改称"柴窑"，柴窑出产的瓷器，以"青如天，明如镜，薄如纸，声如磬"驰名，是瓷器中公认的精品。到清代的时候，即使是柴窑瓷器的残片，都已经是价值连城，远比黄金贵重。

说起来，周世宗的姑母柴氏也是一位了不起的人物。她本来是后唐皇宫中的妃嫔，侍奉过后唐庄宗李存勖。后唐明宗李嗣源遣散宫女的时候，她在离宫返乡的途中，认定当时只是一介小兵的郭威是一个将来能够大富大贵的人物。父母嫌贫爱富，斥责她说："你是侍奉过皇帝的人，最差也要嫁个节度使，哪能便宜这个穷小子！"她却不为所动，当即委身下嫁。她的五万贯私房钱，就成为郭威在政治上创业的第一笔"启动"资金，郭威能够攀附上刘知远，靠的就是这一大笔钱。柴氏夫人，一介女流之辈，能在风尘中识得英雄好汉，能够"奇货可居"，堪称是女"吕不韦"。

五代的绝大多数皇帝都起家行伍，像周世宗这样有着多年经商经历的，可以说是绝无仅有。在整个中国古代历史上，周世宗也许是唯一的一位商人出身的皇帝。在中国传统文化当中，商人似乎总是与"无商不奸"、"坑蒙拐骗"等一类字句联系在一起，其社会形象一直是比较负面的，重农抑商也是多数王朝的主流政策。

其实，且不说"农不如工，工不如商"，商业对经济发展的促进作用是不可估量的，重农抑商是非常愚蠢的。商人作为一个职业群体，或许有这样那样的毛病，但他们走南闯北、见多识广的长处同样突出。更何况，一个能够在商场上取得成功的商人往往都具备这样的优秀素质：目标远大，计划周密，尤其是眼光敏锐，关键时刻敢于放手一搏。周世宗就是如此。这位商人皇帝的执政风格，处处凸现着与众不同的精明。

周世宗是五代第一个公开宣布有志于做唐太宗第二的皇帝。他甫一即位，立即在朝堂上说：此后绝不会再苟且"偷安"，而是要以唐太宗为楷模，亲征创业，平定天下。后来更宣布了一个为期三十年的宏伟计划："十年开拓天下"，"十年养百姓"，"十年致太平"，决心开创一个堪比"贞观之治"的太平盛世。宰相冯道暮气沉沉，只会冷嘲热讽："唐太宗可不是容易学的哟，陛下您真相信自己有这个潜力吗？"其实，凡事不怕做不到，只怕想不到。如果连想都不敢去想，哪还能做成什么事呢？只要敢想、敢闯，就会有成功的可能。燕雀安知鸿鹄之志哉！说的就是这个道理。

周世宗三十年"致太平"的计划一提出，一大批有志之士都为之一振，如周世宗提拔的宰相李穀，在读书时即立有大志："中原若用我为相，取江淮如探囊取物！"最得周世宗器重的枢密使王朴，更是一个英气逼人、文武兼备的奇才。

他们与周世宗志同道合，团结在周世宗的周围，组成了一个以"天下苍生为念"的、理想主义的新型政治群体，从而与只知保住个人权位的五代老朽旧官僚们划清了界限。

周世宗拿出了五代第一个切实可行的统一天下的具体方案。他采纳王朴的建议，确立了"先易后难"、"先南后北"的统一总方针，即循序渐进，以十年为期，次第击败南唐、后蜀等南方政权，然后积聚力量，全力对付北方的契丹辽国和北汉，最终完成收复燕云十六州的战略目标。从后周到北宋，除了有必要的微调之外，统一实践大致上遵守了这一方案，说明这是一个十分高明而且计划周密的方案。

周世宗目光敏锐，关键时刻敢于抓住机会，以生死相搏。显德元年（954）的高平之战，当后周军队全线动摇的危急时刻，周世宗却以罕见的神勇，仅率五十余名亲兵卫士跃马直冲北汉最强的中军。皇帝的英雄壮举激励了全军的将士，终于挽狂澜于既倒。战后，周世宗又以前所未有的魄力，一天之内斩杀七十余名临阵脱逃的禁军中高级军官，随即破格提拔了赵匡胤等七十余名青年才俊，提前完成了禁军的新陈代谢。敢于如此严惩骄兵悍将，这在五代的历史上还是第一次，其分量和意义绝不亚于在战场上击败北汉和契丹的联军。

周世宗的经济政策也是五代最为成功的。作为一名曾经的成功商人，周世宗在战火纷飞的岁月，高度重视发挥商业的作用。例如他攻取南唐的江北诸州，除了攻城略地之外，牢牢锁定的目标之一，就是泰州（今江苏泰州）的盐场。通过推行盐的专卖，当地丰富的海盐资源就此成为后周朝廷战略性的财源基地。

又如显德二年（955）的"灭佛"，主要目的之一是为了销毁铜像以铸造铜钱。因为，发展商业对铜钱等金属货币的需求最为迫切，而铜矿大多在江南地区。周世宗为了解决铜钱的缺乏，曾专门派人到朝鲜采购原铜，但远水不解近渴。打击佛教，既有利于避免社会资源的浪费，又解决了铜钱问题，堪称是一举两得。

显德六年（959）二月，周世宗命枢密使王朴先后调动禁军士兵和调发民夫十余万人，对以开封为中心的汴河、蔡河、五丈河等漕运水系进行了全面的疏通和整治，南北商贾就此云集开封，奠定了开封成为商业中心大都市的基础。这些举措，当时就收到了良好的效果，为周世宗开拓天下提供了必要的财政支持，到了宋朝，更是为经济的繁荣发挥了巨大的积极作用。

显德六年（959），后周的国势蒸蒸日上，这年的四月，周世宗审时度势，抓住了契丹"睡王"辽穆宗在位的千载良机，发倾国之师，果断地向强敌主动出击，只用了四十二天的时间，就一举收复了燕云十六州中的莫州（河北任丘）、瀛州（今河北河间）两个州以及瓦桥关（今河北雄县）、益津关（今河北霸县）、淤口关（今河北霸县信安镇）等合称为"三关"的战略重地，后又收复易州（今河北易县），共计十七个县。契丹慑于周世宗的威名，准备放弃幽州，北逃沙漠。然而，就在这十年"开拓天下"的任务即将提前完成，三十年"致太平"也不再是梦想的时候，周世宗于军前突发急病，七月就病逝于开封，享年只有三十九岁，在位前后才五年六个月。周世宗死后不到半年的时间，后周殿前都点检赵匡胤就发动了陈桥兵变，黄袍加身，后周随之覆灭，五代也随之画上了句号。

周世宗英年早逝，收复燕云功败垂成，令人扼腕长叹，元代的学者郝经就曾写过一首名叫《白沟行》的诗:

石郎作帝从珂败，便割燕云十六州。
世宗恰得关南死，点检陈桥作天子。
汉儿不复见中原，当年祸基元在此。
沟上残城有遗堞，岁岁辽人来把截。

周世宗才识过人，气魄出众，不仅在五代诸帝当中无与伦匹，宋朝的宋太祖、宋太宗兄弟也仅能望其项背。如若他在位的时间能再延长几年，那么"十年开拓天下"、"十年养百姓"、"十年致太平"的宏图完全有可能实现，起码统一的局面要较宋朝好得多。这是古今史家的共识。出师未捷身先死，长使英雄泪满襟！周世宗倒在了胜利的前夜，不禁让人感慨生命的脆弱和命运的无情。

雨过天晴：步入大宋

周世宗走了，带走了他三十年致"太平"的梦想，五代群雄的太平梦终究未能实现。这一历史使命，就留给大宋去完成了。

然而，五代的历史，是否就真得像欧阳修《新五代史》那样动辄"呜呼"，真的就只是一个黑暗的战乱时代吗？答案当然是否定的。五代群雄固然未能一圆太平梦，但经过五十四年岁月的流逝和群雄的奋斗，相比于唐代安史之乱以后的形势，已经有了天翻地覆的变化：

一个最为明显的表现，就是五代历朝相承，苦心经营，中央政府手中掌握了一支愈来愈强大的禁军，到了后周的时候，特别是经过周世宗的整军经武，中央禁军的总兵力已经高达二十万以上，战斗力也有了质的提升。唐代中期以来，中央兵力寥寥无几、雄兵猛将皆归地方藩镇的内轻外重局面，得以彻底地改变。五代时期，地方节度使跋扈称雄者依然不少，但至迟从后唐开始，除非极其特殊的情况，真正有实力与中央进行军事对抗的藩镇已经是少之又少。这就为中央集权的重建、扫平地方割据势力准备了最重要的前提条件。

其二，五代虽然是一个分裂的时期，但南北统一的趋势越来越明显。据《新五代史》的记载：到周世宗的时候，后周先后击败了北汉、后蜀、南唐和契丹四大强敌，分别从后蜀手中夺回了四个州，取南唐江北十四个州，取契丹三个州,已经拥有了一百一十八个州。这个数字仅略少于后唐的一百二十三个州,但要多于后晋的一百零九个州和后汉的一百零六个州,更远多于后周初年的九十六个州,占当时南北总计二百六十八个州的百分之四十四强。而且,经过周世宗的南征北战,北汉、南唐都遭到了致命性的打击,南唐已经削去了帝号,改向后周称臣,后蜀和南汉也成了惊弓之鸟,两湖、吴越、福建等地的地方政权则早已向中原王朝称臣纳贡。即便是强大的契丹,也因为失去了幽州的关南屏障,对后周被迫采取了守势。这一切,都为大宋统一南北奠定了坚实的基础。

据说,周世宗曾亲自规定:后周御窑所产瓷器的颜色为"雨过天青云破处,这般颜色作将来",以此来象征后周的国运如"雨过天晴"般兴旺发达。应该说,后周的国运最终并没有能"雨过天晴",仍然和梁、唐、晋、汉一样,悲剧性地成为第五个短命的王朝。但就安史之乱后中国的历史来说,经过周世宗的努力,确实已经是"雨过天晴"了。太平盛世的明媚阳光,已经就在眼前了。

如果把眼光放得再长远一些,五代的历史意义可能还不止于此。五代时期,五十四年的时间里更迭了十四个皇帝、八个姓氏,混乱当然是混乱,但伴随着一顶顶的皇冠被打落尘埃,汉、唐以来笼罩在皇冠上的"君权神授"的神圣光环也随之被无情地打破,天子"惟兵强马壮者为之",枪杆子里面出政权的本质,得以大白于天下。皇帝在民众口中的称呼，也由半神半人的"天子"下降为"官家"，也就是做官的人，后来更被戏称为"老头子"。五代以后的皇帝，很难再用天命、祥瑞、封禅一类骗人的把戏，就能廉价地换取民众的效忠。他们必须要给民众带来实际的利益，否则就会被无情地抛弃。

与此同时，伴随着五代"手提宝剑喝西风"、"少提一剑去乡里，四十年后将相还"，一幕幕社会底层人士通过个人奋斗实现发迹变泰的英雄传奇，使得魏晋隋唐的门阀统治终于彻底终结了，五代以来"取士不论家世，婚姻不问阀阅"、"贱不必不贵，贫不必不富"的观念深入人心，一个社会平等大为增强的新时代到来了。

宋朝开国之后，宋太祖在保护历代帝王陵寝的同时，专门下令为后梁太祖朱温、后唐庄宗李存勖、明宗李嗣源、后晋高祖石敬瑭的陵墓，各设守陵二户，每三年由官府举行一次正式的祭祀活动。至于后周的太祖郭威、世宗柴荣和恭帝柴宗训，更是每逢忌日，都要由大宋朝廷出面隆重祭祀。宋太宗的时候，当有人上书建议宋朝直接上承唐朝，否定五代各朝的正统地位时，宋太宗当即就予以了拒绝。确实，这是对历史应有的尊重，也是五代群雄应得的地位。无论如何，前人栽树，后人乘凉，每一个牺牲都是伟大的，每一份耕耘也都会有一份收获。

第二章

江湖大侠:宋太祖早年传奇

> 欲出未出光辣达,
>
> 千山万山如火发。
>
> 须臾走向天上来,
>
> 逐却残星赶却月。
>
> —— 宋太祖《咏日》

按照宋太祖本人的回忆:他早年行走江湖的落魄时候,曾露宿过西岳华山的山间小径,拂晓之时,仰望冉冉东升的旭日,遂有感而发,脱口吟成了这首《咏日》诗。当然,与其说是诗,还不如说是个顺口溜。宋朝中叶,文化昌盛,在官修国史的时候,有好事的文臣感到太祖此诗江湖味太浓,与汉、唐以来的"帝王气度"不符,于是代为捉刀,将后两句修改为"未离海底千山黑,才到天中万国明"。但更多的人认为,如此改动纯属画蛇添足,"文气卑弱",反而使原作气魄尽失。

原版和山寨版的两首《咏日》诗，究竟谁更高明？可以暂且置而不论。然宋太祖确乎与汉、唐的"帝王气度"有所不同。中国古代的皇帝，或者出身英雄显贵，或者出身流氓地痞，因为英雄有所凭借，而流氓无所顾忌。前者以唐太宗李世民为代表，后者以汉高祖刘邦为代表。像宋太祖这样有过数年江湖侠客经历的皇帝，不仅与汉、唐诸帝大异其趣，在中国历代大王朝的皇帝当中，也是个性鲜明、独树一帜的。

风云际会：龙虎会邺都

乾祐三年（950），后汉王朝最后一个年头，总揽河北兵权的军事强人郭威，坐镇邺都（今河北大名），积草屯粮，厉兵秣马，广招天下豪杰，准备引而待发。一场改朝换代的政治风暴正在紧锣密鼓地酝酿之中。

河北邺都，天雄军节度使的驻节之地，堪称是五代名副其实的英雄城。它距东京汴梁只有不到十天的路程，中间仅隔一条黄河，既是汴梁在河北最重要的屏障，又似一只随时可能重击过来的铁拳。同光元年（923），后唐庄宗李存勖称帝于邺都，然后挥戈南下，直取东京汴梁，灭亡了后梁政权。二十八年过去，只是弹指一挥之间。当年的英雄们都已经远去了，但他们所谱就的五代最为高亢的英雄传奇，却铸就了这座英雄城永恒的辉煌，镌刻在历史的印记里，激励着他们的后辈去开创属于自我的荣光。此番郭威在邺都登高一呼，号令天下群雄，自然是应者云集，前来投奔者络绎不绝。一时间，龙虎聚邺都，风云再际会。

五代本来就是一个激情燃烧的岁月，凡属热血男儿，哪个没有"发迹变泰"的追求，哪个没有建功立业的斗志，又有谁会甘于平淡、碌碌终老？轰轰烈烈，快意恩仇，在战场上用自己的双手，博一个荣华富贵，博一个封妻荫子，博一个青史留名，是那一个时代人们实现自我人生价值的首选途径。

这年的四月，一位应募前来的青年英雄，怀着对未来的憧憬，正大步流星走在从澶州北来邺都的大路上。

此人中等身材，头戴一条青色的头巾，身穿破旧的褐色布衫，这是那个时代社会底层人物的标准装束。虽然衣衫褴褛，但此人紫红色的脸庞，浓眉大眼，又有一根很打眼的齐眉铁杆棒横担在肩上，加上身边的一头不时嘶鸣几声的小毛驴，落魄之中倒也不失好汉的英气。要知道，杆棒尽管是当时江湖人士惯用的兵器，但大多数都是用蜡木棒，像他这样敢用分量很重的铁棒，非膂力过人、棒法精熟者不可。

再说这头小毛驴吧，别看它瘦巴巴的，还真是颇有些来头哩。它原是洛阳（今河南洛阳）长寿寺藏经院住持老和尚的坐骑，此人路经洛阳的时候，曾在长寿寺里小憩，与老和尚有了一面之缘，据说老和尚认定他气宇不凡，是当世的一位英雄人物，于是就慷慨解囊，不仅赠送给了他来邺都的路费，还把自己的小毛驴也送给了他。

此人，当然就是大名鼎鼎的大宋王朝的开国皇帝——宋太祖赵匡胤。只不过，此时距离他成为皇帝还要有整整十年的时间。此时的赵匡胤正在为自己的前程苦苦奔波。

宋太祖发迹之后，他手持的铁棒就成为宋朝的镇国之宝，被珍藏在皇宫大内之中，宋徽宗的时候，就曾拿出来让臣子们瞻仰。更有许多的文人墨客赋诗赞颂不已，如宋元话本《赵太祖千里送京娘》中就称赞宋太祖说："说时义气凌千古，话到英风透九霄。八百军州真帝主，一条杆棒显雄豪。"

又如古代四大名著之一《水浒传》的楔子：宋太祖"英雄勇猛，智量宽洪。自古帝王，都不及这朝天子。一条杆棒等身齐，打四百座军州都姓赵"。

倒是那头小毛驴，却冷落得很，少有人问津，其实，"往日崎岖还记否？路长人困蹇驴嘶"，"此身合是诗人未？细雨骑驴入剑门"，向来与诗人雅士为伴的小毛驴，此番竟也曾陪伴了开国的英雄豪杰一程，难道不更值得咏叹吗？骑着小毛驴，在政治舞台上开始亮相的宋太祖，一开始就少了几分高头大马的霸气，反而多了几分别样的韵味，他所开创的大宋，成为华夏文明历史上文化最为细腻、最为昌盛的王朝，难道是偶然的吗？

洛阳少年：出身军人之家

赵匡胤，后唐明宗天成二年（927）二月十六日出生于洛阳的夹马营之中,大宋开国后,这一天就定为了"长春节"。这一年是"丁亥"年,所以赵匡胤属猪。巧合的是,他的弟弟赵匡义生于后晋天福四年(939),比他小整整十二岁,同样是属猪。

夹马营,也作甲马营,是后唐禁军骑兵的驻屯军营。赵匡胤的父亲赵弘殷,当时是后唐禁军中一个番号叫"飞捷"的骑兵部队的指挥使,所以赵匡胤就出生在军营之中。

赵匡胤祖籍涿州(今河北涿州),因为涿州隶属于幽州的节度使管辖,所以赵匡胤有时也自称幽州人。赵匡胤的祖上,按照宋朝最权威的官修史书《宋会要》的说法,可以上追到西汉宣帝时的著名清官赵广汉,因赵广汉也是涿郡人,但这基本上属于乱认名人当祖宗,没什么能说得清的依据。

从认祖归宗的角度说,天下所有的赵姓都来自甘肃天水,天水是赵姓公认的郡望,因此,赵宋皇室也被称作"天水赵氏",赵宋王朝则被称作"天水朝"或"天水一朝"。

赵匡胤确有史可考的先祖,包括他的高祖父赵朓、曾祖父赵珽、祖父赵敬和父亲赵弘殷,大宋开国后,赵匡胤分别追尊赵朓为僖祖,赵珽为顺祖,赵敬为翼祖,赵弘殷为宣祖。根据《宋会要》等的相关记载,他们都是大唐的官宦出身,赵朓"以儒学显",当过幽州下辖的永清、文安和幽都三个县的县令,赵珽做过藩镇从事兼御史中丞,赵敬历任营州(今河北昌黎)、蓟州(今天津蓟县)和涿州(今河北涿州)三个州的刺史。赵匡胤当然也就算是官宦名门之后了。

其实，这些官都不大，赵珽的兼御史中丞听起来好像挺大，实际上只是一个很小的空衔，没什么意义。而且，幽州城是安禄山的大本营，安史之乱的策源地，安史之乱后则是强横的"河朔三镇"的地盘，始终处于实际上的半独立状态。赵匡胤祖上的这些官职，都是幽州的军阀自封的，与大唐朝廷关系不大。更何况，最晚到了赵匡胤父亲这一代，赵家就完全败落了，下降到了一个完全依靠骑马射箭博取功名的河朔武人之家了。

赵匡胤的父亲赵弘殷，作为禁军骑兵部队"飞捷"的指挥使，管辖着三五百人，勉强算是个中级的军官。因为他骁勇善骑射，在禁军中颇有些名气。母亲杜氏，人称"杜三娘子"。说起来，赵匡胤父母的结合，真是十分的传奇：

话说赵弘殷当年穷困潦倒，在老家实在是待不下去了，被迫背井离乡。当他走到定州安喜县杜家庄时，已是大雪纷飞的隆冬时节。为了避雪，赵弘殷躲到了一家大户人家的屋檐下，巧遇宅子的主人杜爽。杜爽见他忠厚老实，就留他在家中做事，后来还和夫人范氏商量，把女儿"杜三娘子"许配给了他，招赵弘殷做了上门女婿。

杜家是当地的大族，当李存勖在邺都称帝的时候，也拉起了百十人的队伍，就由赵弘殷率领这支武装，加入了后唐的禁军。赵弘殷骁勇善战，很得李存勖的赏识，被任命为飞捷指挥使。由于他是上门女婿，又靠女方家族的势力起家，所以他在家中地位平平，倒是他的夫人杜氏阃威不凡，家中大事小情都归她掌管,是赵家真正的大家长,子女们也都对母亲言听计从。

赵匡胤本是赵弘殷的第二个儿子,但因为长兄不幸夭折了,人们都称他为"赵大郎"。因为赵匡胤后来当了皇帝,就一直流传着许多关于他出生的优美传说:

一是说他父亲赵弘殷的名字起得好,正好应了济公和尚的谶语:"有一真人在冀州,闭口张弓左右边,子子孙孙万万年。"

一是说他母亲杜氏的老家杜家庄的风水好,家门口有个水洼,叫"双龙潭",所以赵匡胤和他的弟弟赵匡义都当了皇帝。

一是说赵匡胤出生时,夹马营的赵家宅院"红光"冲天,且香气扑鼻,三天不散,赵匡胤刚生下来的前三天,全身金光闪闪,甚至于连胎盘都呈现出荷花的奇特样子。影响很大的佛教史书《佛祖统纪》,据此就断定赵匡胤"神光金体",是"佛大士之瑞相"。还有一种说法更干脆,直接说赵匡胤就是定光佛转世。定光佛,也叫燃灯佛,据佛家的说法,他是佛祖如来的启蒙老师。

到《水浒传》里,赵匡胤更被说成了霹雳大仙下凡。霹雳大仙是道教中武力强大的雷电之神,在家喻户晓的《宝莲灯》的故事当中,主人公沉香就是师从"霹雳大仙",因而能够战胜凶恶的二郎神。

一是说赵匡胤出生的日子好,是后唐明宗李嗣源每晚向上天祈祷的结果，也就是"上应天命"。据说，有一次杜氏用担子挑着赵匡胤、赵匡义兄弟俩出门避乱，正好碰到了"老神仙"陈抟，陈抟当即吟诗道："莫道当今无天子，都将天子上担挑。"

显而易见，这些传说要么是神乎其神，要么是牵强附会，要么就是故意编造，目的都是把赵匡胤神化为真龙天子，都不能视为历史的真实。

现在看来，赵匡胤出生于明宗时期的后唐都城洛阳，确实是十分的幸运。

五代时期，洛阳是最早从战争破坏当中恢复过来的大都市，后梁定都东京开封，同时以洛阳为西京陪都。到后唐定都的时候，洛阳已然一派太平都市的繁华景致。每到春夏之际的花季，城中繁花似锦的牡丹花四处绽放，花团锦簇；香烟袅袅的寺庙，更随处可见，人们手持牡丹花，献花礼佛，行走在整齐的大道上。童年的赵匡胤，呼朋引类，也时常穿梭在洛阳的花丛当中……

从历史上看，以洛阳为中心的河洛地区，是华夏文明公认的最早的发祥地，也一直是周公、孔子等儒家礼乐文化的中心，更曾经是东周、东汉等十三个王朝的首都，大唐的东都。华夏文明的底蕴，在这里始终都是最淳厚的。

后唐明宗李嗣源，则是五代难得的贤君，他统治下的天成、长兴年间（926~933），政局稳定，经济繁荣，被公认为五代的"小康"之治。

当时禁军很少出动打仗,赵匡胤的父母就有条件送儿子上学读书,跟随一位名叫辛文悦的教书先生,学习儒家的经典《五经》。接受了系统的儒家文化的启蒙教育,和大多数目不识丁的同时代的武将相比,赵匡胤无疑就高出了一大头。赵匡胤当了皇帝之后,就恭恭敬敬地把自己的老师请到了都城开封,还破格让他出任了很尊贵的官职。

赵匡胤生于军人之家,当然不是一心只读圣贤书的读书种子,舞枪弄棒、行军打仗才是他的最爱。每天放学回家,他都要把小伙伴们排成整齐的队列,他自己在旁边喊着行军号子,还真有几分大将军的威风哩。连大人们看到赵匡胤麾下的"孩儿兵"们走过来了,都要远远地退让三分。至于痴迷骑马射箭,更是军人子弟与生俱来的本能,赵匡胤住在骑兵军营里,酷嗜飞马狂奔,越是难以驯服的烈马,他越是爱骑。不用马鞍、马缰绳就能制服烈马,是他的绝活。赵匡胤很早就是一个百发百中的神射手,在马上射中飞奔的狡兔,射中摇摆的柳树枝,都是他的拿手好戏。到了晚年,赵匡胤就把自己射箭的心得,写成了一部《射诀》,在宋军中普及推广,据说其威力惊人,能够做到"搦折弓弝,绝力断弦,踏翻地面,射倒箭垛"。

天福三年(938),后晋高祖石敬瑭迁都东京汴梁(今河南开封),洛阳复为西京陪都,赵匡胤跟随父母也来到了开封,但他一直对洛阳有着深厚的感情。大宋开国,定开封为东都,同时定洛阳为西京,居于陪都的地位。直到晚年,赵匡胤愈加怀念洛阳的壮丽山河，怀念洛阳的民风淳厚，怀念洛阳的牡丹盛开、花香鸟语，有意将大宋的都城从开封迁回洛阳，专门命人重修了洛阳的宫殿，甚至自己的陵墓永昌陵，他也亲自选在了离洛阳城不太远的巩县……

江湖侠客：一条杆棒显英豪

后晋、后汉之际，是五代最动荡也最黑暗的时期，赵匡胤的人生也发生了重大的转折。大约在乾祐元年（948）年初，也就是后汉隐帝刘承祐即位的那一年，二十一岁的赵匡胤离家出走，开始了流浪江湖的日子。关于他离家的原因，有两种较有影响说法：

一是说赵匡胤的父亲在禁军中一直官运坎坷，郁郁不得志，在禁军前后任职都有二十多年了，还是个小小的指挥使。赵匡胤志向远大，认为再在父亲身边，依靠父亲的卵翼，也不会有什么大的出息，于是毅然离开京城开封，试图到别的地方去寻求施展抱负和创业的机遇。

一是说赵匡胤性如烈火，为人耿直，好打抱不平，又嗜酒如命，时常闯出祸来，是一个"管闲事的祖宗，撞没头祸的太岁"。有一次竟然"在汴京城打了御勾栏，闹了御花园，触犯了汉末帝"。触犯了皇帝，这还了得，赵匡胤只能是溜之大吉，逃难天涯。

这两种说法，各有各的道理，究竟哪一种更可靠，现在已经很难准确考证了。但不管怎样，赵匡胤就此浪迹江湖是确凿无疑的。他这□走，就是三年。

在家千日好，出门一时难。赵匡胤在开封城的时候，最不济也算是个公子哥儿，过着衣食无忧的日子，但离家出走之后的流浪生活，可就完全不一样了。身无分文，风餐露宿，那是常有的事。运气好的时候，才可以到寺庙里借宿和混吃混喝。据说，赵匡胤走投无路时，曾偷拔过开封城郊外的普安寺和尚们种的莴苣充饥，庙里的和尚发觉后也没有为难他。襄阳（今湖北襄樊）、泾州（今甘肃泾川）长武镇、洛阳长寿寺等地寺院的长老们，更曾善待和资助过他。尤其是襄阳的老和尚，在资助的同时，还向他指点迷津，提醒他不要再往南走，而要一直向北，就会有机遇。赵匡胤后来北上投奔邺都的郭威，据说就是听从了襄阳老和尚的指点。宋朝开国之后，赵匡胤也投桃报李，断然停止了周世宗严厉的"灭佛"政策，中国佛教史上最后一次的"法难"终于结束了。

对于一个流浪汉来说，如此的好运气，当然不会经常遇到。在更多的时候，赵匡胤只能是面对鄙夷的白眼和无情的面孔。复州（今湖北天门）的防御使王彦超，是赵匡胤父亲的老战友，但当赵匡胤前去投奔他时，却吃到了冷冰冰的闭门羹，王彦超只是命手下人给了赵匡胤十贯钱，像打发叫花子似的就把他打发走了。

随州（今湖北随州）的刺史董宗本，虽然一度收留了赵匡胤，但董宗本有个儿子叫董遵海，却是个盛气凌人的纨绔子弟，时不时地辱骂赵匡胤，赵匡胤不甘心寄人篱下，只得另谋出路。

还有一次，赵匡胤流浪到西北的潘原县（今甘肃平凉），饥肠辘辘，偏偏他身无分文，只好同当地人赌博碰碰运气，谁知赵匡胤手气不错，赢了不少钱，愿赌本应服输，但当地人仗着人多势众，竟耍起赖来，一阵拳打脚踢，把赵匡胤给打了出去……

赵匡胤当了皇帝后，曾当面问过王彦超："我当年前去投奔你，你为什么不收留我呢？"王彦超也算是伶牙俐齿，当即回答道："一勺水哪能容得下神龙。我当时只是个小小的防御使，哪里敢留陛下您这样的大人物呢？再说，如果我收留了您，您还会有今天吗？"对于王彦超的辩解，赵匡胤一笑置之。对董遵诲，赵匡胤也把他视为故人，任命他担任了很重要的军职。

对潘原的赌友们，赵匡胤也没拿他们怎么样，只是一度想把这个县给废掉。倒是当地人觉得"耍赖"怠慢了皇上，实在是脸上无光，后来当地就像鲁迅先生笔下的阿Q一样，连"赖"字都避讳了起来。

毕竟，此一时彼一时。当年的赵匡胤，只是一个流浪汉，又怎敢奢望人人都能于风尘中识得英雄好汉呢？

江湖险恶，但江湖也是一所大学校。赵匡胤本来就精于骑马射箭，数年行走江湖，又练就了过人的拳脚和棍法。正如金庸先生著名的武侠小说《天龙八部》第十九章《虽万千

人吾往矣》中所说的:

> 众人尽皆识得，那是江湖上流传颇广的"太祖长拳"。宋太祖赵匡胤以一对拳头，一条杆棒，打下了大宋锦绣江山。自来帝皇，从无如宋太祖之神勇者。那一套"太祖长拳"和"太祖棒"，当时是武林中最为流行的武功，就算不会使的，看也看得熟了。

小说家言，当然不可尽信，但也并非完全无凭。根据宋代的一部笔记《铁围山丛谈》的记载:宋徽宗时，曾把皇宫中珍藏的一对玉拳头和一条纯铁打造的铁杆棒，拿出来让亲信大臣们瞻仰。不用说，玉拳头是赵匡胤双拳的模型，铁棒就是他亲手使用的铁杆棒。据说，虽然时间已经过了一百多年，但铁棒上赵匡胤的指头印记依然十分清晰。这部书的作者，来头可不小，是宋徽宗时宰相蔡京的儿子蔡絛，他经常出入皇宫，其所记载的可信性是有保证的。

赵匡胤的拳法，明代抗倭名将戚继光的名作《纪效新书》就称其为"太祖长拳"，书中的《拳经捷要篇》一节就把"宋太祖三十二势长拳"，列为"古今拳家"中的第一大家，并附有各势的拳诀和拳谱，如"探马势"就说:"探马传自太祖，诸势可降可变。进攻退闪弱生强，接短拳之至善。"

至于赵匡胤的棍法，人称"太祖棍"、"蟠龙棍"，或

"腾蛇棍"，舞将起来"如金龙罩体，玉蟒缠身，迎着棒，似秋叶翻身；近者身，如落花坠地。打得三分四散，七零八落"。明代军事理论家何良臣所撰的《阵纪》中就评价道：古今棍法，以"赵太祖腾蛇棍为第一"。和戚继光齐名的抗倭名将俞大猷，以擅长棍术著名，号称棍棒"妙天下"，他的师傅赵本学就是宋太祖的嫡系后裔。俞大猷在所著"集古今棍法而大成之"的《剑经》当中，把自己棍术的渊源上溯至宋太祖赵匡胤。

赵匡胤生活的时代，擅长骑马射箭、战场厮杀的勇士，可以说比比皆是，但像他这样既能冲锋陷阵，又精于拳术、棍术等江湖武术的，却是凤毛麟角。赵匡胤一到邺都，就被郭威和柴荣看中，被选为柴荣的贴身亲兵卫士，后来成为柴荣的卫士长，无疑与此有着最为直接的联系。

武功高强，还需武德高尚，救危济困，行侠仗义，才配得上一个"侠"字。赵匡胤就是如此。他自己沦落江湖，穷困潦倒，但却仗义疏财，视金钱如粪土，只要手上的钱超过了一百个铜钱，就一定要周济更困难的穷人。赵匡胤嫉恶如仇，敢于路见不平，除暴安良，他自己曾经自豪地说："我这个人，一辈子都不曾欺善怕恶！"从宋代开始，民间就广泛流传着他侠肝义胆、除暴安良等许许多多的故事，其中最著名的，要算千古佳话"千里送京娘"了。按宋元话本《赵太祖千里送京娘》里的说法：

赵匡胤一路风尘，行侠仗义来到山西太原。他的本家叔叔在太原的清油观当道士,于是赵匡胤就在那里住了下来。一天,他偶然发现观中一座紧闭的殿房里关着一位美丽的姑娘,打听之下,得知这位名叫京娘的少女是蒲州(今山西蒲县)人,被强盗们抢到了这里。年轻的赵匡胤顿生恻隐之心,遂单身一人,步行千里,凭借着一条出神入化的铁杆棒,杀退了一个个前来追袭的强盗,将这位萍水相逢的京娘姑娘安全地送回了蒲州家乡。京娘仰慕赵公子乃英雄豪杰,早就有意以身相许,她的父母在感激之余,也提出要将女儿嫁给她。

正当事情就要以"英雄救美"、姻缘成就的大团圆结局的时候,赵匡胤却严词拒绝,并当即拂袖而去。更令人意外的是,京娘是一位烈性的女子,因为赵匡胤的拒绝使她的父母十分尴尬:"人无利己,谁肯早起?"一对青年男女伴行千里,怎会没有亲密的关系?如若最终不成夫妇,女儿的清白和贞节怎么办?父母的怀疑和盘问使京娘感到绝望和悲愤,最终的结局是一个令人震惊的悲剧:京娘悬梁自缢而死,用死抗议父母对他和赵公子的胡乱猜疑。赵匡胤称帝以后,追封她为"贞义夫人",还在当地建立祠堂来纪念她。

英雄难过美人关。汉高祖刘邦、唐太宗李世民,是中国历史上十分杰出的两位皇帝,但刘邦多有流氓行为,李世民更无耻地霸占了自己的兄弟媳妇,在个人生活方面都不怎么光彩,"脏唐臭汉"嘛。赵匡胤能够不贪恋女色,当然难能可贵,在人生境界和品德境界方面就有超越汉高祖和唐太宗的地方，难怪话本的作者要赋诗称赞他说：

> 不恋私情不畏强，独行千里送京娘。
>
> 汉唐吕武纷多事，谁及英雄赵大郎。

当然，赵匡胤并非不懂怜香惜玉，更不是不解风情的莽汉，他之所以如此坚决地拒绝这一婚事，因为他千里相送，出于一个"义"字，讲的是江湖豪侠的"义气"。更何况，此时的赵匡胤，耳闻目睹了民间太多的苦难，像他多次往返的关中地区，就一直是白骨山积，后汉三镇联合叛乱制造了骇人听闻的血腥，仅当地一个和尚就掩埋了二十万具之多的遗骸！赵匡胤连一个弱女子受人欺凌，尚且于心不忍，毅然千里相送，面对百姓如此惨剧，如何能安享温柔乡。此时的赵匡胤，已然是胸怀大志，以"扫荡烟尘"、"救民于涂炭"、"救一方百姓"为己任，自然无意于过多地再纠缠于儿女情长。

"为国为民，侠之大者"。此时的赵匡胤，已然是一位真正的"大侠"。对京娘这个多情的女子来说，这可能是个悲剧，但对战乱中挣扎的百姓来说，这却是个天大的福音。

正是这一段风尘豪侠的精彩传奇，正是三年浪迹天涯，凭一双拳头和一根铁杆棒行侠仗义的经历，赵匡胤走遍了南北名山大川，开阔了眼界和胸襟，也见惯了世态炎凉，增长了人生的阅历，彻底脱去了开封城里公子哥儿的骄、娇二气，由一个毛头小伙子，历练为"铁骨铮铮，直道而行，一邪不染"、稳重老练、沉默寡言、深有城府的"大侠"，已经成长为有能力把个人荣华富贵的实现与民众的命运相联系，有能力把民众的幸福担于自己肩头，顶天立地的男子汉！

乾祐三年（950）四月，赵匡胤结束了江湖流浪的生活，加入了邺都郭威的队伍，从此踏上了飞黄腾达、开创大宋王朝的征程。此时，赵匡胤二十四岁，正是风华正茂的好时光。

高平之战：一飞冲天

赵匡胤抵达了郭威军中之后，据说善于望气看风水的术士，就已经看出郭威大军中有"三天子"气。"三天子"，当然是指后周太祖郭威、世宗柴荣和宋太祖赵匡胤了。但这十有八九是事后诸葛亮。因为赵匡胤当时只是应募当了一名小军校，在大军当中很不起眼。郭威南下夺位，赵匡胤至多充当了摇旗呐喊、高呼万岁的马前卒，还轮不上他有什么表演的机会。

赵匡胤真正的机遇，在于他被选中到柴荣的身边，由卫士而卫士长，一直都跟随在柴荣的左右，从而与柴荣建立起了极其密切的主从关系。广顺元年（951），柴荣出任镇宁军节度使坐镇澶州，赵匡胤就在其节度使的幕府之中任职，还由此结识了后来的宋朝开国名将曹彬。广顺三年（953），柴荣由镇宁军节度使回京就任开封尹、晋王，赵匡胤也随之担任开封府马直军使。

近水楼台先得月。古今官场，最容易升官的，都是长官的"秘书"。军队当中，则是主将的亲兵卫士，总比其他将士有更多的晋升机会。按照唐代以来军中的惯例，节度使以上的高级军官，都要招募三五十名贴身亲兵卫士，主将平时提供给亲兵卫士们远高于普通士兵的待遇，战时亲兵则跟从主将出征，"每出入敌阵，得以随身"，亲兵们负责保卫主将的个人安全。在政治上，主将与亲兵之间也结成了一损俱损、一荣俱荣的胶固联系，亲兵卫士几乎都是主将的"腹心"、死党。亲兵效忠主将，被当时人视作军中美事，反过来，主将也都是优先提拔自己的亲兵卫士。

如果主将的身份是皇太子，那就更不得了，一旦皇太子即位，这些亲兵卫士们立刻就会被视作攀龙附凤的"从龙"之士，也叫"随龙"之士，最容易得到破格提升，去充当新皇帝控制军队的心腹之人。如宋太宗一上台，不仅是他的警卫人员，甚至连原来负责给他赶车的、养马的、看大门的勤杂士兵们，几乎全部都陆续被提升到节度使的高位，真正是一人得道，鸡犬升天。五代宋朝，几乎都是如此。

赵匡胤跟随柴荣之后，就踏上了这么一条仕途的快车道。柴荣是郭威夫人柴氏的侄子，郭威的干儿子，但郭威的几个亲生儿子都死于开封城，所以柴荣就有了准皇储的地位。显德元年（954）郭威死后，柴荣登基，赵匡胤遂由开封府的马直军使，担任了皇宫和皇帝本人警卫的"宿卫将"，专门负责保卫周世宗个人的安全，并从此青云直上。许多资历比他深，战功不亚于他，甚至于在他之上的将领，都不如赵匡胤晋升得快，这是最为关键的原因。周世宗临终前，突击提拔赵匡胤出任事关政权生死存亡的殿前都点检要职，原因也就在于此。

当然，关系有了，能不能在军中脱颖而出，还要看个人的能力和机遇。赵匡胤的能力没得说，机遇也很快就来临了。

显德元年（954）三月，后周与北汉和契丹的联军于高平（今山西高平）展开了一场空前规模的大会战。北汉是郭威兵变取代后汉王朝所造成的副产品，就在郭威称帝的同时，后汉开国皇帝刘知远的弟弟、北京留守刘崇以恢复刘汉为号召，于太原称帝，仍以汉为国号，乾祐为年号，史称北汉。

北汉控制区仅有十二个州不到，然而太原城池坚固，当地又兵源充足，多出精兵猛将，李存勖、石敬瑭、刘知远皆以此为根据地成就帝业。更何况刘崇又联络契丹，以向契丹称臣和称侄等屈辱条件，换取了契丹的军事保护。北汉与后周势不两立，对后周构成了很大的威胁。二月，郭威去世，周世宗即位。三月，北汉、契丹的联军立即东下，意图趁着后周国君新丧，一战灭亡后周。周世宗针锋相对，力排众议，亲率后周禁军主力迎战，双方遂于高平爆发激战。

战斗刚一打响，意外的情况就突然出现了，后周右翼主帅侍卫马军都指挥使樊爱能、步军都指挥使何徽心怀异志，竟然临阵脱逃，领着本部骑兵掉头就跑，其麾下的上千名步兵干脆就地倒戈，投降了北汉。

刹那间，后周阵脚大乱，全军陷入危局。在这生死存亡的关头，周世宗没有丝毫的犹豫，第一个跃马出阵，率五十余名亲兵卫士冲向敌阵。

此时的赵匡胤，正紧紧跟随在周世宗的身边，他一边拼死护卫周世宗，一边向其他将士大声喊喝："弟兄们！万岁爷都冲上去了，大家还等什么，都跟随我一起冲啊！"皇帝的神勇，赵匡胤的表率，让后周禁卫军们爆发出了空前强悍的战斗力，他们呐喊着向北汉军阵席卷而去。

赵匡胤头脑冷静，他向禁卫军统帅张永德建议，两人各自率领两千名精锐骑兵，分左右两翼，居高临下，同时痛击敌军。张永德依计而行，布置妥当，赵匡胤高呼："国家兴亡，在此一举！"冲锋陷阵，所向披靡。他的部下也人人奋勇，以一当百，神射手马仁瑀跃马引弓，箭无虚发，接连射死数十名敌兵；马全义也纵横驰骋，杀得北汉纷纷败退。赵匡胤从此与"二马"结下了深厚的战斗情谊，"二马"后来都成为赵匡胤所倚重的开国大将。

赵匡胤的凶猛攻势，本来就让北汉难以招架了，更加倒霉的是南风大起，处在下风头的北汉军终于兵败如山倒，全线崩溃，北汉国主刘崇骑着契丹人赏给他的一匹黄骠马，抱头鼠窜，枢密使王延嗣、主帅张元徽都死于乱军之中。北汉军队的主力遭到了歼灭性的打击，就此一蹶不振。

这一切，都发生在三月十九日一天之内，交战双方的命运就像过山车一样，摇摇摆摆，胜利女神终究还是青睐了周世宗，当然还有赵匡胤。

高平之战是决定五代命运的关键性一战，关系到是走向统一太平，还是继续战乱的大问题。如若契丹和北汉联军获胜，后周必然被颠覆，契丹扶植"儿皇帝"石敬瑭祸乱中原的历史就会再次重演，中原地区统一和太平的实现必定会遥遥无期。反之，后周夺取战役的胜利后，不仅北汉奄奄一息，从此龟缩自保，坐以待毙，强大的契丹辽国也一时为之夺气，对后周采取了守势，中原来自北方的威胁，由此大大减轻了。周世宗混一天下、"致太平"的宏图大志，才有了最起码的客观条件，中原复归一统的进程就此开始。

对赵匡胤个人的事业来说，高平之战也是至关重要的，他在战斗中冲锋在前，立下奇功，为日后的发展奠定了良好的基础。《资治通鉴》评价道："太祖皇帝自此肇基皇业。"这是恰如其分的。

战斗刚刚结束，周世宗发了雷霆般的震怒，不仅将投降北汉的上千名步兵全部斩杀，又在一天之内处死了大将樊爱能、何徽以下七十多名中高级军官，由七十多名立功的将士填补空缺。赵匡胤更被破格提升为殿前都虞候、领严州刺史，一举成为后周禁军最耀眼的少壮派将星。这一年，他刚刚二十八岁。

这真是空前未有的机遇！一般来说，能连升三级，在官场上可能就是十分难得的了，但赵匡胤此番还不止呢。赵匡胤战前的职务，《资治通鉴》仅含糊地记载为"宿卫将"，如果估计不错的话，赵匡胤很可能是以其开封府马直军使的职务参战的，因为周世宗二月即位，三月初就出征高平，很可能还没来得及安排他的军职。开封府的马直军使充其量只是八九品不入流的小军官，而殿前都虞候、领严州刺史就完全不同了。

刺史是五品官，已经算得上是高官。殿前都虞候，顾名思义，是殿前诸班直的统帅，统领着皇帝最贴身的禁卫亲军，当时更是殿前军的第二号长官，是后周禁军最重要的高级军职之一。殿前都虞候与开封府马直军使，二者之间的距离，说是天地之差也不太夸张。此前担任这一职务的，都是李重进、张永德等位高权重的皇亲国戚。难怪任命公布之后，一军皆惊！后世很多研究者也认为难以置信。赵匡胤一夜之间所达到的位置，确是绝大多数军人梦寐以求，毕生都无法达到的，但历史的事实就是如此。

少壮派将星：编练殿前军

周世宗在高平之战中，目睹了禁军险些自我崩溃的丑陋表现，决意对禁军痛加整顿。后周的禁军，名称是"侍卫亲军"，设侍卫亲军司作为统帅机关，以侍卫亲军马步军都、副指挥使、马步军都虞候、马军都指挥使和步军都指挥使为其高级指挥员。侍卫亲军的总兵力在二十万上下，数量相当庞大，但其中的绝大多数都是从后汉、后晋和后唐"沙陀三王朝"继承过来的，充斥着大量职业的兵油子，不仅政治上很不稳定，动辄兵变，卖主求荣，而且战斗意志低下，非常容易失去控制。

就是这样一支没有多少真正战斗力的军队，耗费的军费却高得惊人，用周世宗的话说，就是："一百个农夫，还养不起一个士兵。何必空费民脂民膏，来养这些没用的东西！"高平之战后，周世宗撤换了侍卫亲军大部分老朽的军官，提升少壮派军官，又裁撤老弱残兵，终于使得侍卫亲军的面貌有所改观。

为了从根本上解决问题，周世宗下定了决心，另起炉灶，在侍卫亲军之外，另行组建了一支新军——殿前军，设殿前司为统帅机关，先是以殿前都指挥使、殿前都虞候为正副统帅，后来陆续增设，到了周世宗晚年的时候，以殿前都点检、副都点检为统帅，下设殿前都指挥使、副都指挥使和殿前都虞候。从此，后周禁军就有了侍卫亲军和殿前军两支部队。

殿前军以皇帝个人的禁卫军"殿前诸班直"为核心，辅以铁骑、控鹤等原本独立成军的禁军部队。由于殿前诸班直战斗力虽然很强，但兵力毕竟有限，周世宗于是下令招募天下英雄、江湖豪杰，以充实殿前军，特别是殿前诸班直。

这一举措，既加强了中央禁军的实力，又釜底抽薪，削弱了地方各藩镇的力量根基，是一项一石二鸟的英明决策。至于具体的检验、选拔和扩编、训练等任务，周世宗就指定由殿前都虞候赵匡胤全权负责。

赵匡胤武功高强，何况他本人又有三年多浪迹江湖的传奇经历，在江湖好汉当中有很强的号召力，当然是极其出色地完成了周世宗交给他的任务，赵匡胤在很短的时间里，就为殿前诸班直选拔到了一大批精兵猛将，并加以精心的训练，使得殿前诸班直急剧地扩大到了至少三十六个班左右，主要番号有：散员、散指挥、散都头、散祗候，都是由各地方来应募的豪杰组成，四个班；内殿直，选拔骁勇的军官子弟组成，四个班。总兵力在万人以上，而且都是清一色的精锐铁骑。以殿前诸班直为骨干，加上兵力在三四万左右的铁骑和控鹤两军，殿前军迅速成为一支称雄天下的虎狼之师，"士卒精强，近代无比"，不仅战斗力远远超过了侍卫亲军，更压倒了北汉、南唐等各地方政权的军队，与契丹铁骑抗衡也不落下风。周世宗南征北战，靠的就是这支王牌部队。宋太祖赵匡胤、宋太宗赵光义后来平定天下，统一各国，也是主要依仗殿前军的力量。

赵匡胤作为殿前都虞候，具体负责殿前诸班直的招募、选拔、训练和成军，也当之无愧地成为这支部队最主要的实际指挥者，从而在殿前军中扎下了极为深厚的"群众基础"，奠定了赵匡胤的军中人脉和基干力量。如张琼、杨义、党进、李怀忠等一大批宋朝开国的战将，都是在这个时候归属于赵匡胤麾下的。

不仅如此,殿前军中的多名中下级骨干军官,也都与殿前都虞候赵匡胤气味相投,互相支持,结拜为异姓兄弟,这就是著名的"义社十兄弟"。"十兄弟"当中,石守信、王审琦等后来都是陈桥兵变拥戴赵匡胤当皇帝的关键人物。

"治军先治校"。可以说,就任殿前都虞候,具体主持编练殿前军,是赵匡胤开创帝业的起点。这就如同近代的袁世凯,主持天津小站练兵,编练新军,从而建立了自己的北洋派系,成为当时首屈一指的军事强人;蒋介石能够主宰国民党政权,关键也就在于他出任黄埔军校校长,组建了效忠于自己的"黄埔系",从而兵权在手。个中的奥妙,大致是一样的。

赵匡胤在高平之战前后,还有了一大收获,那就是与后周的皇亲国戚、殿前军的主帅张永德建立了密切的私人关系。他能够晋升殿前都虞候,除了周世宗的宠信之外,张永德的推荐也十分关键。张永德是后周太祖郭威的女婿,又与周世宗称兄道弟,相交莫逆,是周世宗在后周皇亲国戚当中最主要的支持者,因而得以执掌殿前军的帅印。

张永德的军事指挥能力很平常,很需要有军事上的干才辅佐,赵匡胤在高平之战中身先士卒的神勇和临危不乱的决断,都令张永德佩服得五体投地,所以张永德就放手重用赵匡胤。

赵匡胤虽然一战成名,跃居殿前都虞候高位,又是周世宗的亲信，但他毕竟是暴发户，在后周禁军和政治高层上还没有什么根基。张永德贵为驸马爷，又是殿前军的顶头上司，对他的主动提携，赵匡胤当然是求之不得。

于是，张、赵二人一拍即合，两人联手在殿前军当中组成了一个派系小圈子。张永德当殿前都指挥使，就推荐赵匡胤当殿前都虞候；张永德升任殿前都点检，赵匡胤就接替了他为殿前都指挥使；张永德被罢去殿前都点检之后，还是赵匡胤，接过了殿前都点检的位子。张永德作为上级，还时常资助赵匡胤。赵匡胤结婚的时候，张永德一下子就拿出了好几千贯的重金当贺礼；赵匡胤的弟弟赵匡义结婚，张永德又拿出了一大笔钱，资助赵家办了一个场场面面的喜事。赵家当时没有多少家财，因而一直对张永德的雪中送炭感激不已。

关于张永德和赵匡胤之间的亲密关系，宋人还流传着这样一种传说：张永德为人十分迷信，对道士的话言听计从，所以外号叫"张道人"。因为道士曾经对他说过，他命中的贵人，是两位属猪的人，只要能遇到这两位贵人，他就能享有五十年的荣华富贵。赵匡胤、赵匡义兄弟二人，都是属猪的，张永德于是大喜过望，"倾身事之"。大宋开国后，张永德果然受到了赵匡胤和赵匡义的厚待和恩宠，以前朝驸马的身份，依然在新朝出将入相，一直活到了宋真宗咸平三年（1000），享年七十三岁。从广顺元年（951）郭威即位那年他二十四岁出任驸马都尉、殿前都虞候算起，前前后后果然是安享了荣华富贵五十年！这在当时的政治人物当中，是绝无仅有的。

苏辙在《龙川别志》里就专门记载了这件事。这种说法神化赵匡胤和赵匡义，无疑只能当故事看。但不管怎样，赵匡胤得到了张永德这位自己的顶头上司和当朝驸马爷的青睐，真可以说是官运亨通。

雄关漫道：官拜节度使

显德二年（955），后周大军在北起淮河、南迄长江、东至大海的辽阔战线上，向南唐发起了全面进攻。在这场决定南北命运的"淮海大战"当中，赵匡胤率领护驾周世宗的王牌部队，战功卓著，得以由殿前都虞候晋升殿前都指挥使，并官拜节度使，真正跻身大将的行列。

淮河以南、长江以北的地区，因大唐设淮南节度使，多称之为"淮南"。又大致以濠州（今安徽凤阳）为界，以东称"淮东"，以西称"淮西"，合起来称为"两淮"。淮西的中心在寿州（今安徽凤台）和合肥（今安徽合肥），淮东的中心在扬州（今江苏扬州）。长江以南的南京，大致与扬州、合肥形成倒三角的态势。

自古以来，凡是建都南京的南方政权，都是要以江北的淮河流域为立国屏障，以扬州、合肥、寿州等地为战略据点，此所谓"守江必守淮"。因为，长江虽然号称天堑，然其东西一字长蛇的态势，其实并不利于防御，如若对手在江北站住了脚跟，兵临大江，随时随地都可南进，江防千里，受制于人，正如《孙子兵法》所谓"备前则后寡，备后则前寡，备左则右寡，备右则左寡，无所不备，则无所不寡"。岂能始终固若金汤？只要一点被突破，就会带来全线崩溃的灾难性后果。反过来，北方政权若要一统江南，首先就必须在江北大量歼敌，夺取江北两淮地区。

淮南地区的得失，关系到南北政权的命运。三国时的孙权与曹操鏖兵于合肥，遂成鼎足之势。南宋时在镇江（今江苏镇江）和建康（今江苏南京）设立了两大军府，控扼住了两淮，就能顶住金兵的多次猛攻，立国江南。明初的朱元璋地跨大江南北，遂天下称雄。现代国民党政权兵败淮海，困守长江，随即土崩瓦解。

周世宗志在混一天下，兴致太平，对淮南当然是志在必得。王朴的《平边策》，也是将首先夺取的目标选定淮南。偏偏当时的南唐，并不是任人宰割的软柿子。

南唐，是从五代初年杨行密建立的吴政权发展过来的，经过了杨行密、徐温和李昇三个阶段，至后晋天福二年（937），李昇受吴"禅让"，建都金陵（今江苏南京），因他自称大唐宗室后裔，遂改国号为唐，史称南唐。年号"昇元"，也就是重振大唐基业、重兴"开元"盛世的意思。

南唐拥有三十五个州，地跨大江南北，主要包括今天的江苏、安徽、江西全部，以及浙江、湖北、福建等部分。这些地区，多数本来就有良好的经济基础，如早在唐代，就有

"扬一益二"的著名说法,扬州是当时天下最为繁荣的都市。又由于不论是杨行密,还是徐温和李昇,都以"保境息民"为立国基本方针,用兵极为谨慎,在五代北方战乱不休的时候,南唐却难得地经历了长达四五十年的大致"太平"的环境。综合国力当然也十分雄厚。

南唐当时在位的皇帝,是中主李璟。此人不但文采风流,是五代最为杰出的词人之一,而且和周世宗一样,李璟也胸怀统一天下的大志,有一年的科举考试,他就出了个《高祖入关诗》的题目。可见李璟已经不再满足于"保境息民",而是有志于北伐中原,恢复大唐"天下一家"的盛世。后晋、后汉之际,他抓住北方大乱的机遇,出兵并吞了湖南和福建,并联络契丹和北汉、后蜀,俨然以对抗后周的盟主自居。湖南和福建,南唐后来是得而复失,空欢喜了一场,但南唐有力量接连灭亡两个南方政权,确不愧为南方的头号强国。为了抵御北方的威胁,寻机进取中原,李璟以扬州为东都,以寿州为清淮军节度使,在两地分别屯驻重兵,作为两淮防线的两个最重要的战略支撑点。

两强相遇,针尖对麦芒,自然难免一场激烈的龙争虎斗。

后周挂帅南征的宰相李穀,据说与南唐的大臣韩熙载本来是同学好友,在韩熙载投奔南唐的时候,李穀送行,韩熙载说:"江淮若用我为宰相,当长驱以定中原。"李穀则说:"中原若用我为宰相,取江淮如探囊取物!"事实上,南唐此时没用韩熙载为相，固然未能"长驱以定中原"，后周虽用李穀为宰相，但也未能做到"取江淮如探囊取物"。

这场"淮海大战"，双方反复拉锯，前后持续了四个年头，仅周世宗本人的御驾亲征，就有三次之多。对比于高平之战仅用一天就分出了胜负，可见其战争的惨烈。待战争在显德五年（958）终于结束的时候，周世宗离去世已经只有一年的时间了。可以说，周世宗主要的心血都耗费在这了这场旷日持久的大战上。

激战首先围绕着寿州展开。寿州北依淮河，东近淝水，南靠八公山，是一座山水相连的军事雄镇。中国古代战争史最为经典的战役之一"淝水之战"，就发生在这一地区。南唐守将清淮军节度使刘仁赡是一员智勇兼备的名将，他坐镇寿州，防御严密，并伺机反击，把一座寿州城打造成了铁桶一般。后周数次猛攻，都无功而返。周世宗御驾亲征，虽然击败了前来增援的南唐援军一部，但对寿州城的刘仁赡，仍然是一筹莫展。

为了早日拔掉这颗硬钉子，周世宗决定派兵绕过寿州城，直插到寿州后方的清流关（今安徽滁州西北），伺机夺取滁州（今安徽滁州），以截断寿州的后援通道，既彻底孤立寿州，又可以威胁南京。周世宗指定由护驾的殿前都虞候赵匡胤，统率本部五千精兵，前去完成这一任务。

这可不是一个容易完成的任务。

清流关，因附近的清流水而得名，一直都是江南与中原往来的必经之地,有"九省通衢"的美誉。由清流关向东南二十余里,就是滁州州城,滁州再往南,就是江南的南京。所以,清流关又被形象地称之为"金陵锁钥"。

清流关、滁州在历史上始终是兵家的必争之地,元末的朱元璋即先得滁州,然后进取南京,终成一代帝业。明朝末年,李自成、张献忠农民军与明军大战于清流关,关边的清流河都被血水染成了红色。清朝末年,太平天国起义军也在此地多次与清军恶战。

南唐建都南京,为了屏障都城,就在清流关一带多年苦心经营,把关隘选在两座山峰之间,依山而建,关两旁的山峰,也因清流关而得名为关山。关洞为拱形,都用巨石砌成,深达十余丈,气势雄伟,堪称"一夫当关,万夫莫开"的雄关要隘。至于滁州,也是一座易守难攻的坚城。宋朝大文豪欧阳修的名作《醉翁亭记》,一开篇就是说:"环滁皆山也。"欧阳修当时正在滁州当知州,这可是他亲眼所见。

清流关不仅地势险要,南唐守关更兵力雄厚,至少在两万人上下,有赵匡胤的四五倍之多。守将皇甫晖也绝非等闲之辈。此人出自以强悍而闻名的魏博节度使牙兵,后唐庄宗时随军戍守幽州的瓦桥关,曾多次与契丹铁骑交战,都不落下风,号称大小数十战,从来没有战败过。后来更与同伙发动了兵变,令后唐庄宗李存勖都焦头烂额,最终死于动乱之中。追根溯源,皇甫晖也算是罪魁祸首之一。但皇甫晖一直视作莫大的荣耀,毕竟能置英雄无敌的李存勖于死地,可不是平常人能够做到的。此时，皇甫晖已经老了，但虎老雄风在，依然被南唐视为善打恶仗的猛将。此番以奉化节度使、同平章事的高级官衔统兵驻守清流关，担负呼应和支援寿州的重任。

如此雄关要隘，又有精兵猛将把守，正面强攻破关谈何容易！赵匡胤抵达清流关之后，经过几番试探，最后请到了当地的一位村民，他向赵匡胤指引了一条极其隐秘的小路，可以从清流关旁边清流关山的山涧之中，绕道到清流关的后面，置关隘于无用之地。

这正是曲径通幽处。赵匡胤立即依计而行，领兵悄然行进，疾速穿过了山间的小路，绕到了清流关的背后，并立即发起攻击。南唐守军腹背受敌，乱作一团，皇甫晖率败兵狂奔滁州，并破坏了清流河上的桥梁，怎奈赵匡胤紧追不舍，指挥骑兵从清流河上涉水而过。

皇甫晖没有喘息的机会，只好向身后的赵匡胤高喊："军人各为其主，你敢让我整顿好队伍，咱们再好好较量一番如何？背后偷袭算什么英雄！""兵者，诡道也。"战场交战，你死我活，以取胜为唯一目的，哪有什么规矩！皇甫晖竟然向对手要求给自己摆开阵势的机会，可谓完全昏了头。也许是想起了当年江湖侠客的做派，赵匡胤笑着答应要与他进行一场"公平"的决斗，命令部下在城外列阵。

皇甫晖倒也算一条好汉，没有食言，进城后略作休整，就率本部人马冲了出来，两军再度交锋。赵匡胤身为主将，却第一个抱着马头，冲入敌阵，并向南唐官兵断喝道:"我今天只取皇甫晖一人，其他人都不要找死。"皇甫晖措手不及，被赵匡胤挥剑砍下马来，当了俘虏。南唐官兵早已是惊弓之鸟，又被赵匡胤的神勇吓破了胆，纷纷作鸟兽散，赵匡胤唾手而得滁州城，清流关也顺利地攻下。

激战清流关，夺取滁州，歼灭了数万唐兵精锐，更截断了寿州后援的通道，寿州城就此成为一座苟延残喘的孤城。南唐的都城南京也为之大震，李璟被迫派遣使者以割让两淮六个州的条件向周世宗乞和，但周世宗志在两淮全境，当即予以拒绝。

这是赵匡胤第一次独立指挥大战，就取得了如此空前的大捷，尤其是敢于单挑敌将的神勇，使他更加威名大噪，成为后周禁军中为众人所瞩目的少壮派将领的翘楚。

后来，赵匡胤的侄子宋真宗赵恒为了纪念清流关和滁州之战，专门命人在滁州修起了一座庙宇，将其大殿命名为"端命"。意思是说:赵匡胤的功业和帝业都从这里达到了一个新的高度。南宋的时候，大诗人陆游也写了一首叫《送张野夫寺丞牧滁州》的诗，诗中歌颂赵匡胤清流关之战说:

> 皇天方忧九州裂，建隆真人仗黄钺。
> 阵云冷压清流关，贼垒咿嘤气如发。
> 遄诛猾虏入槛车，北风吹干草头血。
> 一龙上天三百年，旧事空闻遗老说。

"建隆真人"，指的就是赵匡胤，因为他的开国年号是"建隆"。一句"皇天方忧九州裂，建隆真人仗黄钺"，就把此战的意义，上升到了关系"九州"大同的高度。陆游真不愧是大手笔。

这年的四月，战争的重点东移到了扬州。相比于寿州，南唐扬州的守将冯延鲁是一介书生，赋诗填词还行，哪里会打仗！他防守松懈，后周一次偷袭，就轻易地得手。但是，扬州城与江南仅有一江之隔，南唐的反击十分频繁，也十分犀利，周军立足未稳，扬州城有得而复失的危险。

周世宗再度打出了赵匡胤这张王牌，命令他率精兵两千，出击六合（今江苏南京六合），迎战由南京渡江前来反攻扬州的南唐部队。南唐此番是竭尽全力，出动了护卫南京城的两万余人马，但其主帅齐王、诸道兵马大元帅李景达，官衔高得吓人，却一直是养尊处优的王公贵族，监军的陈觉位至宰相，更是一个书呆子，他们哪里是赵匡胤的对手？一场激战下来，南唐战死五千余人，淹死上万人，其他的也全部溃散，两万大军就这样全军覆灭了。六合一役，南唐的精锐主力基本上损失殆尽，南唐在两淮全线最终战败的命运也就此注定了。

这年的十月，赵匡胤就凭借清流关和六合的战功，被晋升为同州（今陕西大荔）匡国军节度使兼殿前都指挥使。

赵匡胤拥有了节度使的头衔，不仅意味着他正式跻身大将的行列,地位和声望有了大幅度地提升,而且开始有了一块基本上属于自己的地盘,也有权"开府",可以名正言顺地把精兵强将招揽于自己的麾下,英雄豪杰之士也会前来投奔。更何况,赵匡胤本来就是禁军的殿前都虞候,此次老上级张永德晋升殿前都点检,他又接替了殿前都指挥使的要职,尽管还是禁军殿前军的第二把手,但官位提升了许多。

显德四年(957),寿州守将刘仁赡病重,不省人事,他的儿子和部下盗用他的名义,抬着他向后周投降。周世宗受降后,立即封刘仁赡为天平节度使兼中书令,这可是位极人臣的高官,但此时的刘仁赡其实已经病死军中,这只是给予这员忠心事主的猛将以哀荣而已。

寿州失守,南唐终于支持不下去了,经过一番讨价还价,显德五年(958),南唐把约占国土三分之一以上的两淮十四个州,六十个县,拱手割让给了后周,每年还要纳贡十万。南唐自动削去皇帝号,称江南"国主",去年号,用后周的正朔。从此以后,南唐这个南方的头号强国,就降为后周藩属的一个小朝廷,苟延残喘。

如鱼得水:初遇赵普

在征伐南唐期间,还发生了这样几件对赵匡胤影响很大的事情:

事件之一:赵匡胤驻防滁州城期间,他手下的士兵抓了一百多名"盗贼",正准备全部处死的时候,被新任的滁州军事判官断然制止，经过复查，果然有七八十人之多都是冤枉的。此人只是一个八品不到的小官，与殿前都虞候赵匡胤当然是天地之差，但毕竟是避免了一场大冤案，赵匡胤当然十分高兴，就约见了这位芝麻官。

两人甫一会面，赵匡胤当即感到此人气宇轩昂，见识不凡，而且也姓赵，也祖籍幽州，也在洛阳生活过，与自己同宗同乡，不禁高看一眼。赵匡胤是禁军的名将，此人当然是十分仰慕，两人一见如故，结下了非常好的交情。

巧合的是，赵匡胤的父亲赵弘殷领兵路过，却病倒在滁州，赵匡胤军务在身，自然无法照料。就委托此人照看自己的父亲。此人也问寒问暖，送饭递药，悉心地侍候赵弘殷。从此以后，赵匡胤和他的关系就更进一步，亲如兄弟一样了。

此人就是历史上鼎鼎大名的大宋朝开国元勋、宋太祖和宋太宗两朝的宰相赵普。因为他后来被追封为"韩王"，所以也有"赵韩王"的称呼。此时的赵普，年方三十五岁，已经在好几个节度使的幕府当中做了十几年的小吏，也就是后代刀笔师爷一类的角色，但都郁郁不得志。直到显德三年（956），才由于宰相范质的推荐，被派到滁州担任军事判官，没想到在这里因缘际会，结识了赵匡胤。赵匡胤为节度使之后，就立即礼聘赵普加入自己的幕府，出任节度使推官，后又晋升为掌书记，所以赵普也有"赵书记"的称呼。

赵匡胤攀附周世宗，三十岁就当上了节度使，但他毕竟是一介武夫，缺乏官场沉浮的经验。赵普要比赵匡胤大五岁，又有多年刀笔师爷的经历，精于权术，多谋善断，也不乏几分阴险毒辣，对官场之事有强于赵匡胤的地方。赵匡胤平时把他当大哥看，视为"左右手"，无论大事小情，都要咨询赵普的意见。赵匡胤的家人也不把赵普当外人，赵匡胤的母亲杜太后直到大宋开国之后，还多次对赵普说："我的儿子太年轻了，没经历过多少事情，还希望你一定要尽心竭力地辅佐他。"

士为知己者死。赵普此前一直怀才不遇，此次得到赵匡胤和赵家如此厚待，赵普当然也是感恩图报，对赵匡胤忠心耿耿，全力以赴地加以辅佐。赵普此人，素有"以天下为己任"的大志，他在关中一带节度使幕府中当小吏的时候，就专门搜集了唐太宗的遗骨，重新以礼安葬。赵普此举，主要出于他对唐太宗的崇拜，同时也可以反映出他同样有重建"太平盛世"的渴望。

自古帝王创业，固然是枪杆子里面出政权，但光有枪杆子还是不行，还得要有舞文弄墨的笔杆子，要有出谋划策的军师，君臣际会，枪杆子和笔杆子相结合，有两杆子方能打天下，开创帝业。如刘邦得萧何、张良辅佐，"运筹帷幄之中，决胜于千里之外"；刘备得诸葛亮之后，方能与曹操、孙权鼎足而三；朱元璋得刘基、朱升，终成霸业，都是千古的佳话。反过来，项羽武力盖世，但仅有一范增而且不能用，落个霸王别姬的下场是必然的。赵匡胤有了赵普，自然如鱼得水，堪称如虎添翼。

事件之二：因楚州城（今江苏淮安楚州）守军防守顽强，周世宗恼羞成怒，城破之后，悍然下令屠城，制造了一起骇人听闻的血案。赵匡胤在路过一条街巷的时候，看见一名妇女倒在了血泊之中，但她身下的孩子还在不停地吃奶。赵匡胤战场上是铁铮铮的虎将，是进攻楚州城的主将，但目睹了孩子失去母亲的惨剧，内心也受到极大的震撼，他当即不顾风险，抗命不遵，下令保护了巷子中的百姓，还出资收养了这个孩子。当地人为了纪念，就把这条街巷命名为"因子巷"。

行走江湖，快意恩仇，哪有不杀人的，但以杀人为乐，还是以杀人为不得已，以救人为乐，这可能就是魔头和大侠的区别所在。军人驰骋沙场，杀人更是寻常之事，然而是杀人不眨眼，还是止戈为武，以杀止杀，以霹雳手段行菩萨心肠，就是军头和政治家的区别。赵匡胤本来就是一位"大侠"，但此时的他，开始向政治家迈进了。

事件之三：赵匡胤南征凯旋回师，正兴高采烈的时候，却突然被人拦住了马头，要求检查他的行李车，赵匡胤非常生气，但这些人手持周世宗的手令，不容分说，一顿乱翻，结果发现车子里除了数千册书籍之外，什么都没有。原来，有人向周世宗诽谤赵匡胤说："赵某在攻下寿州城后，私吞了大量的金银财宝，装满了好几辆大车。"周世宗当即下令查验。事实证明了赵匡胤的清白，但周世宗也只是同他谈了些关于读书的话题，也没有追究诬告者的责任。还有一种说法，是南唐使用了反间计，故意送给了赵匡胤大批金银财宝，但赵匡胤不为所动，都如数上交给了朝廷。

应该说，此时的周世宗对赵匡胤是十分信任的，赵匡胤也感激周世宗的知遇之恩，对周世宗是忠心耿耿的，但仅凭突如其来的捕风捉影式的诬告，周世宗就毫不犹豫地下令查办，难免有令赵匡胤寒心之处。

看来，从这个时候起，随着赵匡胤地位的提升，军功和威信的增长，周世宗对这位羽毛逐渐丰满的爱将，已经产生了说不出的复杂的想法。赵匡胤的心中，对周世宗自然也开始出现了感情的裂痕。毕竟，"惟人主之眷不可恃"，伴君如伴虎啊。

木牌事件：点检作天子

显德六年（959）三月，南方的战事刚刚平息，周世宗又尽起禁军主力，向契丹辽国发起了猛烈进攻，目标是夺回被"儿皇帝"石敬瑭割让的以幽州为中心的燕云十六州。赵匡胤征尘未洗，即刻护驾出征。

契丹辽国拥有铁骑二三十万，军力与南唐、北汉相比，自然是不可同日而语，一直是中原王朝最为强悍的劲敌。

不过，这个时候，辽国镇守幽州的主将，名叫萧思温，此人通晓文史，倒颇有几分儒雅，在以骑马射箭为乐的契丹贵族当中，算是一个很难得的"书生"。但他也沾染上了书生的通病，纸上谈兵头头是道，却不擅长战场指挥，更缺乏打硬仗的经验，每遇到后周军队来攻，只会向后方请求增派援兵。

此次周世宗御驾亲征，他更是连连飞书报急，催促辽国皇帝也亲征迎敌，自己则固守在幽州城里，任由后周攻城略地。辽国用这样一个庸才出任南京留守，坐镇幽州，纯粹因为萧思温是辽太宗耶律德光的女婿，是辽国的皇亲国戚。他的女儿萧燕燕，就是契丹辽国历史上鼎鼎大名的"萧太后"。

当时辽国的皇帝辽穆宗，是耶律德光的长子，但和自己的父亲比起来，辽穆宗可差得太远了，耶律德光是辽国历史上有名的英主，有一统天下、实现天下大同的雄才大略，而辽穆宗却以酗酒嗜杀而著称，被公认为辽国历史上最昏庸的皇帝之一。因为他每天都要通宵达旦地饮酒作乐，大白天反而沉睡不起，人们都叫他"睡王"。

君是昏君，将是庸将，当然不是周世宗的对手。此时的周世宗，经过高平之战和征伐南唐的洗礼，已然是身经百战、百战百胜的战场老手。绵羊率领的一群狮子，也可能打不过狮子率领的一群绵羊。更何况，经过多年硬仗的锻炼，后周禁军，特别是殿前军，已然是一支不折不扣的铁军，完全有实力在野战中击败契丹铁骑。周世宗改变"先南后北"的既定方针，断然挑战强敌，主动北伐幽州，就是瞅准了这一千载难逢的大好时机。后代的史家也都称誉周世宗此举是大智大勇的神来之笔。

北伐进展得十分顺利。三月十九日，周世宗正式下诏北伐。二十九日，周世宗由开封出发，四月十六日驾临沧州（今河北沧州），然后从沧州乘坐战船，由水路北上，直抵契丹边境。赵匡胤出任水路都部署，再度担当护驾重任。

四月十七日，辽国宁州守将投降，周世宗不战而取乾宁军（今河北清县）。二十六日，又得益津关（今河北霸县），并由此下船登陆。这天夜里，周世宗露宿在野外，身边仅有赵匡胤一支人马护卫，辽国骑兵频频在四周出没，但周世宗依然镇定自若。

二十八日，赵匡胤率兵攻打重镇瓦桥关（今河北雄县），守将姚内斌是一员猛将，外号"姚大虫"，但他不愿为契丹卖命，赵匡胤兵马一到，他就投奔了赵匡胤，并从此成为赵匡胤手下的一员亲信大将。赵匡胤进驻瓦桥关后，发现城西北处有数千契丹骑兵活动。立即带百余名骑兵把他们驱逐了出去。

瓦桥关、益津关和淤口关（今河北霸县信安镇），就是历史上以抗辽而著称的"三关"，周世宗改瓦桥关为雄州，益津关为霸州，宋朝时改淤口关为信安军。"三关"及其以南地区等十余个县，合称为关南。

就这样，从三月十九日下诏北伐，至五月初一，周世宗仅用了不到四十二天的时间，就夺回了三个州、十七个县，北伐取得了空前的大捷。若从周世宗离开开封城的三月二十九日算起，更只有短短的三十二天。周军所到之处，契丹望风披靡，可以说是兵不血刃。

五月初二，周世宗在瓦桥关大聚众将，准备进一步向北攻打幽州城，先头部队已经出发，可就在当天晚上，周世宗突然重病发作，北伐幽州只能是半途而废。五月初八，周世宗安排好镇守关南的军备之后，怅然退兵。六月底，周世宗就病逝于开封，享年三十九岁。

周世宗虽然未能如愿夺回幽州，但夺回了以三关为中心的关南地区，意义也非同小可。关南地区，北依白沟河；从白沟河向南，则是一片河泽纵横、湖泊众多的水网地带，都是防御契丹骑兵冲击的天然屏障。

在失去了以幽州为中心的"燕云十六州"以后，这几乎是中原王朝能够在河北平原防御契丹的唯一屏障。如若这一地区控制在契丹手中，那么，中原王朝更是毫无天险依托，门户洞开。周世宗夺回三关，中原王朝的军事形势得以大大的改善，局面就完全不同了。

宋朝开国以后，就以白沟河为屏障，以雄州、霸州和高阳关（今河北高阳）为中心，构建了防御契丹的第一道防线，始终屯驻有重兵，由关南都部署统一当地的军事指挥。契丹曾经多次猛攻，都不能得手。契丹攻不下关南，就不敢轻易南下中原，即便南下中原，也会成为风险很大的军事冒险，往往进退两难，"澶渊之盟"时的情况就是如此。由此可见，这条防线对宋朝国防的巩固具有何等重要的战略意义，堪称生死攸关。宋、契丹两国，后来就是以白沟河为界河。

前人栽树，后人乘凉，宋朝享受着周世宗北伐的成果，才能争取到一个与契丹辽国对峙的局面。当然，若是周世宗不英年早逝的话，他肯定是会越过三关，继续攻击幽州的。可惜，历史没有给他这样的机会。

北伐期间，还发生了一桩对赵匡胤至关重要的、极其神秘的"木牌事件"。

原来，周世宗北伐期间，在批阅公文的时候，他从一个皮囊当中偶然发现了一块三尺多长的木牌，上面写着"点检作天子"五个大字。"点检"，不用说，指的是后周禁军殿前军的主帅殿前都点检，当时担任这一职务的将领是张永德；"作天子"，就是当皇帝的意思。当然，这是指张永德有当皇帝的天命呢？还是指他有夺取皇位的野心呢？就很令人费思量了。无论如何，在"天无二日，地无二主"的君主专制时代，这都是最犯君主忌讳的事情。

当年六月，周世宗赶回开封之后，已经是病入膏肓，他匆匆地立自己年仅七岁的儿子柴宗训为梁王，作为皇位的继承人。考虑到"点检作天子"的木牌，担心禁军的稳定，就以明升暗降的办法，加张永德同平章事，但外放为澶州节度使，解除了他殿前都点检的禁军职务和兵权。赵匡胤则由殿前都指挥使升任殿前都点检。这一年，赵匡胤三十三岁。

张永德要比赵匡胤还小一岁，按官场的规矩，在正常情况下，赵匡胤要越过老上级，执掌殿前军的帅印，几乎是不可能的。一块木牌，就令张永德下台，赵匡胤上台，对赵匡胤来说，真可谓是福从天降。

这块木牌，究竟是从哪里来的呢？

它肯定不会是从天上掉下来的，必定是有人做了手脚。

那么，做了手脚的人，究竟会是谁呢？

嫌疑人之一，是李重进。他是后周太祖郭威的亲外甥，和张永德一样，都是后周的皇亲国戚，时任侍卫亲军都指挥使，是侍卫亲军的主帅，在禁军中的地位还在张永德之上。李重进是张永德的死对头，当年在征伐南唐的时候，张永德一而再、再而三地向周世宗诬告李重进要谋反，要发动兵变。各握重兵的张、李两人，还差点儿上演了一出火并的好戏。这次会不会是李重进如法炮制，报复张永德呢？

更何况，李重进任侍卫亲军都指挥使，是侍卫亲军的统帅，张永德任殿前都点检，是殿前军的统帅，殿前军和侍卫亲军作为后周禁军并列两大山头，彼此之间的派系争斗一直是十分激烈的。个人恩怨加上派系争斗，很明显，李重进有作案的动机，但他似乎没有作案的时间。李重进是五月初一才来到周世宗北伐的大营，初六那天就统兵前去攻打北汉去了，前后只有不到五天的时间，时间十分仓促。而且，他是和众将们一起来到大营的，似乎也不容易找到下手的时机。

嫌疑人之二，就是时任殿前都指挥使，殿前军的二把手赵匡胤。赵匡胤有作案的充分时间，从周世宗出师北伐到班师回朝，赵匡胤自始至终都护卫在周世宗的身边，尤其是四月底一段时间，周世宗身边的大将只有赵匡胤一人，他若要动手脚，无疑是十分方便的。从这个角度上讲，赵匡胤的嫌疑也是最大的。

但是，他有作案的动机吗？张永德是赵匡胤的老上级，一直对他照顾有加，悉心栽培提拔，两人在殿前军一直亲密合作，从未有不愉快的事情，赵匡胤为何突然要翻脸不认人，如此陷害张永德呢？难道说赵匡胤见利忘义，觊觎殿前都点检的位置吗？这种可能性当然不能排除。

不过，赵匡胤即使是有心要扳倒张永德，怎么敢奢望殿前都点检的位子，就一定会落到他手里呢？他就不怕鸡飞蛋打？如果再考虑赵匡胤上台后，张永德依然荣华富贵，直至宋真宗时才得以寿终，宋太祖、太宗兄弟二人与他的融洽关系，也确实不像完全是装出来的样子。

嫌疑人之三，是殿前都点检张永德。这似乎有点匪夷所思了，但也不是完全没有可能。要知道，按史书的记载，周世宗是在北伐当中突发重病的，但在这之前，他的身体状况肯定是已经出问题了，甚至正是因为知道自己身体不佳，周世宗才急于攻打幽州，希望在自己的有生之年能够解决这个最棘手的难题。只不过对臣民们来说，皇帝永远是红光满面、神采奕奕的。而对张永德、赵匡胤这样的心腹大将来说，周世宗的身体不好，应该是个公开的秘密，彼此心照不宣罢了。

张永德是郭威的女婿，后周的驸马爷，论血缘不比周世宗差太远，也完全有资格继承后周的皇位，得知周世宗的身体状况后，他产生更进一步的想法也属正常。更何况，张永德外号"张道人"，家里养了不少道士、巫师一类的人物，装神弄鬼是他的拿手好戏，搞出一个"点检作天子"的木牌来并不奇怪。

根据宋人徐度《却扫编》一书的记载：周世宗在回师开封的途中，也确实产生了干脆传位于张永德的考虑。毕竟两人相交莫逆，五代又有传位长君的传统。只是斟酌再三，周世宗认为张永德能力终究有限，最终打消了这个念头。既然不打算传位，就只能是解除张永德的兵权。张永德最后搬起石头打了自己的脚。当然，木牌事件的主谋如果是张永德的话，直接动手脚的，还可能是赵匡胤。

因为赵匡胤毕竟是由殿前都点检的位子上当皇帝的，宋人也都把这块"点检作天子"的木牌，当作赵匡胤得"天命"的凭据来大加宣传。所以，目前主流的意见还是认为木牌事件是赵匡胤一手制造的，通过一块木牌，既扳倒了他的老上级张永德，又为自己从点检发动兵变准备了舆论，是一着一箭双雕的高棋。

当然了，"强者为尊当让我，英雄只此敢争先"！即便是赵匡胤做的手脚，虽然有点不仗义，但大丈夫不甘居于人下，也不是什么太见不得人的事，更何况在五代那种强者为上的乱世呢。只是这种说法，事后诸葛亮的味道似乎浓了一些。毕竟赵匡胤当时还只是个殿前都指挥使，不必说张永德、李重进在禁军中的地位远高于他，和他大致同级的将领也还有一批，要说那时赵匡胤就开始对皇位有了非分之想、觊觎之心，未免太早了些。

不管这块木牌是怎么来的，木牌事件最终的得利者毫无疑义是赵匡胤，这才是最最重要的。赵匡胤出任殿前都点检，由此掌握了殿前军的大权，迅速地把这支精锐的禁军王牌军变成了一支不折不扣的"赵家军"，成为他向皇位迈进的基干力量。

周世宗不仅撤换了张永德，而且从平衡禁军力量的角度出发，又安排解除了侍卫亲军都指挥使李重进的禁军兵权。七月，李重进也被外放为淮南节度使，前往镇守扬州，虽然他还挂着侍卫亲军都指挥使的头衔，但这已经只是一个安慰性的空衔，他麾下仅仅不过几千老弱残兵。

如此一来，后周禁军位高权重、威信卓著的两大巨头李重进和张永德，几乎同时离开了禁军的指挥位置。赵匡胤一跃成为禁军最有实权和最有号召力的人物，可谓是一步登天，终于具有问鼎皇位的实力。可以说，只要李重进或张永德其中的任何一人留在禁军指挥的要害位置，赵匡胤无论如何也不可能成功地发动兵变，黄袍加身。

第三章

陈桥兵变：不流血开创一个大王朝

纷纷五代乱离间，一旦云开复见天。

草木百年新雨露，车书万里旧山川。

寻常巷陌犹簪绂，取次园亭亦管弦。

人老太平春未老，莺花无害日高眠。

—— 邵雍《观盛化吟》

这首称赞宋太祖陈桥兵变、大宋开国的诗，出自宋神宗时理学大家邵雍的手笔。《水浒传》全书的开篇就全文抄录了这首诗，还大加发挥说：

五代残唐，天下干戈不息。那时朝属梁，暮属晋，正谓是：朱李石刘郭，梁唐晋汉周；都来十五帝，播乱五十秋。

直到宋太祖陈桥兵变，方才

扫清寰宇，荡静中原；国号大宋，建都汴梁。九朝八帝班头，四百年开基帝主。因此上，邵尧夫先生赞说："一旦云开复见天。"正如教百姓再见天日之面。

无独有偶，明代一部流行很广的小说《飞龙记》中，也有这样一首歌咏陈桥兵变的诗：

> 五代干戈未息肩，乱臣贼子混中原。
> 黎民困苦天心怨，胡虏驱驰世道颠。
> 检点数归真命主，陈桥兵变太平年。
> 黄袍丹诏须臾至，三百鸿图岂偶然。

如果说，邵雍作为宋朝的臣民，对陈桥兵变的评价，不可避免地会带有或多或少的"本朝"情结，做到完全客观公正可不大容易。那么，《水浒传》和《飞龙记》都不存在维护本朝的问题，而且更多的是代表民间草根平民们的主流看法，他们也都认同邵雍的说法，说明陈桥兵变在人们的心目中还是与天下"太平"紧密地联系在一起。至于它"欺人孤儿寡母"，并不太光彩的兵变夺权形式，反而不太为人所关注。

的确，陈桥兵变不仅终结了五代的战乱，太平的阳光终于再度普照中原大地，而且它基本上属于一场不流血的和平政变，创造了中国古代历史上"不流血而开创一个大王朝的奇迹"……

河北告急：真的还是假的

后周显德七年（960），正月初一。此时的开封城，瑞雪纷飞，沉浸在一片元旦佳节的喜庆气氛当中。经过周世宗的励精图治，开封城已然是一个极其繁荣的大都市了。新年到了，全城大家小户阖家团聚，男女老少都换上整洁的新衣，走家串户，排摆酒宴，互致新年的问候。政府还要组织持续三天的歌舞、娱乐活动，节日的气氛刚刚达到了最高潮。

皇宫中同样是张灯结彩，以示与民同乐，皇帝还要亲临大殿主持盛大的仪式，接受文武百官和外国使节们的朝贺，然后在皇宫中大摆宴席，款待百官。但此时的后周王朝皇帝柴宗训，只有八岁，还是一个完完全全的小娃娃。他是周世宗的第四个儿子，因为他的三个哥哥都在郭威夺位时死于非命，他才当上了皇帝，即位时才年仅七岁。也有一说，柴宗训即位时实际只有六岁。

在帝制时代，从理论上说，所有的军国政务，都要由皇帝个人最终裁断，当皇帝是年幼无法亲自处理政务的时候，就被称作"主少国疑"。在"主少国疑"的时候，君权是最软弱的，外戚、权臣、大将等种种政治力量，往往要趁机展开激烈的角逐，是最容易引发政治剧烈动荡的时期。柴宗训在位的后周，就正处于"主少国疑"的局面。

实际主持仪式的是皇太后符氏,她出身名门,她的姐姐也是周世宗的皇后,但显德三年(956)就去世了。她的父亲就是当时的抗辽名将符彦卿。但皇帝柴宗训不是她亲生的,而且她被立为皇后还不到半年,是周世宗临终前,匆匆忙忙地立她为皇后的,但周世宗鉴于历史上的女主、外戚干政的教训,并没有正式授予她"摄政"的名分。

更要命的是,符氏虽然称"皇太后",但她其实只有十八九岁,也只是一个妙龄的青春女子而已。孤儿寡母,年纪轻轻,虽然贵为皇帝和皇太后,但在阖家团圆的佳节,肯定会思念刚刚去世的周世宗,又不得不面对繁重的军国政务,想来也不会是多么快乐和轻松的。

这时后周的朝廷大权,掌握在以宰相范质为首的文官集团手中。好在宰相范质、王溥和魏仁浦、枢密使吴廷祚等四位执政大臣,还有侍卫亲军副指挥使韩通和殿前都点检赵匡胤两位禁军大帅,都是周世宗临终前精心挑选出来的,都是文能安邦、武能定国的才智之士。周世宗临终时,在病榻前向他们托孤,要求他们精诚团结,共同辅佐幼主。

可惜的是,周世宗本来还留有遗嘱,要求在他死后任命王著担任宰相,曹翰担任宣徽使。这两个人,都是周世宗早年在澶州节度使任上的幕府旧僚,都对周世宗忠心耿耿,但周世宗这一遗命被宰相范质等人给挂了起来,成为一纸空文。

正所谓乐极生悲,美酒飘香、舞姿婆娑、举杯相庆的宫廷盛宴尚未结束，突然，河北重镇镇州和定州同时飞马传到十万火急的警报：契丹辽国大军云集幽州，有南下威逼定州的态势，北汉也蠢蠢欲动，乘机东出土门关（今河北井陉），指向镇州。契丹辽国是北方草原的霸主，自取得"燕云十六州"，颠覆了后晋之后，对中原形成了强大的军事压力。北汉割据山西，地盘不大，但军队战斗力却十分强悍，一直是后周的死敌。周世宗即位当年即举国来犯，此次卷土重来，当然是来者不善。

陈桥兵变之后，有一种说法十分流行，认定镇州和定州上报的军情是假的，是赵匡胤为攫取兵权、发动兵变而制造的一个彻头彻尾的假情报。但是，当时镇州的节度使是郭崇，定州的节度使是孙行友，这两个人都是跟随郭威打天下的老部下，是后周的开国元勋。陈桥兵变后，他们二人也都是赵匡胤重点防范和解决的对象，郭崇总算保住了颜面，被"请"到京城开封，出任平卢军节度使。说白了，实际就是在开封养老。

孙行友就更惨了些，赵匡胤对他一直放心不下，据说他也确有要"谋反"的想法，赵匡胤于是干脆派兵，用突然袭击的威逼手段，"请"他进京，此后孙行友丢官罢职，就一直被软禁在开封，连个节度使的空衔也没捞着。要说这两个人会一起配合赵匡胤发动陈桥兵变，实在是不合情理。

情报看来还是真的。只不过，中国历史上的"无间道"实在是太多了，假作真时真亦假嘛。契丹、北汉都是后周的死敌，要说他们不借世宗去世、后周幼主在位的机会搞点儿名堂，那才是真正很奇怪的事情。尤其是去年四、五月周世宗北伐幽州，使契丹遭受了丧师失地的奇耻大辱，契丹怎么能善罢甘休呢？

赵匡胤挂帅：谁拍的板

镇、定两州受到威胁，河北全境随即大震。后周建都黄河以南的开封，河北是开封城最重要的战略屏障。河北的得失，关系到开封城的生死存亡，对契丹和北汉联军威胁河北的举动，绝对不能置之不理。更何况，半年前周世宗刚统领大军，痛击过契丹辽国和北汉，手下败将，又何足惧哉？所以，当后周接到镇、定两州的警报后，毫不示弱，当即决定出动开封城的十余万禁军精锐主力，组建"北面行营"，北上迎敌，与契丹和北汉一决雌雄。

按照五代的传统，凡是禁军大部出动，以国运豪赌的大战役，通常都要由皇帝本人御驾亲征，宰相、枢密使等朝廷重臣也扈从参战，出谋划策，因此称之为"行营"。各级武将，都在皇帝的直接指挥之下冲锋陷阵，即使是挂行营"都部署"之类头衔的禁军主将，实际上也只是皇帝麾下的部将，兵权并不真正在手。

这样做的原因，与五代好勇斗狠的社会风尚有关，五代时期，上至皇帝，下至普通百姓，无不崇尚武勇，以怯懦退缩为最大的耻辱。皇帝若要建立君威，往往也要通过战场上的白刃厮杀来博得，后梁的朱温，后唐的李克用、李存勖、李嗣源，后晋的石敬瑭，后汉的刘知远，后周的郭威和柴荣等五代的名君，皆是如此，概莫能外。

更重要的目的，则是就近控制住部队，防范发生兵变和叛乱。毕竟五代是一个枪杆子里面出政权的战乱年代，一旦太阿倒持，兵权易手，改朝换代的好戏就很容易上演。

周世宗在世的时候，每有大的战事，都是由他御驾亲征，而且每次战斗，周世宗一定都要进入敌人弓弩的射程范围之内，以示与将士同生共死，甚至时常亲自参加白刃格斗。故君威赫赫，三军用命，所向无敌。

问题是，周世宗已经去世了，后周现在的皇帝柴宗训是个只有八岁的小娃娃。宰相范质、王溥、魏仁浦以及枢密使吴廷祚四位执政大臣，都是文臣或文吏出身，也都没有真正临阵指挥作战的经历，当然也无法率军出征。如此一来，总揽兵权、关系后周政权命运的北征主帅，就只能是选择禁军大将出任。这颗帅印的分量之重，是周世宗以来所未曾有过的。

后周禁军多年征战，自然将星灿烂，但真正有资历、有威信、有能力挂帅出征的高级将领，也并不是很多：

第一位人选，是时任淮南节度使、检校太傅、兼侍中、侍卫亲军都指挥使的李重进。李重进外号"黑大王"，是后周首任殿前都指挥使，又长期担任侍卫亲军都指挥使这一禁军的最高级军职，是后周最资深、地位最高的禁军统帅。高平之战的时候，他已经是独当一面的大将，征伐南唐，北伐幽州，李重进都是出任前敌总指挥，是战功最为突出、指挥能力最强的名将。

他又是后周太祖郭威的亲外甥，是后周的皇亲国戚。但他的问题也出在这里，周太祖郭威临终前，专门把李重进和柴荣两人，召集到自己的病榻前，让李重进跪拜柴荣，以定二人的君臣之分。郭威的本意，应当是赏识李重进的军事才华，让柴荣、李重进君臣二人齐心协力。但就此却让李重进在周世宗面前处于一个很尴尬的受猜忌的位置，周世宗对他始终是用而不信，纵容另一皇亲国戚张永德与他肆意明争暗斗，张永德敢于时常公开地诽谤、诬陷李重进有"谋反"之心，原因就在于此。

周世宗去世前，解除了张永德的兵权，同时安排把李重进也踢出了京城，虽然挂着侍卫亲军都指挥使的头衔，但兵权已然被削夺。连周世宗这样的一代英主都不敢放手重用李重进，小皇帝柴宗训和辅政的文官大臣们，当然就更不敢用他，遑论让他挂帅统领大军！

第二位人选，是前任殿前都点检，时任许州节度使、开国公、检校太尉、同平章事、驸马都尉的张永德。张永德，后周的驸马爷，辅佐周世宗创业的左膀右臂，殿前军的主要指挥者之一，长期担任殿前军的主帅殿前都点检，跟随周世宗南征北战，打过许多好仗，凭他在军中的资历、威信，挂帅没有任何问题。但自从"木牌事件"之后，他被周世宗解除了禁军兵权，外放澶州担任节度使。李重进好歹还挂着侍卫亲军都指挥使的空头衔，张永德连禁军的空头衔都没得挂，对后周朝廷恐怕早已是离心离德了，后周朝廷也不敢用他。

第二位人选，是时任郓州节度使、侍卫马步军副都指挥使、检校太尉、同平章事的韩通。韩通，早年跟随郭威创业，是后周的开国元勋之一，一直深得郭威和柴荣的信任。周世宗临终前，解除了李重进和张永德的兵权，韩通得以侍卫亲军副都指挥使实际统领侍卫亲军，并挂"同平章事"宰相衔，地位在殿前都点检赵匡胤之上。周世宗还专门下令：禁军军政，多由韩通负责。

韩通也有他的弱点，在周世宗南征北战之时，他负责留守京城开封，主要担任京城巡检的职务，即充当开封城的卫戍和警备司令。这体现了周世宗对他的信任，但却导致了韩通在最为军人所看重的战场决胜方面的军功，就要逊色不少。周世宗北伐幽州的时候，可能出于有意的考虑，让韩通出任陆路都部署，赵匡胤为水路都部署，但战争的主舞台都在水路的方向，韩通疏通水路的苦力活倒是干了不少，就是没捞着仗打，赵匡胤好歹还打下了瓦桥关。军功一般，军中的威信和号召力就会打折扣，是否有统帅大军的能力，也会令人怀疑。

韩通还有一个毛病，就是性格暴戾，人送外号"韩瞠眼"。一个人的名字可能起错，但外号通常错不了。从这个

"韩瞠眼"的外号，一看就知道韩通是一个李逵式的人物，是一介纯粹的军头脾气的武夫。本来军人的脾气大一些，也算不了大毛病，但动辄吹胡子瞪眼，刚愎自用，军中的人缘肯定不太好，与那些科举出身的文官们恐怕就更难搞好关系。

第四位人选，就是时任宋州节度使、殿前都点检、开国侯、检校太尉的赵匡胤。赵匡胤是后周禁军的后起之秀，出身周世宗最亲信的幕府旧僚，是周世宗一手提拔的火箭式晋升的亲信将领，一直都被认为是为人忠厚，对朝廷赤胆忠心。但他出任殿前都点检才只有短短的半年时间，相比于李重进、张永德，甚至是韩通，赵匡胤在军中的资历要低很多，一个明显的表现，就是李重进、张永德、韩通三人，都以节度使挂了侍中、同平章事等宰相衔，赵匡胤却没有。

节度使挂宰相衔，就是最为荣耀的"出将入相"，在理论上讲可以参与中书门下政事堂会议，参与朝廷大政的决策。赵匡胤还没有挂上宰相衔，地位和声望就要低人一等。另外，赵匡胤屡立战功，但他大多数情况下，都是在周世宗亲自指挥下作战，或是护驾，或是担任先锋，独当一面时只指挥过数千人，并没有真正独立统领大军的经历。

除了上述四人之外，节度使符彦卿、向拱也都是当时名将，论能力和威信，都足以担当挂帅重任。符彦卿在后晋时就曾大败契丹，还是当今国丈，他的女儿就是符氏皇太后。但是，他俩都长期在地方担任节度使，没有禁军的军职，未必能驾驭得了禁军的骄兵悍将，后周朝廷也不愿意起用他俩。

军情紧急，不容许后周朝廷过多的犹豫。事实上，就在正月初一这一天，御前会议就做出了最终的决断：殿前都点检赵匡胤挂帅出征，出任北面行营都部署，全权调派、统领殿前军和侍卫亲军。侍卫亲军副都指挥使韩通则出任"在京巡检"，留守开封。

那么？是谁拍板由赵匡胤挂帅呢？

从理论上说，当然是皇帝柴宗训。像选帅这种大事，必须经过御前会议，由皇帝决断。但他是个娃娃，谁都知道他不可能有任何意见。真正的决策者应当是辅政的四位大臣，他们是：第一宰相范质、第二宰相王溥、第三宰相魏仁浦和枢密使吴廷祚，特别是范质等三位宰相，他们都挂着"参知枢密院事"的头衔，总揽军政大权。

韩通虽然挂着宰相衔，但武人干政毕竟是很忌讳的事情，范质等都是很强势的宰相，不见得允许他发言，而且涉及他自己，他也不便说什么。至于赵匡胤，连宰相衔都没挂，是没有资格参与决策的。

陈桥兵变发生后，有这样一幕场景：当赵匡胤黄袍加身的消息传来，第一宰相范质气急败坏，紧紧抓住第二宰相王溥的胳膊，一连声地说："仓促选将，这是我们的罪过啊！"王溥的胳膊都被范质抓出血来了，但他强忍着痛楚，吓得一言也不敢多发。从这幕颇为滑稽的场景来看，应当是王溥首先提名了赵匡胤，范质最终拍的板。

　　王溥是第二宰相，地位要低于第一宰相范质，但当年后周征伐后蜀，夺回秦、凤、阶、成四州的主帅向拱，就是由王溥向周世宗推荐的。大军旗开得胜之后，周世宗曾经当着文武众臣们的面，举杯赞扬王溥说："这次前线大捷，全是你选帅有方的功劳。"正是由于有了这样一个成功的先例，王溥博得了一个善于选将的名声，他提名赵匡胤，分量无疑是很重的。

　　那么，王溥为什么要提名赵匡胤呢？主要是因为二人私交过密。赵匡胤升任殿前都点检的时候，王溥私下里就"慷慨"地把一所大宅院，无偿地赠送给了赵匡胤。此事出自宋代大文豪苏辙所著《龙川别志》的记载，目的是为了说明赵匡胤深得人心，连王溥这样的宰相都向他效忠表忠心了。其实，王溥是赠送了赵匡胤一座大宅院不假，那赵匡胤是不是也送给他东西了？宰相、大帅，投桃报李，互相交结，互相利用，结成朋党，互相支持，才应该是当时事实的真相。

　　王溥提携赵匡胤，主要还是扩大自己在朝廷的地位和影响力，至于说有意识地主动地要助赵匡胤推翻后周，甚至充当赵匡胤在朝廷里的内应和奸细，恐怕当时他还走不到这一步。陈桥兵变后，王溥带头向赵匡胤称臣，那就是另外一回事了。赵匡胤喜欢读书，王溥出身状元，是五代宋初最有名的学问家之一，想来两人之间的共同语言甚多，一拍即合也不令人奇怪。绰号"韩瞠眼"的韩通，却是大字不识一个的武夫，动辄吹胡子瞪眼，在赵匡胤和韩通之间做出抉择，王溥的倾向一目了然。

第一宰相范质忠心为国，清正廉洁，从不结党营私，个人威望也最高，是五代极其难得的"名相"。他在当时的官位最高，拥有拍板的权力。但范质是一个纯粹的书生，治理民政是他的拿手好戏，军事方面则是一个完全的外行。在选将的问题上，他尊重王溥的意见十分正常。另外，范质虽说不结党营私，但赵匡胤的谋主赵普很得他的赏识，赵普出任滁州推官，就是范质推荐的结果，堂堂首相，竟会专门给一个小芝麻官说好话，可见他对赵普一定是高看一眼。双方有了这样一层的关系，范质起码不会反对赵匡胤。

更何况，第三宰相魏仁浦也和赵匡胤有着非同一般的关系。早在赵匡胤刚刚出任殿前都点检的时候，就由赵匡胤的母亲杜氏出面，把赵匡胤的三女儿许给了魏仁浦的儿子为妻。当时这两个孩子，都只是七八岁的小娃娃，双方这门娃娃亲的政治含义和分量，是显而易见的。相信在正月初一的御前会议上，魏仁浦的这一票，也一定是投给了赵匡胤。

他这一票肯定十分的关键。因为三位宰相当中，只有魏仁浦是从枢密使任上晋升宰相的，而且他以通晓军务闻名，是郭威和柴荣智囊式的人物。郭威从邺都起兵，靠的就是魏仁浦给他出的主意，把汉隐帝只杀郭威一人的密诏改为株连将士，从而引起了三军的同仇敌忾。

不过，魏仁浦是个官场上的老手，做事一直深藏不露，史书上没有留下多少痕迹。事实上，后周三相当中，后来真正最受赵匡胤恩宠的，就是魏仁浦，两人果然成了儿女亲家。魏仁浦当年无疑是给赵匡胤出过大力的。

枢密使吴廷祚和赵匡胤的关系也不错，但他的地位，要低于三位宰相，三位宰相也都挂着"参知枢密院事"的头衔，吴廷祚起的作用不应很大。

还有一个人物，也不应该被忽视，那就是皇太后符氏。她虽然没有"摄政"的名分，无法垂帘听政，但毕竟是皇太后，起码也参与了选帅的御前会议。符氏看似和赵匡胤没有多少关系，实则不然。

符氏的父亲符彦卿有好几个女儿，其中的第六个女儿，周世宗在世的时候就嫁给了赵匡胤的弟弟赵匡义，赵匡义当皇帝之后，追封她为"懿德皇后"。赵匡义的夫人和皇太后既然是亲姐妹俩，赵匡义当然也就成了皇亲国戚。皇太后只是一介女流，没什么经验，不会一点儿不受到自己妹妹和妹夫的影响，对自己妹夫的亲哥哥赵匡胤，当然也会有所倚重。

在这孤儿寡母、主少国疑的政治敏感时期，赵匡胤和皇太后和皇室之间这种特殊的亲密关系，应当也是足以一锤定音的关键因素。韩通和皇室之间没有这一层关系，他没有被选中挂帅，是很正常的。

密谋:选定陈桥驿

不管是谁拍的板，不管是以什么理由拍的板，后来的历史证明，由赵匡胤挂帅，对后周王朝来说，是一个无法挽回的天大错误。在南宋史学家李焘的名著《续资治通鉴长编》开篇就是这样记载，建隆元年（960）正月初一：

> 镇、定二州言契丹入侵，北汉兵自土门东下，与契丹合。周帝命太祖领宿卫诸将御之。太祖自殿前都虞候再迁都点检，掌军政凡六年，士卒服其恩威，数从世宗征伐，浡立大功，人望固已归之。于是，主少国疑，中外始有推戴之议。

当代中国著名的历史学家邓恭三先生，在解释这条史料时说：所谓"推戴之议"者，乃是史家惯用的一种饰词，实则即等于说宋太祖看到后周当时孤儿寡妇的局面而已生了"是可取而代之"的野心。

确实，如果说在这之前，赵匡胤可能至多只是"胸有大志"，对皇位有这样或者那样的想法，在以殿前都点检出任北面行营都部署之后，禁军兵权集中于他一人之手，兵变夺权的筹划才有可能真正地加以展开。陈桥兵变的脚步越来越近了……

草根群众的眼睛永远是最亮的。殿前都点检赵匡胤被任命为北面行营都部署的消息一传出来，开封城就立即哄嚷动了。也不知道是皇城根下的百姓经常见到大世面，总有不凡的政治敏感，还是当年郭威兵变给百姓们的创伤实在是太深了，还是"点检作天子"的木牌发挥了舆论作用，还是赵匡胤手下有人走漏了风声，反正禁军将要在出征北伐那天"立赵点检当天子"一类的流言蜚语，立即在民间满天飞。许多有钱人家，担心兵变士兵烧杀抢掠，更是赶紧扶老携幼，到乡下避难去了。

幸好，后周皇宫内的达官贵人们，却依然处于麻木不仁的麻痹状态。宫门深似海，高高的红墙，隔开了民众与帝王将相的联系，帝王将相是听不到老百姓的声音的。倒是有几个不识相的书呆子，跑到宰相范质那里，去揭发赵匡胤图谋不轨，不宜让他统带大军，但都被范质给轰了出来。卑贱者最聪明，高贵者最愚蠢，说的就是这个道理。

赵匡胤听到这些风声之后，或者是骑虎难下，或者是被打草惊蛇，难免是相当的紧张。巨大的压力之下，他选择了回家征求母亲杜氏的意见，谁知当他刚刚开口："外面到处都是我要兵变当皇帝的谣言，我该如何是好?"他的妹妹正在厨房里做饭，不知怎么听到了赵匡胤的话，就拎着擀面杖，从厨房里冲了出来，追着自己的哥哥就打，边追边喊："男子汉大丈夫，大事临头，应当自己来决断，回家来吓唬女人们干什么呢?"赵匡胤恍然大悟，没有再多说什么，当即骑马离家，赶回殿前都点检公署去了。

事实就是这样。人生能有几回搏!大丈夫要干一番大事业，哪能没有风险，该搏的时候就是要搏一把，成败利害，生死安危，当置之度外。赵匡胤的这个妹妹，也真不是个平常人物。她的这根擀面杖，可能就是在最关键的时刻压倒庞大骆驼的最后一根稻草，赵匡胤兵变夺权的决心已不可能改变了，无法再回头了。

赵匡胤就任北面行营都部署，兵权到手，立即坐镇殿前都点检公署，行使职权，分兵派将。殿前军是他的嫡系人马，既然有意发动兵变，更是要依靠殿前军的力量。

殿前司的副都点检慕容延钊，大赵匡胤十四岁，是赵匡胤在殿前军的左膀右臂，赵匡胤一直都称他为"大哥"。此次就担任了至关重要的北面行营第二把手——马步军都虞候一职，并兼任开路先锋官、前军主将。

在大年正月初二那一天，慕容延钊就在大军之前出发，以增援镇州、抵御契丹为名，率兵日夜兼程赶往河北重镇镇州。他此行的真实目的，当然是为赵匡胤控制住至关重要的河北地区。霸州的守将韩令坤，官拜侍卫亲军马步军都虞候，在侍卫亲军中的地位仅次于韩通，而且他手中握有精锐的边防军，此人乃赵匡胤关系最为亲密的儿时玩伴，也是赵匡胤在军中的死党。慕容此行的另一项秘密使命，就是与韩令坤联络，一起掌控河北，防范和迎击契丹的进攻，也监视河北其他节度使的动向。

殿前司的散员都指挥使王彦昇、散指挥都虞候罗彦瓌、内殿直都虞候马仁瑀、殿前指挥使都虞候李汉超、控鹤军都指挥使韩重赟等人，则各率所部，归赵匡胤直接指挥，组成了北面行营的中坚。

王彦昇外号"王剑儿"，擅长剑术，武功高强，以残忍好杀闻名军中，是殿前司最有名的猛将；马仁瑀是百发百中的神射手，李汉超也是骁勇善战，他们三人都是赵匡胤一手提拔的心腹爱将。韩重赟则是赵匡胤"义社十兄弟"的成员，是赵匡胤的把兄弟。罗彦瓌，郭威的时候曾经被踢出过禁军，是赵匡胤重新起用了他，他对赵匡胤感恩戴德，唯命是从，在陈桥兵变当中表现得最为积极。这五员虎将，他们所统率的就是如狼似虎的殿前诸班直，是赵匡胤最基干的力量和本钱。

令人注目的是，赵匡胤并没有带出去所有的殿前军主力，而是令殿前都指挥使石守信、殿前都虞候王审琦各率本部人马，留守开封，驻扎在殿前军的大本营——殿前都点检公署。与此同时，赵匡胤下令抽调侍卫亲军马军都指挥使高怀德担任北面行营马军都指挥使，侍卫亲军步军都指挥使张令铎担任北面行营步军都指挥使，侍卫亲军的两大精锐主力部队龙捷（骑兵部队）和虎捷（步兵部队）全部出动，编入了北面行营的战斗序列。

这无疑是一个费尽心机、十分高明的安排。

侍卫亲军的主力部队都随赵匡胤出征，归赵匡胤指挥，如同釜底抽薪，把侍卫亲军的主帅韩通变成了一个彻头彻尾的光杆司令。即使他想闹事，没有大军的支持，只能是徒唤奈何，任人宰割。侍卫亲军随行的官兵，高怀德与赵匡胤关系非同一般，陈桥兵变后他就娶了赵匡胤的妹妹，张令铎则是军中出了名的老好人，不会反对赵匡胤。

侍卫亲军的两支主力部队虎捷和龙捷，虎捷的最高指挥官是赵彦徽，此人是赵匡胤母亲杜氏的河北安喜老乡，又都姓赵，一直同赵匡胤以兄弟相称，赵匡胤叫他"大哥"。此人早就是赵匡胤在侍卫亲军中的眼线，关键时刻当然是拥戴赵匡胤。

至于龙捷一军，赵匡胤更是有十足控制的把握。要知道，赵匡胤的父亲赵弘殷，在龙捷军中创纪录地干了近三十年，周世宗时晋升为龙捷左厢都指挥使，亲朋故旧遍于军中。赵匡胤在这支部队中当然是一呼百应。

反过来，殿前军留守开封的石守信和王审琦两人，都是赵匡胤"义社十兄弟"中最核心的成员，都是赵匡胤的拜把兄弟，韩通虽然有"在京巡检"的头衔，但他们绝对不会听从韩通的指挥，韩通事实上就是孤家寡人一个。

最重要的是，殿前都点检公署就在皇宫大内的左掖门边上，赵匡胤把石、王两员心腹大将和殿前军的精锐放在这里，既可以保护殿前军的大本营，保护殿前军将士家属们的安全，又可以用武力控制住皇宫，只待赵匡胤一声令下，二人起而响应，皇宫内外的联系就会被切断，皇宫中的皇帝、皇太后和宰相等大臣都会成为俘虏。确实，这是一招里应外合、一石数鸟的好棋，奠定了陈桥兵变成功的基础。

除了部队将士之外，赵匡胤的弟弟赵匡义、宋州节度使掌书记赵普、都押衙李处耘组成了赵匡胤个人的幕僚班子，出谋划策，赵匡胤的亲信潘美、楚昭辅等也随军出征。

兵变的地点，定在了陈桥驿。

为什么要选择陈桥驿，而不是其他地方，来做兵变的地点呢？主要的理由有两个：

首先，是必须把部队拉出城去。道理很简单，开封城毕竟是都城所在，城内有皇帝、皇太后、宰相、枢密使、韩通等一大批显赫的大人物，他们对禁军都有相当大的影响力，在城里直接发动兵变风险太大。出城之后，"将在外，君命有所不受"，赵匡胤作为北面行营都部署，握有全军的生杀大权，就可以名正言顺地控制全军，谁敢抗命不遵，赵匡胤当即就可以军法从事。

其次，是不能离开封城过远。任何兵变，最讲究的都是要迅速。夜长则梦多，迟则生变，这是很简单的道理。如若部队离开封城过远，回师途中难免会走漏风声，开封城内的后周君臣就有可能有所准备，有所行动。赵匡胤虽然有内应，但也存在着无法迅速解决问题的可能性。只要无法迅速拿下开封，各地的节度使都有可能打着"勤王"的旗号杀将过来，兵变军队的内部也会起变化，见风使舵都有可能。最起码，后周也会有条件像当年后汉隐帝对付郭威那样，把赵匡胤的家人杀得一干二净。所以，兵变的地点绝对不能离开封城太远。

陈桥驿恰恰符合上述两个条件的要求。陈桥，唐朝的时候叫"板桥"，设在当地的驿站名叫"上元驿"，也写作"上源驿"。拉开五代序幕的"上元驿事件"，朱温突然袭击李克用，就发生在这里。

陈桥驿在开封城外四十里，不远也不近，是北上渡过黄河进入河北的必经之地，开封城里去河北方向旅行的人，往往要在这里同送行的亲人分别。在诗人的笔下，陈桥驿是一个杏花缤纷、杨柳依依的好地方，唐代大诗人白居易就有《板桥路》诗：

> 梁苑城西二十里，一渠春水柳千条。
>
> 若为此地今重过，十五年前旧板桥。
>
> 曾共玉颜桥上别，不知消息到今朝。

宋代的王安石也写过一首《陈桥》诗：

> 走马黄昏渡河水，夜争归路春风里。
>
> 指点韦城太白高，投鞭日午陈桥市。
>
> 杨柳初回陌上尘，烟脂洗出杏花匀。
>
> 纷纷塞路堪追惜，失却新年一半春。

大宋开国之后，陈桥又改名为郭桥，陈桥驿也改名班荆馆，负责接待辽国的使者。宋徽宗时在当地改建鸿烈观，用以纪念宋太祖的开国功绩。金兵灭亡北宋，就把它作为接待南宋使者的馆驿。宋孝宗时南宋的使者韩元吉，在当地触景生情，就填了一首《好事近》"汴京赐宴闻教坊乐有感"词：

凝碧旧池头，一听管弦凄切。多少梨园声在，总不堪华发。

杏花无处避春愁，也傍野烟发。惟有御沟声断，似知人呜咽。

爱国大诗人陆游接到这首词后，也感慨万千，遂赋诗一首：

大梁二月杏花开，锦衣公子乘传来。
桐阴满第归不得，金辔玲珑上源驿。
上源驿中捶画鼓，汉使作客谁作主?
舞女不记宣和妆，庐儿尽能女真语。
书来寄我宴时诗，归鬟知添几缕丝?
有志未须深感慨，筑城会据拂云祠。

陈桥驿边的杏花、杨柳，见证了赵匡胤陈桥兵变、大宋开国的辉煌，如今儿孙不肖，江山依旧，却已然拱手相让他人，怎能不令有志之士扼腕长叹，顿生"待从头，收拾旧山河"的豪情……

从开封城抵达陈桥，按照当时部队正常的行军速度，也只需要一个白天的时间，这就刚好为兵变留下了夜间发动的充足时间。而从陈桥回师开封，加速前进，连一个白天的时间都用不着，开封城根本来不及做出反应。

此外，陈桥驿和陈桥一带，还有大量现成的营房，当年耶律德光进入开封城的时候，就是一度把十余万后晋的禁军，都屯驻在陈桥一带。有营房供给士兵们驻扎休息，赵匡胤掌控起部队来自然也就容易许多。

如此一来，赵匡胤在陈桥驿居中操控，慕容延钊和韩令坤控制河北，石守信和王审琦留守开封，三处大军，互相配合，互相响应，共同织成了一张滴水不漏的兵变大网。

兵变序曲：天有二日

万事俱备，只欠东风。

三、六、九，往外走。大年正月初三，大军出发的良辰吉日已到。赵匡胤镇定自若，依然按部就班地拜别了皇帝和皇太后，还专程前往三位宰相和韩通的府上辞行。

韩通有个儿子，名叫韩微，因为他自幼就有驼背的毛病，人送外号"韩橐驼"，也就是"韩驼子"的意思。韩微人虽然长得驼，但却很有智谋和胆识，一直是韩通的智囊。他见形势危急，赵匡胤兵变已经箭在弦上，就暗中纠集了一批死士，准备给赵匡胤上演一出"鸿门宴"，趁赵匡胤上门辞行的机会，在自己家中刺杀赵匡胤！

韩微的想法，是一个喋血当场、你死我活的思路，很有血性，也很有胆量，很有魄力。如若韩微真能杀死赵匡胤，那倒肯定会改变历史的进程。问题是，韩微把杀掉赵匡胤想得过于简单了。且不说赵匡胤本人身手不凡,拳脚功夫了得,身边护卫成群,个个都是久经沙场的虎狼之士,哪里是容易杀得了的。

再说,赵匡胤要兵变谋反,但毕竟还只是传闻,没有真凭实据,更没有多少像样的把柄落在韩氏父子手中。没有凭据,韩通就要在自己家中,私自杀死当朝的殿前都点检、北面行营都部署,除非韩通自己要谋反,自己要黄袍加身,否则他无论如何是不会也不敢这样做的。韩微的想法,更多的是青年人一时冲动的异想天开,是不会成功的。韩通坚决制止了儿子蛮干,也是没有办法的办法。

明枪易躲,暗箭难防。韩微的刺杀虽然没有付诸行动,赵匡胤得知消息之后,还是恨死了韩微,注定了韩通父子在兵变中被杀的悲惨命运。

赵匡胤指挥大军,秩序井然地出城。一场兵变夺权的好戏,正式开场了。

首先登台表演的,是一个名叫苗训的小人物。此人当时官拜殿前司散员右第一直散指挥使,算是一个很不起眼的小军官,但他是军中很有名的"半仙"式的人物,自称曾跟随神仙道士,习学过天文星象和占卦算命,平日里就经常装神弄鬼,给官兵们算命占卦,倒也时不时地算中,很得官兵们的崇拜。

部队刚刚出城,苗训就对官兵们散布说:"今天的天上,将会出现两个太阳。"天上哪里会有什么两个太阳!大家都对他的说法将信将疑。也许不过是巧合，也许是苗训真能预测天象的变化，反正是部队行进不久，将士们突然看到了一幕壮观的景象：满天朝霞的天空，在太阳的下方，竟然升起了另外一个光芒更加灿烂耀眼的新"太阳"！

根据现代天文学知识的解释，两个太阳同时出现于天空，叫作"幻日"，也叫"假日"。虽然是一种极为罕见的大气光学现象，但却没有什么可神秘的。它是由太阳光照在冰晶结构的云层上面时，光线折射或反射所形成的，实际上是"日晕"的一种特殊形式。但当时的士兵们绝大多数都是文盲，可不懂得这些现代科学的道理。两个太阳真的同时出现，震撼了全军上下，人人都感到十分的惊讶，对苗训当然更佩服得五体投地，以为他真是能掐会算的"活神仙"了。

苗训又指着天上的两个太阳，十分神秘地对赵匡胤的亲随楚昭辅说："这就是天命啊！""活神仙"的话，自然一传十，十传百，不一会就传遍了全军，将士们的心中也都全明白了。

"这就是天命啊"，看似没头没脑的一句话，让将士们明白什么了呢？

按照中国传统"天人合一"式的政治文化，"天命"是人间政治的最高主宰，人人都必须服从。天上的太阳，是人间皇帝的象征，自然是只能有一个，所谓"天无二日，地无二主"。如今两个太阳高挂天空，新太阳的光芒压过了旧太阳，说明后周小皇帝的气数已经尽了，即将被新皇帝所取代。

那谁有资格当新皇帝呢？当然只能是大军的统帅赵匡胤了。苗训"这就是天命啊"这句话，就是以两个太阳并立为凭据，说赵匡胤是受上天垂青的真龙天子，由他来改朝换代是上天的意志。

要知道，五代虽说是一个乱世，帝王的权威已然大打折扣，但推翻皇帝，犯上作乱，大逆不道，毕竟不是一件小事，众将士们还需要做心理上的准备，突破心理上的障碍才行。大家既然目睹了两个太阳的奇观，又听到苗训说"天命"如此，事情就简单得多了，将士们当然要服从"天命"，兵变夺权，拥戴赵匡胤，就更加师出有名了。

小人物发挥了大作用。苗训就这样抢得了拥戴赵匡胤的头功。赵匡胤平日里把这样的人物搜罗在军中，有备无患，也确实是不简单。大宋开国后，苗训脱离了军界，由一介微不足道的小军官，就任了大宋的首任天文主管，官衔后来一直升到了检校工部尚书，算是一步登天了。

黄袍加身：究竟谁在梦中

傍晚时分，大军抵达了此行的真正目的地——陈桥驿。赵匡胤畅饮一番，然后高枕而卧，很快就进入了梦乡。按照赵匡胤后来的说法，这是他一生当中睡得最安稳的一个好觉，也是他一生中最后的一个安稳觉。过了这一夜，他可就再也没有安稳觉睡喽。

赵匡胤这边是鼾声如雷，兵变的其他角色们，一个接一个粉墨登场，都紧张地忙碌起来。也有一些大佬，自始至终，都躲在幕后。直到大宋开国，赵匡胤封官赏功的时候，他们的大名，才赫然列在前排，如高怀德、张令铎、赵彦徽、张光翰等等。冬夜是那么的漫长，多少令人惊心动魄的阴谋，都被永远掩藏在茫茫的夜色当中了。

点燃第一把火的，是殿前司殿前诸班直的散员都指挥使王彦昇、散指挥都虞候罗彦瓌、内殿直都虞候马仁瑀、殿前指挥使都虞候李汉超等人。这几员虎将，白天看着苗训装神弄鬼的表演，早就按捺不住了，个个都想抢拥戴的头功。他们争先恐后，四下散布说："当今皇帝只是个小孩子，弟兄们再拼死拼活地卖力打仗，他也不知道，不如先立赵点检当皇帝，然后北上御敌，为时不晚。"

五代的士兵，很多人都见过大场面，心里也有自己的小九九：改朝换代，不过是换一家主子，就可以凭空得到一大笔钱的犒赏，运气好的话还可以做官，又有当官的领头，何乐而不为呢？再说了，谁不知道赵匡胤赵点检兵权在手，又是得"天命"的真龙天子，王彦昇们又都是杀人不眨眼的凶神恶煞，又有哪个敢说个"不"字？于是，众士兵们纷纷嗷嗷叫着："立赵点检为天子！""赵点检当皇帝！"兵变的大火，立即熊熊燃烧起来。

众将官们在前台表演，幕后的直接推手是赵匡义。别看赵匡义当时只是个二十二岁的毛头小伙子，没打过什么仗，但是他的身份最特殊，既是赵家的二少爷，又是皇太后的妹夫，众将谁敢不敬他三分？众将敢于公开闹事，靠的是赵匡义撑腰，赵匡义就是他们的主心骨。

还有一个名叫李处耘的人，也十分活跃，此人当时担任宋州节度使都押衙，很有军事才能，也很得赵匡胤赏识，是赵匡胤军事方面最为器重的助手。赵匡义和李处耘两人一见火候已到，当即在众将的簇拥下，找到了宋州节度使掌书记赵普。

大鳄终于浮出了水面。赵普果然是一个厉害的角色，早已是成竹在胸，他代表赵匡胤指挥众将，命令三军就地展开，进入最高级的戒备状态，并立即全面封锁陈桥驿，任何人都不得走漏一点儿风声。

当然，按照《续资治通鉴长编》等史书的记载，赵普与众将士之间，还经过了几番激烈的唇枪舌剑，无非是赵普再三表白：赵匡胤是大周的忠臣，对大周皇帝"赤胆忠心"，哪能忘恩负义篡夺皇位呢？众将则执意拥戴，七嘴八舌吆喝，大耍军头脾气，拔刀挥舞也就罢了，众将们竟然也能头头是道地说：如果不立赵匡胤为天子，就改变不了"政出多门"的局面，将士们不会卖力，肯定也打不过契丹。反过来，只要赵匡胤当皇帝，将士齐心，北上打败契丹，易如反掌。如此说来，拥戴赵匡胤就是为了天下苍生免受契丹骚扰之苦。赵普、赵匡义等终于被说服了，代表赵匡胤接受了众将的兵变拥戴，但要求众将官要控制好各自的部下，绝不许肆意烧杀抢掠。

不过，赵普人称"赵书记"，能言善辩还可以理解，众将都是大字不识几个的粗人，突然间都变得伶牙俐齿起来，总让人感觉表演的味道太过火了。再说了，赵普、赵匡义和王彦昇、罗彦瓖等众将明明白白都是一伙儿的呀。

很显然，上述记载，要么就是事先排练好的，要么就是后来编造的，是表演给后人看的。政治就是政治，表演永远是必要的。要不说一个优秀的政客，首先必须是一个优秀的演员呢。

军令如山，陈桥驿中的所有将士，立即依令弓上弦，刀出鞘，在寒风中度过了一个不眠之夜。与此同时，赵普派出赵匡胤私人卫队的头目郭延赟，骑着快马，乘着夜色，极为秘密地赶回开封城殿前都点检公署，向留守在那里的殿前都指挥使石守信和殿前都虞候王审琦，密报兵变已经成功发动的情况，让他们做好接应的准备。这是事关成败的一着。

石守信和王审琦早已把开封城的城门都牢牢控制在自己手中，正焦急等待着陈桥驿方向的消息。见过郭延赟之后，石、王二人立即调兵遣将，以殿前都点检公署为据点，把个皇宫围得水泄不通。这时，天才刚刚蒙蒙亮，后周的宰相、韩通和公卿大臣，正在皇宫中上早朝，不知不觉中就成了瓮中之鳖。

真正的主角赵匡胤，仍然在呼呼大睡，鼾声如雷。整个陈桥驿，一夜无眠，只有他一个人沉浸在梦乡，他倒也真沉得住气。

"不知庄周之梦为蝴蝶欤？蝴蝶之梦为庄周欤？"究竟谁在梦中，谁是真正的清醒，又有谁能分得清呢？

大年正月初四，凌晨。朝阳冉冉升起来了。

一夜无眠的数万将士们，早就整齐地在赵匡胤的门外列阵，口号声震天动地。赵匡胤终于醒了，连外衣还没来得及披上，赵普、赵匡义当先推门进去，其他将士也一拥而上，喊叫着："立赵点检为天子!"

说时迟，那时快!罗彦瓌抢上前一步，不容分说，把一件黄袍硬披在了赵匡胤的身上。赵匡胤大吃一惊!

赵匡胤大吃一惊，我们也大吃一惊。

对，就是那件黄袍，它出现得十分诡异。按说在君主专制时代，除了皇帝本人，其他人连穿淡黄色的衣物，都有许多的忌讳，要十分小心才行。至于黄袍，别说是私穿，就是私藏，都是灭门九族的大罪。郭威当年兵变的时候，就是因为没有黄袍，将士们只好把一面黄色军旗披在他的身上，用来冒充黄袍。罗彦瓌只是一介武夫，官也不太大，他手里拿的货真价实的黄袍，又是从哪里来的呢？

"黄袍不是寻常物，谁信军中偶得之"!有一种说法认为，罗彦瓌手中的黄袍，可能与赵匡胤的弟弟赵匡义有关，他是皇太后的亲妹夫，又挂着内殿祗候供奉官都知的官衔，出入皇宫那是相当的方便。

黄袍，闪着至尊荣耀的黄袍，它究竟是从哪里来的，其实已经无关紧要了。真正最重要的是，赵匡胤已经披上了这件黄袍。

随着罗彦瓌这有力的一披，众将官们一起跪地参拜，门外的数万将士们，也配合整齐，振臂高呼："万岁，万岁，万万岁！"真正是惊天动地。赵匡胤当然推辞再三，但就是舍不得脱下那件黄袍。

约法三章：功劳谁属

将士们簇拥着赵匡胤上了马。赵匡胤睡了整整一个晚上，本来就是一副红色脸庞的他，如今是精神焕发，红光满面，披上了这件漂亮的黄袍，更加显得那么神采飞扬。

赵匡胤端坐在马上，赵匡义和赵普，簇拥在两边。

赵匡胤声如洪钟，向众将士们高声断喝："弟兄们，既然你们立我当皇帝，就必须听我的号令，不然你们就另请高明。"官兵们纷纷下马，齐声高喊："我们都只听你的。"

赵匡胤于是当众和官兵们约法三章：

第一条，后周小皇帝和皇太后，绝对不容许惊动和冒犯。

第二条，后周所有朝廷大臣，都要保证他们的安全，任何人不得加以欺凌。

第三条，大军回师开封城，必须秋毫无犯，不得杀人放火，不得抢掠官府仓库，也不得抢劫民众私财。

赵匡胤声色俱厉地宣布："以上三条，违令者，一律灭门九族，绝不饶恕！"当然了，光靠军纪硬压也不行，赵匡胤同时又向官兵们承诺:凡是遵命者,每名兵变士兵,奖励铜钱二百贯,绝不食言,军官则另有封赏。

这可真是皇恩浩荡啊。要知道,按照当时军饷的标准,二百贯铜钱,相当于一名中等禁军整整二十年军俸的总数!陈桥驿全军,上下有十余万人,赏钱合起来,真是个不折不扣的天文数字。赵匡胤当了皇帝之后,为筹措这一大笔钱发愁了好几年,一直拖到了建隆三年(963)举行祭天大典的时候,赵匡胤才以"郊赏"的形式,勉强兑现了自己陈桥兵变时的诺言。

陈桥兵变的债是还上了,但每三年一次给禁军官兵们的"郊赏",从此成为宋朝政府的一项大负担,压得朝廷喘不过气来。

这也是没办法的事,凡是新皇帝上台,都要重赏禁军官兵,这已经是五代的惯例,特别是改朝换代的时候,除了重赏,还要纵容士兵们自行抢劫。赵匡胤如今既然断绝了士兵们打劫的指望,就只能是加大赏赐的力度。

"用兵之法,杀人如刈草,使钱如使水"。赵匡胤是带兵的老手,当然明白这个道理。严刑重赏,恩威并用,就是他治军的风格。士兵们畏惧赵匡胤军法如山,又凭空得了如此一笔巨款,发财的欲望部分地得到了满足,自然服服帖帖、规规矩矩地遵命行事。

誓师已毕,赵匡胤统率大军,浩浩荡荡地向开封城进发。勇将王彦昇担任先锋官,在大军前边先行入城。开封城的父老，曾深受郭威兵变之苦，他们见到赵匡胤大军所过之处，竟然是纪律严明，秋毫无犯，纷纷奔走相告，前来欢迎。得民心者得天下，赵匡胤胜局已定。

当年的汉高祖刘邦，在入关之初，即与关中百姓约法三章，"杀人者死，伤人及盗抵罪"，约束士兵，保护民众的生命、财产安全，结果赢得了关中父老的拥戴，开创了大汉四百余年的基业。陈桥兵变中的赵匡胤，同样约法三章，也同样成功开创了一个大王朝……

大宋开国：禅让在子午夜

陈桥兵变刚一发动，赵匡胤即刻派出了两名特使，飞马回京。一位，是他的贴身随从楚昭辅，赵匡胤命他赶往城中的殿前都点检公署，再度督促石守信、王审琦做好接应，同时也看望赵匡胤的家人，通知他们兵变成功的好消息。另一位，是潘美，赵匡胤命他专门前往皇宫中宰相办公的政事堂，通知后周的三位宰相和韩通，希望他们能放弃无意义的抵抗，与赵匡胤合作。

潘美抵达政事堂的时候，早朝还没有结束，闻听赵匡胤已然黄袍加身，第一宰相范质急得直跺脚，连连自责，但他手里没有一兵一卒，只能是束手无策。侍卫亲军副都指挥使韩通一看形势危急，匆忙离开皇宫，试图赶回家中，纠集兵力，来抵挡赵匡胤。

韩通这一跑，可以说是一大昏着。想想看，侍卫亲军的主力都跟随赵匡胤出征,韩通家中能有多少兵力? 怎么可能同如狼似虎的殿前军抗衡。况且,他在皇宫中和皇帝、皇太后、宰相们在一起的时候,还可以把皇帝当人质,赵匡胤可能还投鼠忌器,不好对他下手。一旦离开了皇宫,没了皇帝当护身符,韩通不会成什么气候。果不其然,韩通走到皇宫旁边的左掖门的时候,殿前都点检公署中的驻军当即发难,一阵乱箭射过来,韩通手下的护卫死的死,逃的逃,韩通真正成了"韩瞠眼",孤家寡人一个了。

不知道是韩通运气好,还是石守信手下留情,还真让他冲过了殿前军布置的防线。但好运再一再二,不过再三,韩通迎面就碰上了殿前司的勇将王彦昇,王彦昇担当大军入城的开路先锋,他二话不说,立即带兵跃马疾追。韩通仓皇逃回家中,连大门都没来得及关,王彦昇就率兵闯了进来,此人是一个杀人不眨眼的魔王式人物,不容分说,就把韩通还有他的儿子韩微等几人杀死在家中。

赵匡胤得知王彦昇杀了韩通父子之后,大发雷霆,当即表示王彦昇违背了他保护朝廷诸大员们安全的命令,要把他处死。当然,赵匡胤如此表演,只是做个样子给大家看看罢了。王彦昇不仅没有被处死,反而是接替了韩通"在京巡检"的要职,得到了赵匡胤的重用。

其实,王彦昇杀掉韩通和韩微,是事先策划好的定点清除政敌的行为,并没有到丧心病狂、见人就杀的程度。既然韩微鼓动韩通要刺杀赵匡胤,赵匡胤得势后杀死韩通父子,算是一报还一报，也不算太过分。政治斗争，本来就是你死我活，愿赌服输，毕竟不是客客气气地请客吃饭。

韩通死了，开封城里再也没有谁能威胁到赵匡胤了。赵匡胤如释重负，下令士兵们收兵回营，赵匡胤自己也回到了殿前都点检公署。这时，他才想起来脱下那件已经穿了快一天的黄袍，这件非法披上去的黄袍已经完成了它的历史使命，赵匡胤这次要合法地穿上正式的黄袍。

不一会，范质等后周的公卿大臣，都被官兵们"请"到了殿前都点检公署。范质一见到赵匡胤，气不打一处来，质问他说："先帝待你如同亲生儿子，先帝尸骨未寒，你就发动兵变，对得起谁呢？"四目相交，赵匡胤默然无语，只是放声大哭。这一哭，含义多多，真是绝妙。因为在这种场合下，不论赵匡胤怎么回答，都是不合适的，只有干脆不回答，才是最佳的选择。

赵匡胤这一哭，他手下的官兵们可不干了，罗彦瓖又第一个跳了出来，他拔出佩剑，恶狠狠地指着范质等人说："废话少说，我们今天一定要立赵点检当天子。"

第二宰相王溥见势不妙，赶紧带领其他众臣向赵匡胤跪倒磕头，高呼万岁。

事已至此，范质也别无选择了，即使是他为后周殉节，也于事无补。范质只好对赵匡胤说："如果你答应不辜负先帝的厚恩，发誓把皇太后当母亲看待，把少主当儿子抚养，绝对保证他们的生命安全，颐养天年，就可以举行禅让仪式,登上帝位。"赵匡胤听到这句话,立即止住了哭声,当即宣布:"一切都听范相公的安排。"相公,是当时人对宰相的尊称。

禅让事不宜迟,仪式连夜举行。将士们高举着用芦苇扎成的熊熊燃烧的火把,把大殿照得如同白昼。可当文武百官排列已毕,赵匡胤、范质等才猛然发现,忘了准备好小皇帝"自愿"让位的诏书。正在忙乱的时候,翰林学士陶毅从怀中掏出了一张草稿,说道:"诏书已拟好了。"诏书有了,于是一切万事大吉,司仪官摇头晃脑、抑扬顿挫地念着这份以小皇帝名义起草的禅位诏书:

> 天生蒸民,树之司牧,二帝推公而禅位,三王乘时以革命,其极一也。予末小子,遭家不造,人心已去,国命有归。咨尔归德军节度使、殿前都点检赵（匡胤）:禀上圣之姿,有神武之略,佐我高祖,格于皇天,逮事世宗,功存纳麓,东征西怨,厥绩懋焉。天地鬼神,享于有德,讴谣狱讼,附于至仁,应天顺民,法尧禅舜,如释重负,予其作宾。呜呼钦哉! 祗畏天命。

诏书的大意是说:政权兴亡,都要由天命决定。后周如今气数已尽,而赵匡胤应天顺民,功绩卓著,我畏惧天命,决定效法历史上尧把王位让给舜的做法,自愿把皇位禅让给赵匡胤。

禅让这套把戏，魏晋南北朝时的人玩得最滥了，当年曹丕逼迫汉献帝禅位给他之后，就曾经说："我如今才知道禅让究竟是怎么一回事了。"此时的赵匡胤，是不是也和曹丕有着同样的感受呢？反正赵匡胤向小皇帝拜了几拜，喜滋滋地接过了禅位诏书，然后由宰相陪同，更换上了黄袍，到皇帝宝座就座，接受群臣们的拜贺。小皇帝柴宗训则退居客位，赵匡胤随即尊奉他为"周郑王"，皇太后符氏为"周太后"。

大年正月初五，赵匡胤定国号为"宋"，改年号为"建隆"，以显德七年为建隆元年（960），开铸"宋元通宝"钱。同时派使者晓谕各地，并大赦天下，以示普天同庆。正月二十九日，契丹闻听赵匡胤登基的消息之后，随即退兵了。二月，赵匡胤尊母亲杜氏为皇太后。赵匡义、赵匡美为皇弟，分别改名赵光义、赵光美，皇妹为燕国长公主。八月，立夫人王氏为皇后。

赵匡胤就是宋太祖，因为《尚书》当中开国君主称"艺祖"，所以宋人称宋太祖为"艺祖"，后代民间则多称其为"赵太祖"，也称"太祖武德皇帝"。大宋开国这一年，宋太祖赵匡胤三十四岁，正是年富力强的好年华。

宋太祖基本兑现了对范质的诺言，柴宗训和符氏虽然迁往西京洛阳居住，但依然按照后周时的同样标准，享受皇家所有的一切待遇和礼遇。柴宗训后来由洛阳移居房州（今湖北房县），宋太祖担心地方官对他照顾不周，还专门派自己的老师辛文悦前去担任知州。开宝六年（973），柴宗训去世

北宋·王霭《宋太祖坐像图》

的时候，宋太祖又亲自为他穿孝服发丧。

根据陆游《避暑漫抄》的记载，宋太祖在建隆三年（962）的时候，还专门命人在太庙中立了一块碑，碑上刻有三条誓言，规定即位的皇帝都必须发誓遵守。其中的第一条，就是"保全柴氏子孙"，"柴氏子孙有罪，不得加刑，纵犯谋逆，止于狱中赐尽，不得市曹刑戮，亦不得连坐支属"。《水浒传》第九回《柴进门招天下客，林冲棒打洪教头》中也说：柴进柴大官人，"他是大周柴世宗子孙。自陈桥让位，太祖武德皇帝敕赐与他誓书铁券在家中，谁敢欺负他"。这虽然是小说家言，但也是有真实历史依据的。

因为是"禅让"，而非"革命"，后周时的文武大臣全部留用。翰林学士王著和李昉，都曾经对宋太祖有不敬之举，但宋太祖也没有很为难他们。连死去的政敌韩通，宋太祖都很"大度"地追封他为"中书令"，给他办了一个与身份相称的盛大丧事。地方上的各个节度使，宋太祖也都承认他们在新朝的地位，只是要求他们必须进京朝拜，以表明政治态度。绝大多数节度使都俯首听命，只有潞州的李筠和扬州的李重进举兵反抗，但都很快就被镇压了下去。

最为重要的，后周范质、王溥、魏仁浦三位宰相依然担任宰相，他们也就很荣幸地成为大宋的开国宰相。大宋的开国元勋、陈桥兵变的实际指挥者赵普，宋太祖在开国的时候只任命了他为枢密院直学士，只是枢密院的三把手，半年之后，才晋升为枢密副使，官位仍远在范质等三位宰相之下。

对此，古代史家多归之于宋太祖和赵普的政治家气度，"太祖不亟于酬功"，"赵普不亟于得政"。当代学者则多认为：枢密院掌管军政大权，宋太祖不让赵普担任宰相，而前去枢密院任职，是避虚就实，是去掌实权的。

范质等人都是后周文官集团的代表性人物，不管宋太祖出于什么样的考虑，陈桥兵变后继续留用后周旧臣的格局，特别是留用范质等出任宰相，都为争取后周的文官集团效忠大宋新朝，对形势的迅速安定，减轻政局的动荡，发挥了极其关键的作用。

当然，"不亟于酬功"和"不亟于得政"，绝不意味着"不酬功"和"不得政"，赵普与范质孰亲孰疏，孰轻孰重，宋太祖的心里是有数的。到了乾德二年（964），大宋已经完全站稳了脚跟，继续利用这些后周旧臣已经没有太大必要，赵普于是水到渠成地取代了范质等人的宰相职位。

市不易肆：宋朝"开国气象"

开宝九年（976），宋太祖去世。盖棺则论定，记载宋太祖一朝历史的《太祖实录》的编纂，随即提上了日程，而修《太祖实录》，第一个绕不过的大事件就是"陈桥兵变"。为此，据《续资治通鉴长编》卷三五记载：宋太祖的弟弟宋太宗，以陈桥兵变的重要参与者之一的身份，专门向编书的史官训话说：

太祖受命之际，固非谋虑所及。昔曹操、司马仲达皆数十年窥伺神器，先邀九锡，至于易世，方有传禅之事。太祖尽力周室，中外所知，及登大宝，非有意也。

宋太宗之所以这样说的目的，是很清楚的，就是担心史书和后人会把赵匡胤看作是与曹操、司马懿一流的人物，都是天天处心积虑篡夺皇位的奸雄。

应当说，赵匡胤对皇位开始产生比较现实的想法，是在显德六年（959）六月周世宗临终前突击提拔他出任殿前都点检，真正着手策划兵变，更是在显德七年（960）大年正月初一就任北面行营都部署，禁军兵权全部到手之后，前后只有短短的三天时间。的确没有像司马懿那样，苦苦装病好几年，才等到了发动高平陵政变的机会。

问题是，不管怎么说，赵匡胤的陈桥兵变，都是乘着后周八岁小皇帝在位的时机，很不光彩地欺人"孤儿寡母"，利用五代禁军兵变的形式，才夺取了皇帝宝座的。赵家沾了天大的便宜也就罢了，为什么还非要把自己的上台打扮成"非谋虑所及"、"非有意也"的"顺天应人"呢？这不是得了便宜还卖乖嘛。

要知道，官方史书当然都是按皇帝的调子编写，但中国历史上从来都不缺乏不愿意捧帝王臭脚的耿介之士，这也算是中国人的脊梁之一吧，敢于用文字打抱不平，敢与宋太宗唱反调的，历代都不乏其人：

弄耜牵车晚鼓催，不知门外倒戈回。

荒坟断垅才三尺，刚道房陵半仗来。

这是宋仁宗时李淑的《题少主陵诗》。当时曾引发了一场轩然大波，有人向朝廷揭发说：这首诗"诽谤太祖"。本朝是"禅让"得来的天下，诗中却说靠的是兵变"倒戈"。这是很恶毒的暗箭攻击，能置人于死地，好在宋仁宗是个明事理的明君，只是把李淑降级了事，倒没有太为难他。

宋朝垮台以后，政治上的忌讳少了，这一类的说法自然就更多了：

当年陈桥驿里时，欺他寡妇与孤儿。

谁知三百余年后，寡妇孤儿亦被欺。

这是元代一位不知名作者的诗，题为《北客诗》。元代的大学者刘因也有一首《书事》诗：

卧榻而今又属谁？江南回首见旌旗。

路人遥指降王道，好似周家七岁儿。

意思是说，宋朝最后的灭亡，就是受了当年陈桥兵变欺人孤儿寡母的恶报。

> 仓卒陈桥事变时，都知不与恐难辞。
> 黄袍不是寻常物，谁信军中偶得之。

这是明代人岳正《读史四首》诗中的一首。有人还评论说，"黄袍不是寻常物，谁信军中偶得之"一句，就是赵匡胤本人来与岳正对质，他恐怕也没有办法为自己辩解。

> 梁宋遗墟指汴京，纷纷禅代意何轻。
> 也知光义难为弟，不及朱三尚有兄。
> 将帅权倾皆易姓，英雄时至适成名。
> 千秋疑案陈桥驿，一著黄袍便罢兵。

这是清代诗人查慎行《汴梁杂诗》中的一首。

世宗于显德六年以三十九岁的年龄去世，即位的恭帝年仅六岁。这寡妇孤儿的局面，自然被宋太祖认为绝不可失的良机，遂即于世宗逝世的次年正月藉了出兵的机缘而采取行动了。陈桥驿上呼号拥戴的士兵和将领们，只不过供其驱使的一群傀儡，赵匡义、赵普、石守信，以及张永德、王溥等人，也只是平素预闻其事的参佐人物而已，其操纵指使之者，却还是宋太祖本人。

这是当代中国著名历史学家邓恭三先生的著名论断。邓先生还指出:"所谓'千秋疑案'者,到这里,实在已经毫无可疑的地方了。"

英雄每作欺人语!只不过赵匡义真是弄巧成拙,没有骗得了天下后世,反而应了那句老话,搬起石头打了自己的脚。其实,不想当元帅的士兵不是好士兵,不想当皇帝的元帅也不是好元帅。"王侯将相,宁有种乎"!"天子,兵马强壮者当为之"!大丈夫生于天地之间,自然不甘久居人下,在条件合适的时候,不拘愚忠愚孝小节,敢于黄袍加身,不失英雄所为,又有何不可!至于说夺权道路上这样那样的阴谋诡计,都属正常,因为"凡是将自己置身于政治的人,也就是说,将权力作为手段的人,都同恶魔的势力定了契约"。赵匡义遮遮掩掩,自我粉饰,非要把赵匡胤说成是后周天大的忠臣,说成是被众将硬逼上皇帝宝座的,才真正是见不得人的小人之举,徒然贻笑大方。

客观地说,陈桥兵变尽管同样采取了五代常见的兵变夺权的形式,但与五代其他兵变相比,在内容方面却有着质的不同。一个最明显,也最重要的区别,就是陈桥兵变是一次基本上没有流血的政变,也是一场带来太平的兵变。

在陈桥兵变整个过程当中,自始至终都没有发生激烈的战斗,死于兵变的,只有韩通和他的儿子韩微,基本上可以说是一次不流血的政变,开创了中国古代历史上,极其罕见的不流血而创立一个大王朝的奇迹。

　　开封城的百姓，不仅没有遭受战乱之苦，"市不易肆"，五代时司空见惯的"夯市"——兵变士兵们洗劫都城的恶行——也都没有再出现，有几个试图趁火打劫的小毛贼，也都被宋太祖及时地严加惩处。

　　据说，当道士陈抟听到赵匡胤陈桥兵变成功的消息后，大笑着从毛驴上跌了下来，高兴地对众人说："天下这回安定了！"荆南高氏政权的孙光宪，闻讯后认定：宋太祖乃"汤、武之君"，必将"混一天下"。南汉的邵廷琚也对南汉主刘鋹说："天下乱久必治，如今中原已出真主，必将尽有海内，其势非一天下不能已。"四川后蜀的宰相李昊则劝蜀主孟昶说："臣观宋氏启运，不类汉、周，天厌乱久矣，一统海内，其在此乎。"并都建议派遣使臣向大宋纳贡通好。

　　他们为什么不约而同地得出了相同的结论呢？关键就在于：陈桥兵变，"得天下以仁"，是一次不流血的政变，"宋氏启运，不类汉、周"，如此祥和的"开国气象"，就改变了过去"以暴易暴"的恶性循环，使得在战乱血腥中挣扎的人们，看到了太平的曙光，自然赢得了民心的拥护。为重建太平盛世，为华夏一统的实现，都打下了坚实的基础，也为宋代政治文化走向更多的文明化和理性化奠定了基调。

　　陈桥兵变，大宋开国以后，宋太祖、宋太宗兄弟就在周世宗的基础之上，把周世宗三十年兴致太平的事业发扬光大，最终终结了五代分裂割据战乱的局面，开创了大宋朝政治安定、经济繁荣、文化昌盛的太平盛世。

第四章

杯酒释兵权:为国家建长久之计

> 五季之乱,内则权臣擅命,外则藩镇
> 握兵。宋兴,内外廓清,若天去其疾,或
> 纳节以备宿卫,或请老以奉朝请。虽太祖
> 善御,诸臣知机,要亦否极而泰之象也。

　　这是《宋史》对宋太祖"杯酒释兵权"的高度评价,抓住了"杯酒释兵权"对终结唐代中期以来的战乱局面,实现天下太平的重要意义。明太祖朱元璋也说过:"使众将不早解兵权,则宋之天下,未必不五代若也。"意思是说,如果不是宋太祖及早地解除了禁军大将和藩镇节度使等众将的兵权,大宋就和后周一样,极其可能成为第六个短命的王朝。这无疑是一个高明政治家的卓识,朱元璋在大明开国后也正是这样做的。

　　问题是,收兵权是"英雄所见略同"不假,但同样是收兵权,明太祖是"飞鸟尽,良弓藏;狡兔死,走狗烹",大

肆屠戮功臣，惨绝人寰！宋太祖采用的办法，却是开诚布公，"论心杯酒间"，"杯酒论心"，"大将解印"，忠厚开国，未尝戮一大将，君臣之间善始善终，终成千古佳话。仅仅从政治功效的角度，也许难以评判两者之间的高下，但若从人性的角度而言，宋太祖显而易见要比明太祖要高大得多。毕竟，政治家也要首先成其为一个人，而不能蜕变为纯粹的政治动物，甚至于政治恶魔……

开国第一仗：打出威风

建隆元年（960）四月，昭义节度使李筠起兵反宋，大宋开国后的第一仗打响了。此时，距离大宋开国还不到一百天。

这一仗打得非常惨烈，前后持续了近两个月，是一场硬碰硬的恶仗。昭义军所管辖的潞州（今山西长治）、泽州（今山西晋城）一带，古称"上党"，它西靠太岳山，东依太行山，地高势险，历来就是易守难攻的战略要地。战国时期最为惨烈的"长平之战"就爆发在这一地区。

李筠，早年就以大力士和神射手闻名军中，追随郭威开创帝业，后坐镇潞州八年，专门负责对北汉的战事，是后周最为资深的节度使之一。此人智勇兼备，治军有方，经过在当地八年的苦心经营，李氏手中的精兵不下三万余众，战马三千余匹。他手下有一员叫儋珪的猛将，以枪法闻名天下；他的坐骑，是一匹外号"拨汗"的汗血名驹，能够日行七百里。北汉也趁火打劫，出兵支援李筠，对抗大宋。

为保万无一失，不仅石守信、高怀德、慕容延钊、韩令坤等部禁军主力全体出动，以绝对优势的兵力四面围攻。宋太祖本人也御驾亲征，赵普随行出谋划策。当泽州城久攻不下的时候，宋太祖高平之战时的老战友，时任控鹤左厢都指挥使的马全义率领敢死队，不顾敌箭射穿了他的胳膊，仍带头攻城，终于攻破了城池。宋太祖自己则亲率卫队冲进城中，参加战斗。战斗结束后不久，马全义因箭伤发作而死，宋太祖十分难过，就把他的儿子马知节收养在皇宫之中，宋真宗的时候，马知节就做到了枢密使的位置。

李筠确实是条硬汉子，到了山穷水尽的地步，他耻于向宋太祖摇尾乞怜，很惨烈地投火自焚了。

打得一拳开，免得百拳来。宋太祖取得了开国第一仗的全胜，震慑了其他节度使。镇州的节度使郭崇的情况和李筠差不多，原本也是对宋太祖夺位心怀不满。保义军的节度使袁彦是宋太祖在后周禁军中的老同僚，但两人之间的关系一直很差，宋太祖上台后，袁彦私下招兵买马，持观望态度。李筠被消灭后，郭、袁二人都进京朝拜，主动交出了兵权和地盘，宋太祖也乐得做个顺水人情，没有再追究他们以往的问题。

这一仗是打胜了，但按照宋太祖原来的设想，他其实并不愿意打这一仗，起码是不想在刚刚开国的时候，就在内部大动干戈。这倒不是说宋太祖多么忌惮李筠的军力，也不是说宋太祖不想顺势除掉这一异己的势力。问题是，大宋毕竟是兵变开国，泰山压顶的兵威之下，虽然没有多少人敢于公开螳臂当车，但新朝要树立起权威来，赢得人心的真正拥戴，真正牢牢地站稳脚跟，却不是一朝一夕之间就能做到的事。

大宋天子脚下的开封城，就不是那么容易一下子就安定下来的。宋太祖有一次乘车出门，刚走到一座名叫大溪桥的桥前面，只听得"嗖"的一声，一支利箭就射了过来，幸好刺客箭法平平，只射中了车上的黄伞。护卫们乱作一团，宋太祖久经大阵，当然镇静自若，他跳下车子，把上衣往左右一分，露出胸膛，大声喊着："让你射，让你射，朝这里射，就算是射死了我，也轮不到你小子。"大家虽然佩服皇帝的神勇，但都为他捏了一把汗。

有一个忠勇的卫士私下里悄悄地献给宋太祖一支防身的拐杖，宋太祖奇怪地问："这支拐杖有什么特别的地方吗？"那人低声说道："陛下试试按拐杖的把。"宋太祖顺手一试，原来这把拐杖暗藏机关，里面是一把锃亮的宝剑。宋太祖放声大笑，边笑边说："等我需要用这个东西的时候，恐怕一切都太晚了吧。再说，真到那时，区区一把剑能管什么用呢？"

确实，宋太祖本人武功高强，棍术、拳法样样精通，针对他个人的个把刺客，他还真不放在眼里，也不会太在乎。这些零星的恐怖活动也成不了太大的气候。但是，这些活动的背后，反映出对大宋新政权的观望、隔膜甚至于敌视的态度，在开封城中仍有不可小视的市场。李筠曾经设想，只要他兵临开封城下，原来后周系统的人马就会倒戈来迎，倒也不能说完全是痴人说梦。

在这种情况下，稳定绝对是压倒一切的，进行大的战事，显然并不适宜，很难说不会有突发的问题出现。因此，宋太祖在亲征之前，本来不想带赵普到前线，而是想把他安排在第二线的河阳（今河南孟州），做好了万一战败的最坏打算。况且，宋太祖正在极力营造与后周旧臣们合作的和谐气氛，对李筠和后来对李重进开刀，都很容易授人以柄，说他没有真正容人的天子雅量。

正因为如此，为了换取李筠的不造反，宋太祖屈尊给李筠写了一封亲笔信，晋升他加"中书令"衔，这是最高级的宰相衔之一了，通常只有亲王才能带中书令。李筠的儿子，宋太祖也专门封他为皇城使。如此礼遇，表明宋太祖优待李筠是有诚意的，开出的价码不可谓不高。连李筠的儿子都再三建议父亲接受宋太祖的开价，不要起兵。

那么，李筠为什么一定要起兵反对宋太祖呢？

有一种说法，认为李筠是后周大忠臣，志在反宋复周，当然和宋太祖势不两立。元代编《宋史》就是根据这一基调，在《宋史》里面编了个不伦不类的《周三臣传》，把韩通、李筠和李重进三人编排在一起，用以表彰三人是后周的忠臣。

其实倒也未必。李筠起兵的时候，他的谋士曾向他建议，既然要打反宋复周的旗号，最好不要直接指向开封，而要南下洛阳，把洛阳的后周小皇帝和皇太后控制在手中，作为号召和旗帜，但李筠并没有接受这个建议。这说明，即便是李筠打败了宋太祖，也是他自己做皇帝，不会真正恢复后周的。

再说了，还在周世宗的时候，早在陈桥兵变之前好几年，邻近的一个地方官看到李筠一直在疯狂地招兵买马，就断定李筠一定要反叛中央，还早早地就备下了中央大军征讨李筠所需要的粮草物资。李筠自己私下里也一直称周世宗为"兄弟"。这说明，李筠的不臣之心早已是路人皆知，周世宗死后，陈桥兵变只是给李筠提供了一个漂亮的起兵借口而已。没有这个借口，他也会寻找其他机会起兵，挑战中央的权威。

问题真正的关键，应该还是出在李筠手中所掌握的那三万大军和三千匹战马上。按照中唐五代的定律：节度使凡是手中拥有了上万人的部队，上千匹的战马，就会对皇位产生非分之想。不如此，不足以为"英雄"。安于当土皇帝的，就要被嘲笑为"田舍翁"。李筠的兵力达到了三万人以上，战马三千匹，又不想当"田舍翁"，起兵造反是早晚的事。

宋太祖对李筠不买账十分恼火，当面让他的儿子传话说："我当皇帝之前，由着你胡做，如今我既然当了皇帝，还请你让我三分！"这是一个"你要战，便开战"霸气十足的最后通牒，但在李筠看来，宋太祖固然是捷足先登，说不定他还能"后发制人"呢。扫帚不到，灰尘不会自动跑掉。李筠三万精兵在手，不经过一番武力较量，他是绝不会认输的。

那么，李筠为什么能拥兵三万，战马三千，以至于尾大不掉呢？根子，还是出在中唐五代实行的藩镇节度使的制度上。

节度使，最早出现在唐睿宗景云二年（711）的时候，原本是在前线或边境地区设置的高级军事指挥员，后来权力不断扩大，集兵权和地方行政权于一身，发展成为凌驾于州县之上的，军区与地方最高级行政区划合二为一的强大的地方力量。小的藩镇，辖两三个州，大的藩镇，辖十多个州，甚至还要多。节度使在辖区之内，"既有其土地，又有其人民，又有其甲兵，又有其财赋"，可以自行委任官吏，自行征收赋税，自行招兵买马，中央无法控制。节度使的部队，与中央部队之间，是一种大致互不隶属的平行关系，官兵完全听命于节度使，眼里根本没有皇帝和朝廷。

由此以来，各藩镇都成为大大小小的国中之国，节度使也都成为大大小小的土皇帝，当时人们都形象地称藩镇为"方镇"，称节度使为方伯、州牧，也有人把节度使制度理解成秦始皇推行郡县制之前的诸侯分封制。终结大唐盛世的祸根，就是节度使。

唐代的时候，中央无兵无将，精兵猛将都在各地节度使手中，朝廷成为傀儡。五代时期，情况有了很大的变化，中央手中有了强大的禁军，有实力慑服藩镇，节度使比唐代收敛了许多，通常情况下不敢公开地以武力挑战中央，一般被视为"肢体之患"。但他们仍然有实力桀骜不驯，飞扬跋扈，自行其是。英武如周世宗，若要调动一个节度使的防区，都要先出动禁军加以防范。一旦条件适宜，节度使还是会起兵问鼎皇帝宝座的。

李筠造反，就是一个绝好的例子。无独有偶，就在这年的九月，淮南节度使李重进也步李筠的后尘，于扬州起兵。虽然李重进手中仅有数千老弱残兵，兵力有限，但他的名头太大，宋太祖仍然不敢大意，再次亲率石守信、王审琦、高怀德等大将出征。

到十一月初，宋军就攻破了扬州城，李重进全家投火自焚，李重进的亲属也都死于非命。宋太祖一反常态，在扬州城表现得像个屠夫，亲自下令斩杀了李重进的二三百名放下武器的部下，算是为他与李重进之间的恩怨，为后周时期殿前军和侍卫亲军两大山头的较量，都做了彻底的清算。

李筠和李重进的起兵，再一次把节度使拥兵自重的问题暴露无遗。打垮了二李之后，大宋打出了军威和国威，也站稳了脚跟，没有人再敢于和中央公开武力对抗，彻底削夺地方藩镇节度使手中的兵权，时机终于来到了……

收禁军大将兵权：第一次"杯酒释兵权"

建隆二年（961）七月初九，侍卫亲军都指挥使石守信、殿前都指挥使王审琦等五位大宋的开国元勋、禁军最重量级的高级将领,以健康不佳为理由,集体"主动"地向宋太祖递交了辞呈,宋太祖接受了他们的请求,解除了他们在禁军中的兵权。这就是著名的"杯酒释兵权"。

根据司马光《涑水记闻》的记载,在"杯酒释兵权"之前,打垮了李筠和李重进之后,宋太祖和他的智囊赵普之间,曾经进行了一次著名的对话,为了清楚地说明问题,不妨把司马光的原文照录于下:

> 太祖既得天下,诛李筠、李重进,召赵普问曰:"天下自唐季以来,数十年间,帝王凡易八姓,兵革不息,苍生涂地,其故何也?吾欲息天下之兵,为国家建长久之计,其道何如?"
>
> 普曰:"陛下之言及此,天地人神之福也。唐季以来,战斗不息,国家不安者,其故非他,节镇太重,君弱臣强而已矣。今所以治之,无他奇巧也,惟稍夺其权,制其钱谷,收其精兵,则天下自安矣……"
>
> 语未毕,上曰:"卿勿复言,吾已喻矣。"

此次谈话过后,宋太祖在七月初八这天夜里,就借晚朝的机会,召集石守信、王审琦、高怀德等大将到皇宫中饮酒,遂上演了一出"杯酒释兵权"的好戏。

一个疑问随即就出现了。赵普明明和宋太祖主要谈的是如何解决藩镇节度使拥兵自重的问题，为什么宋太祖紧接着却是解除中央禁军大将的兵权呢？收大将兵权和罢藩镇节度使兵权，毕竟应该是两件事。

"语未毕"三个字，应当是回答上面疑问的钥匙。这三个字明明白白地表明：赵普的话还没有讲完，只是被宋太祖用"卿勿复言"给打断了。

那么，赵普没来得及讲出来的话是什么呢？

从逻辑上看，宋太祖所问的，首先是五代以来五十余年王朝短命、战乱不止的祸根何在，然后是针对性的解决方案。赵普的回答也应是如此。也就是说，"节镇太重，君弱臣强"一句，回答的是五代动乱的根源，"今所以治之"一句之后就是善于解决方案的建议。

"节镇太重"，一目了然，指的是节度使拥兵自重的问题，所以下面赵普对应地提出了"稍夺其权"、"制其钱谷"和"收其精兵"三个具体办法，人称罢藩镇兵权的"三大纲领"。

"君弱臣强"，该如何理解呢？藩镇节度使拥兵自重，从广义上讲，也属于一种"君弱臣强"，但从五代具体的历史背景，特别是五代王朝短命的具体原因来看，如此理解又有明显的问题。这是因为，五代藩镇节度使依然飞扬跋扈不假，但当时的中央都拥有了一支强大的禁军，至迟从后唐庄宗李存勖时开始，其数量高达二三十万，任何一个节度使，除非极其特殊的情况下，都无法与禁军相抗衡，也就无法真正威胁皇权和王朝的生存。真正决定政局走向的，有实力威胁皇权的，只有中央禁军本身。这和唐代强藩的力量凌驾于朝廷之上的情况，已经有了质的不同。

但问题是，中央拥有了强大的禁军，并不意味着皇权就理所当然的稳固了。恰恰相反，和藩镇割据时期的唐朝相比，五代王朝短命的程度和皇权更迭的速度都是空前绝后的，短短五十四年，就走马灯似的更换了八个姓、十四个皇帝。

道理也很简单，"安史之乱"后节度使各拥强兵，但他们都散在地方，反而自然地形成了互相制衡的态势，都不敢首先问鼎皇权，唐朝依靠在节度使之间纵横捭阖，依然维持了百余年时间。五代的禁军都集中在都城，一旦禁军兵权落入大将、权臣的手中，发动兵变，政权易手，只是一夜之间的事。五代各朝都是短命王朝，这是最直接的原因。

陈桥兵变就是最好的例子。后周的形势本来一派大好，但就是一个晚上加一个白天的时间，宋太祖就从禁军统帅的位置上成功夺权，置后周于死地。所以说，五代的节度使被形象地称之为"肢体之患"，禁军兵权在握的大将，则被称为"腹心之患"。"君弱臣强"指的就是禁军大将兵权过重。

宋太祖、赵普要着手彻底收夺藩镇兵权不假，但随着藩镇兵权更进一步地向禁军集中，向都城开封集中，禁军的力量进一步加强，禁军大将手握兵权对皇权的危险性也就必然会急剧加大。换言之，若要推行罢藩镇兵权，收夺禁军大将兵权，是必备的前提条件。二者看起来是两件事，其实是紧密联系在一起的。

如此一来，就很清楚了。赵普讲完罢藩镇之后，下面必然要讲到收禁军大将兵权的话题。那么，宋太祖为什么要打断赵普的话呢？

首先，宋太祖在中央禁军任职多年，又刚刚凭借着手中的兵权，发动陈桥兵变上台。禁军大将手握兵权意味着什么，他无疑有着最为切身的体会，用不着赵普饶舌提醒。

要知道，大宋开国后的禁军大将石守信等人都是资深的功勋宿将，他们在后周时与宋太祖都是大致平等的战友、兄弟关系，也都跟随周世宗南征北战，靠着真刀真枪拼杀出来的战功，在禁军当中也都拥有极高的个人威望和个人号召力。在政局特别容易动荡的开国初期，又处于五代"天下无定主"的时代大气候之下，用这些位高权重的功勋大将来统领禁军，潜在的危险性是不言而喻的。

再者，在建隆二年（961）七月之前，宋太祖已经把禁军中地位最高的侍卫亲军都指挥使韩令坤和殿前都点检慕容延钊，都外放为节度使，解除了他们在禁军中的兵权，侍卫马军都指挥使张光翰和步军都指挥使赵彦徽也被调离了禁军，分别代以石守信、韩重赟和罗彦瓌三位心腹将领。至关重要的殿前都点检一职就此空缺。这说明，有没有赵普建议，宋太祖必然还会有后续动作，只是时间、时机和方式的选择问题。

最为重要的是，宋太祖担心赵普说出诛杀大将以绝后患一类的话来，赵普这个人能力很强，但为人阴险毒辣的毛病也很突出，十有八九倾向于使用"快刀斩乱麻"的激进方式。要知道，"杀"字一出口，覆水难收，就会逼迫宋太祖在众将和赵普之间，做出非此即彼的取舍，这无疑是他最不愿意看到的。所以干脆抢先堵住了赵普的嘴。

一般说来，"杯酒释兵权"也称"赵普之谋"，赵普是"杯酒释兵权"的主要发起者，但他的作用就要体现在收藩镇兵权上面，至于收夺禁军大将兵权，由于宋太祖打断了他的话，他的作用并不是很突出。

宋太祖既不想杀禁军大将，又要收兵权，他有两全其美的办法吗？感谢宋代大史学家司马光，在他的《涑水记闻》一书里，他的笔如同摄影机，绘声绘色地记录下了当时的历史，使今天的读者能够像欣赏影视剧的分镜头剧本那样，一切都历历在目：

建隆二年（961），七月初八夜，大宋皇宫。

宋太祖盛情宴请石守信、王审琦等多位禁军的大将，已是酒过三巡，菜过五味。

宋太祖打发走了侍从，然后对众将们说道："我没有弟兄们的拥戴，绝不会有今天的皇位，弟兄们的功劳我是不会忘记的。但是，当天子也实在太难了，真不如当节度使时快乐，我自从当了天子之后，从来没有睡过一个安稳觉。"

石守信等人赶忙问道:"这是为什么呢?"

宋太祖回答:"这还用问吗?你们说今天在座的各位,又有谁不想坐我这个位子呢?"

众将惶恐起立,边叩头边说:"陛下何出此言!如今天命已定,陛下才是真龙天子,谁还敢复有异心!"

宋太祖说:"不然。兄弟们想一下,你们哪个不是手握千军万马,但各位谁能担保自己的部下里面就没有野心勃勃的人物呢?如果有朝一日,他们把黄袍硬披在你们的身上,你们虽然不想当皇帝,还能有推辞的办法吗?"

众将们这才恍然大悟,纷纷痛哭流涕地说:"我们太愚蠢了,都没有想到这一层,还是请陛下可怜我们,给我们指一条生路吧。"

宋太祖说:"人生如白驹过隙,所谓的荣华富贵,说白了,不过是多积攒一点金银财宝,自己既能尽情享乐,也能让子孙们以后不至于过穷日子。你们为什么不交出手里的兵权,多买几套房子,多置点好地,给子孙留下些永久的基业。再多买几个漂亮的女孩子,陪你们唱唱曲,跳跳舞,天天高高兴兴地喝点酒,快快乐乐地活一辈子。咱们君臣老兄弟之间,互不猜疑,上下和谐相处,这样难道不好吗?"

宋太祖又向石守信等人许诺说:"我有几个女儿,

以后就许配给各位弟兄的儿子,只是希望不要给弟兄们添麻烦。"

石守信等人高兴得连连拜谢:"陛下这样周到地替我们打算,真好比让我们得以死而复生啊。"

第二天,就是七月初九,石守信等人纷纷上表称病,主动辞去禁军军职,交出了手中的兵权。

上述记载,按照司马光本人的说法,是他亲耳从宋仁宗时的宰相"庞太师"庞籍那里听到的,其整体的真实性绝无问题。丁谓(宋真宗、仁宗时宰相)《丁晋公谈录》、王曾(仁宗时宰相)《王文正公笔录》、王巩《闻见近录》、邵伯温《邵氏闻见录》等多种宋人的笔记当中,也都有"杯酒释兵权"的相关记载,有的书中,情节还更为戏剧化。例如《闻见近录》就把"杯酒释兵权"发生的场地,由皇宫移到了开封城外的树林中,宋太祖还劈头就对石守信等"十节度"说:"今天只有我们几个人,你们谁想当皇帝,就请快点儿下手吧。"石守信等当然连称不敢,宋太祖又说:"既然如此,你们就要绝对服从我的号令。"

"杯酒释兵权"的具体情节究竟如何,可以讨论,但事情的结果是确凿无疑的。那就是,建隆二年(961)七月初,大宋的开国元勋、位高权重的数位禁军统帅,一起离开了禁军指挥的岗位:侍卫亲军都指挥使、归德军节度使石守信外放天平节度使(治郓州),殿前副都点检、忠武节度使高怀德外放归德节度使（治宋州），殿前都指挥使、义成节度使王审琦外放忠正节度使（治寿州），侍卫亲军马步军都虞候、镇安节度使张令铎外放镇宁节度使（治澶州），侍卫亲军步军都指挥使、武信军节度使罗彦瓌外放彰德军节度使（治相州）。

他们在禁军中的军职，一律解除。只有石守信还挂了一阵侍卫亲军都指挥使的空衔，其实并没有真正的兵权了。到建隆三年（962），经石守信主动上表请求，他的这一空衔也被取消了。

在这一过程当中，没有一员大将死于非命，没有一员大将丢官罢职，没有一员大将对皇帝心存芥蒂，确实是一次和平的、完美的收兵权行动。

那么，宋太祖为什么能够如此完美地收夺开国大将们的兵权呢？关键应该在于开诚布公。

首先，是开诚布公地向众将们说明白，他和众将之间的关系，已经不再仅仅是同生共死的老战友、老兄弟了，双方首先是君臣的关系。作为战友、兄弟，宋太祖绝对相信众将对他的赤胆忠心，但作为皇帝，他又不得不防范众将兵权在握，有威胁皇权的可能性。

最关键的，是可能性。也就是说，不管众将主观上有无造反的意愿，他们的资历、威望和功劳，就决定了他们距皇位实际上不过一步之遥，处于离皇权既可望又可即的敏感位置，是皇权一定要加以限制和打击的对象。周世宗见到"方面大耳"的将领就要想方设法地除掉，李重进、张永德贵为皇亲国戚，也被一脚踢开，就是现成的好例子。宋太祖不愿意这样做，所以才和众将明说。

其次，宋太祖开诚布公地承认众将拥戴他上台的贡献，承认众将解除兵权是为了大宋而任劳任怨。既然如此，顺理成章的，就是答应以联姻、金钱、土地、美女为条件，来交换众将手中的兵权，众将的既得利益、政治地位一切不变，而不是捏造罪名，肆意地剥夺。

话说到这个份上，众将也别无选择，只能是明智地主动交出兵权。

宋太祖兑现了自己的诺言，宋太祖的大女儿嫁给了王审琦的儿子王承衍，二女儿嫁给了石守信的儿子石保吉，宋太祖的弟弟赵光美则娶了张令铎的女儿，再加上此前宋太祖的妹妹嫁给了高怀德，开国大将们几乎都与宋太祖结成了儿女亲家或亲戚，双方之间的亲密关系就更进一层了。

奴仆统军：爪牙之臣

"杯酒释兵权"之后，宋太祖鉴于自己发动兵变的现成例子，在禁军大将的人事安排上，就一改五代重视战功、资历和能力的优良传统，把皇帝信任与否、本人的忠诚度和有没有可能威胁皇权放在了第一位，放手提拔重用自己的殿前军嫡系亲信前去统领禁军，至于他们能不能打仗，会不会治军，反而放在了次要的位置上。

殿前军组建于后周初年，经周世宗、张永德、宋太祖等人在高平之战后的整顿，其战斗力远远超越了侍卫亲军，成为禁军新的王牌军，是周世宗南征北战的主力部队。宋太祖则是殿前军的主要缔造者和指挥者之一，他的命运与这支部队紧密相连，殿前军成长壮大的历史，同时也就是宋太祖个人发迹变泰的历史。

宋太祖的军旅生涯是从殿前军开始的，高平之战后跃升殿前军的高级统帅殿前都虞候，并具体负责殿前军的整顿和编练，是他后来能够开创帝业带有决定性意义的一步。此后，宋太祖又用了六年左右的时间，把殿前军的指挥权牢牢地掌握在自己的手中，最终在殿前军最高统帅殿前都点检的位子上，出任北面行营都部署，成功地发动陈桥兵变。

军队历来最重派系，宋太祖的嫡系当然就是殿前军，他夺取政权主要依靠的是殿前军的支持，上台以后自然更是把殿前军作为他控制整个禁军的依靠力量。"杯酒释兵权"之后，终宋太祖一代，历任的殿前、侍卫两军的统军大将，几乎都无一例外地具有殿前军的背景，都曾经是宋太祖下辖的殿前军的嫡系亲信。不属于这个小圈子的将领，即便是能力再强，战功再高，通常也难以进入禁军大将的行列。

宋太祖殿前军的嫡系亲信们，又可以分为以下两种类型：

第一种类型是宋太祖的嫡系部下，也就是宋太祖赵匡胤在后周任殿前都点检时辖下的殿前诸班直的指挥官和铁骑、控鹤等殿前军的中下级军官们。代表性的人物,有韩重赟、刘光义、崔彦进、张廷翰、马仁瑀、李汉超、党进、刘遇、李进卿、李汉琼、杨光美等十余人。"杯酒释兵权"之后,韩重赟晋升殿前都指挥使,刘光义晋升侍卫亲军马军都指挥使,崔彦进晋升侍卫步军都指挥使;乾德五年(967),张廷翰和李进卿,分别晋升侍卫马军都虞候和侍卫步军都虞候;开宝六年(973),党进晋升侍卫马军都指挥使、李进卿晋升侍卫步军都指挥使,李汉琼晋升为侍卫马军都虞候,刘遇晋升侍卫步军都虞候,杨光美晋升步军司虎捷左右厢都指挥使,参与步军司事务。

和石守信等人相比,殿前军的这些中下级将领们不仅地位要低得多,而且他们都是赵匡胤任殿前都虞候、殿前都指挥使和殿前都点检六年时间里一手提拔起来的,是赵匡胤真正的嫡系部下。因为在后周的时候,赵匡胤对禁军大将的人事安排,可能至多只有建议权,而对中下级军官的选拔权,在相当程度上是掌握在赵匡胤手中的。张永德任殿前军长官的时间要比赵匡胤长,但在殿前军中的影响力反而远不如赵匡胤,原因也就在于此。

因此,宋太祖对殿前军的这批中下级军官们,既有知遇之恩,又有长官之威;他们作为宋太祖多年的部下,对宋太祖更是既感恩图报,又唯命是从。《续资治通鉴长编》开篇所谓宋太祖,"自殿前都虞候再迁都点检,掌军政凡六年,士卒服其恩威","服其恩威"的主要指的就是这一群体,他们也是宋太祖发动陈桥兵变的"群众基础"之所在。

更为重要的，这批人在后周时，不仅地位要比石守信等大将低得多，而且都没有独立指挥大战役的经历和战功，没有大的战功，当然也就不会有高的威望，用他们来替代石守信们统军，宋太祖无疑是放心的，使用起来也更为顺手。

第二种类型是宋太祖在后周殿前军时个人的亲兵卫士们。

他们都是由宋太祖招募入伍的，或者是入伍后被宋太祖看中，选拔到自己麾下充当亲兵卫士。这个群体的代表性人物，有张琼、杨义、史珪、石汉卿、王继勋、田重进、李怀义、米信、崔翰等十余人。"杯酒释兵权"之后，张琼被宋太祖破格提升为殿前都虞候。乾德元年（963）张琼死后，杨义继任殿前都虞候，开宝六年（973）遂晋升殿前都指挥使。田重进、米信、崔翰、李怀义等人在宋太祖时都是殿前军的中高级将领，宋太宗即位后，他们都成为禁军大将，田重进做到了侍卫马步军都虞候，米信做到了侍卫马军都指挥使，李怀义做到了侍卫步军都指挥使，崔翰做到了殿前都虞候。

如果说，宋太祖与石守信等开国大将们之间的关系是战友关系，石守信、王审琦等都是宋太祖的老战友、老兄弟；宋太祖与自己殿前军中嫡系部下的关系，则是长官与下级的关系，韩重赟等人都是宋太祖亲信的部下；宋太祖与亲兵卫士们的关系，那就要更进一层，是"养"与"被养"的关系，是带有强烈人身控制和依附色彩的主仆关系，张琼等人可以说都是宋太祖的家臣家将，也就是宋太祖的奴仆。相比于部下和战友，奴仆无疑最可靠，也最容易驾驭，自然也就更容易得到晋升。

按照当时军中的惯例，禁军大将、藩镇节度使等高级军官，都要招募最少三五十名猛士作为自己的亲兵卫士，叫作"厅直"，或"牙兵"。主将平时提供给亲兵们远高于普通士兵的生活待遇，打仗的时候，亲兵卫士则跟随在主将的身边，负责保卫主将个人的安全。在政治上，主将与亲兵之间也结成了一损俱损、一荣俱荣的胶固联系，亲兵几乎都是主将的"腹心"、死党。

宋太祖与其亲兵卫士们之间的关系，就是这样一种带有强烈人身依附色彩、休戚与共的亲密关系，如他后来亲口对诸班卫士们所说的："你们都是我亲手训练出来的，无不以一当百，是用来'备肘腋，同休戚'的。"

这些亲兵卫士们，也无一例外地绝对效忠宋太祖个人。在后周的时候，他们视宋太祖为衣食父母，只知有赵点检，不知有后周朝廷，是不折不扣的"赵家兵"。正因为如此，宋太祖开国后收兵权的时候，就要严令禁止大将私自招募亲兵卫士。

大宋开国后，他们更是只知有宋太祖，不知有他人。有一次，皇弟赵光义向禁军将领田重进赠送酒肉以示关心，田重进就公开地说："我只知道有皇帝陛下，哪能吃别人给的酒肉呢？"赵光义也不得不敬重他对皇帝的忠诚。杨义更是对宋太祖特别的忠心，被公认为忠肝义胆式的人物。宋太祖有一次在皇宫后花园训练水战，杨义闻听到鼓噪之声，以为宫中有变，当即领兵入宫救驾，连衣衫都未来得及换，感动地宋太祖连连对身边的人说："杨义是真忠臣！"田重进、杨义，都是出身宋太祖的亲兵卫士。

所以说，亲兵卫士群体就是宋太祖最可信赖的私人"爪牙"，是宋太祖控制禁军实际上最为倚重的力量。宋太祖一朝禁军指挥权的转移，呈现出由石守信等大将向宋太祖的嫡系部下转移，再由宋太祖的嫡系部下向宋太祖的亲兵卫士群体转移的明显轨迹。

从宋太祖以后，宋朝的历代皇帝，都继承了宋太祖以亲兵卫士充当禁军大将，以控制禁军兵权的做法，如宋太宗由晋王上台后，就是不到几年的工夫，他当年晋王府里看大门的、赶车的都当上了节度使，禁军大将更是由他的亲兵卫士所垄断。傅潜、王超、高琼、戴兴等人，无一例外的都是他当年晋王府的亲兵卫士。

宋真宗也是如此，给他寿王府看大门的张耆、杨崇勋和郭承祐，在真宗即位以后也都当上了节度使、禁军三衙大将。从而形成了宋代很有特色的，以"藩邸"亲随、跟班等奴仆统领禁军的传统。高俅虽然是个市井无赖，但他作为宋徽宗当亲王时的亲随，在这一传统的背景之下，他出任殿前都指挥使却是顺理成章的，并无任何出格之处。

开宝六年（973）九月，宋太祖朝最后一届殿前和侍卫两军的统帅班子组成。他们是：侍卫亲军马军都指挥使、领镇安军节度使党进，步军都指挥使、领静江军节度使李进卿，马军都虞候、领洮州观察使李汉琼，步军都虞候、领洮州观察使刘遇；殿前都指挥使、领建武节度使杨义，殿前都虞候、领泰宁军节度使李重勋。殿前军中除了杨义以外，铁骑左右厢都指挥使李怀义、控鹤左厢都指挥使崔翰、殿前诸班直的班都指挥使米信和田重进等宋太祖的亲兵卫士，也发挥着实际的重要作用。至于李重勋，他是宋太祖早年的战友，其出任殿前都虞候，可以视为宋太祖晚年怀旧情绪的体现，不会也没有在殿前军中发挥多少实际的作用。

显而易见，此时禁军的统帅人员不仅全部都是宋太祖的嫡系亲信心腹，而且侍卫亲军由党进等宋太祖的嫡系部下们指挥，殿前军则由杨义等宋太祖的亲兵卫士们控制，隐然呈现出互相制衡的格局，更便于皇帝的居中操纵，将整个禁军的大权牢牢掌握在皇帝个人的手中。这就是"杯酒释兵权"所要达到的目的。至此，宋太祖对禁军统帅人员的人事调整也随之基本结束。

宋太祖的亲兵卫士当中，史珪、石汉卿和王继勋三个人，虽然都没有都指挥使和都虞候大将的头衔，但他们却是宋太祖手中三枚关键性的棋子，实际作用也极其重要。

史珪和石汉卿二人，都是凭借着精明强干、善于逢迎而得到赏识的。陈桥兵变后，史珪由宋太祖的亲兵晋升为御马直的队长，后连续四次得到晋升，官至内外马步军副都军头、兼殿前司的控鹤弓弩大剑都指挥使；石汉卿则是出任殿前指挥使都虞候，都成为殿前军中的中级将领。

不过，史珪和石汉卿二人在殿前军中的实际作用，都要比他们的职位大得多，因为宋太祖为防止禁军重演陈桥兵变，特地选派了自己的亲兵史珪和石汉卿二人，充当皇帝在军中的耳目，专门负责监视禁军将校们中的可疑分子和可疑的动向，随时把将校们的一举一动向宋太祖个人汇报。说白了，史珪和石汉卿二人就是宋太祖安插在殿前军乃至整个禁军系统中的私人特务头子。

殿前都虞候张琼也出身宋太祖的亲兵卫士，但他是凭忠诚和打仗勇猛晋升上去的，对史珪、石汉卿靠向皇帝打人小报告的特务行径十分的不齿，多次公开地骂他们俩都是老巫婆，结果到底遭到了这两人的暗算，落了个自杀身亡的下场。张琼尚且如此下场，其他众将更是战战兢兢于史、石二人的淫威之下。

侍卫亲军方面的情况，和殿前军大同小异，"杯酒释兵权"后真正在侍卫亲军发挥主导作用的，是时任龙捷右厢都指挥使、彭州防御使的王继勋。此人也是宋太祖的亲随之人，不过和张琼、杨义、史珪等人比起来，他的身份要更为特殊，地位也更加显赫，因为他是宋太祖的开国皇后王氏的亲弟弟，也就是宋太祖的小舅子。

这位堂堂的大宋国舅爷王继勋，是个毫无军中资历，从来没有打过仗的公子哥大少爷。后周的时候,在姐夫赵匡胤的帐下充当亲随人员,陈桥兵变后才凭着皇亲国戚的裙带关系,一跃成为内殿供奉官都知、领溪州刺史。建隆二年(961)"杯酒释兵权"后,二十岁不到的王继勋更青云直上,越过了许多资深功高的武将,被宋太祖破格提拔为侍卫亲军的龙捷右厢都指挥使。

显而易见,宋太祖把如此一位根本不会打仗的皇亲国戚派到侍卫亲军中去,目的只有一个,就是让他充当宋太祖在侍卫亲军中的可靠耳目。因为在宋太祖看来,王继勋是他的小舅子,当然是绝对可以信任的人,也绝对不会被别人收买。

王继勋身为国舅爷,有宋太祖和王皇后的强硬后台,又少年得志,在侍卫亲军当中当然是目空一切,"多凌蔑将帅",连马军都指挥使刘光义、步军都指挥使崔彦进等大将,都对他唯恐避之不及。惟有神射手、龙捷左厢都指挥使马仁瑀,自恃是陈桥兵变的开国元勋,又战功卓著,敢于同王继勋对抗,王继勋也不甘示弱。乾德元年(963)八月,王继勋、马仁瑀二人趁宋太祖命令禁军举行演习的机会,竟然各自命本部士兵购置木头棒子,准备集体械斗。幸而宋太祖得到密报后,断然加以制止,才避免了一场禁军的内讧闹剧。

事情过后,宋太祖只处分了马仁瑀,把他外放为密州防御使。然而王继勋却得到了宋太祖的偏袒,反而连续得到提升,官至虎捷左右厢都虞候,代理侍卫步军司的一切事务。

王继勋就成为当时侍卫亲军中最有权势的人物。

由此可见，"杯酒释兵权"以后的禁军，在一个较长的时间段里，事实上是把持在史珪、石汉卿和王继勋等宋太祖亲信手中的。史珪、石汉卿和王继勋这些既无资历、又无战功、也没有多少统兵才能的人物，却能够长期在禁军中颐指气使，大权独揽，将校们敢怒不敢言。他们不过是狐假虎威，凭借着宋太祖的撑腰而已。没有宋太祖的支持，他们在军中根本就不会有立足之地。正因为他们都是军中将士的众矢之的，宋太祖纵容他们利用特务手段来把持禁军大权，把他们凌驾于骄兵悍将的头上，就可以把禁军的指挥权牢牢地集中在宋太祖一个人手中。说白了，这就是典型的帝王权术。

制度建设：兵权宜分不宜专

清代的雍正皇帝曾经说过，对于帝王而言，"用人是第一要务，其余皆为枝叶"。军队的指挥权事关政权的生死存亡，当然就更是如此。但是，人事调整也不是万能的，它必须建立在制度完善的基础之上，方能充分地发挥作用。如若制度存在着大的漏洞，"兵制不立"，正所谓"将帅权倾皆易姓"，本来可靠的人也会变得不可靠。所以，宋太祖在进行一系列人事调整，以自己的嫡系亲信执掌禁军兵权的同时，以更大的精力，从事了制度的改革和完善，从而在更为根本的制度层面，扭转了五代"兵制不立"和"将帅权倾"的格局，保障了皇帝对禁军兵权的绝对控制。

第一，从建隆二年（961）闰三月裁撤了殿前都点检一职开始，至建隆三年（962）九月石守信辞去侍卫亲军马步军都指挥使，侍卫亲军都指挥使就此撤销，宋太祖陆续废除了殿前都点检、殿前副都点检、侍卫亲军马步军都指挥使、副都指挥使、马步军都虞候共五个位高权重的禁军最高级的军职。殿前都指挥使一职虽然最终没有裁撤，但从乾德五年（967）至开宝六年（973）也空缺了长达六年之久。

殿前都点检、副点检、侍卫亲军都指挥使、副指挥使、马步军都虞候，都是禁军中当然的最高级大将，位高权重。尤其是殿前都点检和侍卫亲军都指挥使，同属朝廷一品大员，毋庸置疑握有号令全军、便宜行事的威信和兵权，而且他们除了"节度使"以外，通常还挂"同平章事"（宰相）一类的高级政治头衔，有权力干预甚至决定朝廷的大政，五代宋初的张永德、李重进、韩通、慕容延钊、韩令坤、石守信等人皆是如此。军政大权如此集于一身的显赫地位，就决定了不论是谁居于该职，也不论当事人本人的主观意愿如何，都有可能在条件适宜的时候，成为政治上的不稳定因素，进而威胁到皇权的安全。

"点检作天子"，后周覆灭的历史就是最好的证明。周世宗已经意识到了禁军兵变迫在眉睫的严重威胁，但他只是匆忙地撤换了有嫌疑的都点检张永德，代之以他认为忠诚可靠的赵匡胤，结果治标不治本，于事无补。

宋太祖则侧重于从制度层面解决问题，干脆一劳永逸地将他们全部废除，"点检"既然不存在了，"点检作天子"的威胁自然就解除了。同周世宗仅仅在人事调整范围兜圈子相比，宋太祖的处理思路无疑要高明得多，也更有效力。

宋太祖废除了殿前都点检等五个最高级军职以后，原本是殿前军第三长官的殿前都指挥使，侍卫亲军第四长官的侍卫马军都指挥使和步军都指挥使，上升为各自的统帅。按照当时的制度，殿前都指挥使是从二品官，副都指挥使为正四品官，而侍卫马、步两司的都指挥使和副都指挥使仅为正五品官，都虞候更仅为从五品官。

禁军大将们的官级降下来了，很自然地就收到了降低禁军大将地位和威望的良好效果。正所谓"位低则易使"，"权轻则易制"，禁军大将在军队中的号召力，以及他们对禁军的实际控制力，也水到渠成地被大打折扣。他们对皇权的威胁当然也就随之大大降低。

在殿前军和侍卫亲军两军大将地位不断下降的同时，宋朝自开国以来，反而有意识地大幅度提升禁军当中军都指挥使、都虞候等中级军官的地位，军都指挥使的官位往往也能达到从五品官，使他们与各自长官的地位差距不大，以收到与长官彼此互相制约的效果。

侍卫亲军马步军都指挥使、副都指挥使和都虞候三个职务被裁撤以后，侍卫亲军在事实上就一分为二，分为了侍卫马军和侍卫步军两军。宋朝禁军的统帅机构也相应的由殿前、侍卫两司并立，转变为殿前司和侍卫马军司、侍卫步军司三足鼎立。殿前司、侍卫马军司和侍卫步军司，就是宋朝著名的"三衙"。三衙之间却绝非上下级的关系，而是互不隶属、鼎峙并列的平行关系，彼此都不得跨司指挥，分别直属于皇帝本人。

殿前都副点检撤销后，殿前军在指挥关系上也出现了一定程度上的一分为二的趋势。按照后周宋初的制度，殿前军的指挥格局，本来是殿前都指挥使直接下辖铁骑、控鹤等部，殿前都虞候则直接下辖殿前诸班直，两者基本是平行的关系，殿前都点检和副都点检才是殿前军全军的主帅。宋太祖废除了殿前都副点检，殿前都指挥使起码不能迅速地建立起对殿前都虞候顺畅的指挥关系，何况宋太祖又有意识地使殿前都指挥使一职空缺长达六年之久。在这种状况下，殿前诸班直、铁骑、控鹤这殿前军的三大主力部队，显然也呈现出互不统属的平行局面，都分别直接听命于皇帝，皇帝对殿前军的控制也就得到了空前未有的强化。

第二，确立枢密院——三衙统兵体制。

枢密院是唐末五代发展起来的强力部门。五代乱世，立国以兵，各个王朝都依赖枢密院以掌控中央禁军，枢密院的长官枢密使的地位遂扶摇直上。居其位者，如后梁的敬翔、后唐的郭崇韬、后晋的桑维翰、后汉的郭威、后周的王朴，都是皇帝的心腹重臣。军国大事，皇帝都要与枢密使商议，其实际权力重于宰相。这种安排，本来是出于加强对禁军控制的考虑。但事与愿违，枢密使既然"手握禁旅"，"又得兴发"，其本身就成为政治上的不稳定因素。后周太祖郭威就是以枢密使的身份而发动兵变，推翻后汉王朝的。后周建国之后，继任枢密使的王峻，也很有步郭威后尘的雄心。为了巩固柴荣皇位继承人的地位，郭威只能是杀掉了王峻。

王峻事件过后，郭威和周世宗削夺了枢密使的兵权，不再以禁军大将居其位。但枢密院的兵权下降之后，禁军大将的兵权就处于失控状态。像侍卫马步军都指挥使李重进、殿前都点检张永德，都是皇亲国戚，位至极品；后起的侍卫马步军副都指挥使韩通、殿前都点检赵匡胤也不例外，堪称是"握兵权已重"。虽然周世宗临终前在禁军内部人事调整上费尽了心机，但在失去了枢密院强有力制约的情况下，禁军大将兵权恶性膨胀的后果，只能是导致兵变的发生。赵匡胤黄袍加身，也不过是捷足先登罢了。

宋太祖开国以后，就汲取了后汉、后周两方面的历史教训，双管齐下，注重从制度上防微杜渐，确立了枢密院、三衙互相制衡的枢密院——三衙统兵体制，以防止其中任何一方有可能独揽禁军兵权。

首先，树立了枢密院军政最高决策和复核机关的地位，三衙被定位于枢密院之下的执行机构。宋太祖得国伊始，为了改变枢密院毫无作为、禁军大将兵权几近失控的局面，在"杯酒释兵权"的同时，着重充实枢密院。他最亲信的智囊赵普，陈桥兵变后就在枢密院任职多年，先是出任枢密院的枢密直学士、枢密副使，建隆三年（962）拜枢密使。他的另外两个心腹幕僚李处耘和王仁赡，也先后出任枢密院的枢密承旨和枢密副使。这三个人都是最得宋太祖亲信和赏识的才智之士，由他们出掌枢密院，枢密院显然重新恢复了对禁军大将的控制能力。

其次，宋太祖用赵普出任枢密使，"首用文吏而夺武臣之权"，利用文武之间的矛盾，枢密院长官多任用文臣，与三衙禁军大将形成"以文制武"的格局。从五代至宋朝，作为统治集团中的两大群体，文臣和武将之间的矛盾一直存在，"文武二途，若冰炭之不合"。五代是武夫横行，欺凌文臣，宋朝则是"重文轻武"，情况完全反了过来。

宋朝三衙皆用武将，枢密院虽主军政，却一改五代旧制，以文官为主，少数武将出任枢密使，要么很快丢官罢职，要么就是文官集团的阴谋，如奸相秦桧要解除韩世忠、张俊和岳飞三大将的兵权，就先把他们提升为枢密使和枢密副使，然后再下手陷害。这既是宋朝"以文制武"基本国策的具体贯彻，用文官来监督和制约禁军大将，又是有意识地利用文武之间的矛盾，甚至有意地制造矛盾，防范枢密院和三衙互相勾结的重要手段。

最重要的是，宋太祖还将调兵权和握兵权一分为二，枢密院、三衙只能各掌其一，由皇帝居中控制。按照宋代的制度，中央禁军归三衙直接统领，但三衙手中却没有调兵权。调发军队的兵符、令箭和大印虽然都归枢密院掌管，但是禁军兵马都在三衙手中，枢密院手里连一兵一卒也都没有。

如此一来，就使握兵权和调兵权分别掌于枢密院和三衙。这是使枢密院、三衙彼此制衡的一项最关键的措施，通过分割握兵权和调兵权，枢密院、三衙相互制衡，枢密院和三衙长官都不可能对皇权构成威胁，兵权遂完全归于居中控制的皇帝。禁军也由五代时期威胁皇权的"腹心之患"，转化为维持宋朝统治的最重要支柱。

第三，扩充皇城司，强化特务活动。

宋太祖陈桥兵变能够成功，一个极其重要的原因，就在于后周皇宫和宫城的保卫都由殿前都虞候统领的殿前诸班直负责，也就是控制在殿前军的手中。待殿前军的统帅赵匡胤发动兵变后，其死党殿前都指挥使石守信、殿前都虞候王审琦闻风响应，一声令下，不仅皇宫和宫城的警卫顷刻间倒戈，而且立即封锁了皇宫和宫城，切断了可能忠于后周的力量增援皇宫，使皇宫中的后周皇帝、太后，政事堂中的后周宰相、枢密使等重臣，事实上都成为殿前军的人质和俘虏，从而挟天子以令诸侯，底定了兵变成功的大局。

正因为如此，宋太祖当了皇帝之后，为了避免重蹈后周的覆辙，立即选拔出了禁军中的一批精锐，组建了一支专门负责保卫皇宫安全的新的军事力量。这支部队的士兵，有特别的名称"亲事官"，以示与普通禁军相区别。到了宋太宗的时候，在"亲事官"之外，又增设了"亲从官"的名目。正式的编制，"亲从官"有五个指挥，"亲事官"有六个指挥，按每指挥通常为五百人计算，总兵力应当在六千人上下，是一支不可小视的力量。

这支部队，当然不再隶属于殿前司，也不隶属于三衙禁军系统，而是归皇城司指挥。皇城司，本来名叫武德司，宋太宗太平兴国六年（981）时将其改名为皇城司，是五代时期从皇帝身边处理皇宫日常事务的服务机构发展起来的新兴的权力部门。皇城司的长官名义上是皇城使，实际上是由皇帝最贴身的宦官，以"勾当皇城司公事"的名义担任真正主管。

宦官，历来臭名昭著，但他们都是皇帝奴才当中的奴才，也是皇帝最喜欢重用的。由宦官来掌管皇宫精锐的警卫部队，就可以与三衙禁军形成一种互相制约的关系。宋太祖曾经得意洋洋地说："即使是开封里发生兵变，我在皇宫中还有上万的精兵，足够对付他们。"南宋大学者朱熹也说："皇城司的部队由宦官统领，目的就是为了控制殿前司。"当然，为了防止宦官专权，皇城司之外的禁军兵权，宦官是无法染指的。

皇城司的作用还不止于此。为了防范禁军兵变的重演，宋太祖还赋予皇城司以特务活动的特权，其可以肆意监视禁军官兵们的一举一动，随时向皇帝本人密报，也可以法外抓人。皇城司就成为宋代由宦官主管的专门的特务机关，皇城司的士兵也就得了不光彩的"察子"的外号。明代的厂卫制度，其直接的历史渊源就是宋代的皇城司。通过皇城司的特务活动，皇帝对禁军的控制无疑就得到了空前强化。

在上述制度建设的同时，禁军军官的任免权，以及禁军的调动权，更是自始至终都掌握在皇帝个人的手里。不论是大大小小军官的任命，还是禁军的调动，都必须有皇帝的圣旨，紧急情况下调动禁军，也必须要有皇帝本人的亲笔写的手令。没有圣旨或皇帝的手令，任何人都无权擅自调动禁军的一兵一卒。

自大宋开国以来，皇帝超过三衙，亲自干预具体军政，也一直就是一个传统，这样做的目的，是为了使禁军的兵权，"外不在藩镇，内不在强臣，不委宦官，不倚近戚"，只有皇帝才是军队的最高主宰者。

禁军出动作战的时候，针对着皇帝无法御驾亲征的情况，宋太祖还确立了"将从中御"的原则，那就是：前线不再设总领全军的主帅，各分部虽设都部署（都总管）之职作为主将，但同时也并置地位大致相当的副部署、都监等为副将。并规定：主将不但没有处置副将的权力，而且遇事都要与众将共同商议，以此来达到众将互相牵制的效果。至于前线军队的调动、部署等关键性的决策，都要不远千里地向开封城的皇帝本人汇报请示，由皇帝下诏令来决断。为此，还专门在军中设置了多由宦官担任的监军、走马承受数职，由他们负责传达皇帝的旨意和监视将帅的动向。

从宋太宗朝开始，宋朝的皇帝还往往给前线的将帅颁发"阵图"，剥夺了将帅们独立自主的战术指挥权。将帅只能机械地按皇帝的意志行事，否则即使是取得胜利也被视为有罪，甚至受到处罚。如此种种，都是为了防范禁军将帅借战事之机发动兵变。

收节度使兵权：第二次"杯酒释兵权"

收夺禁军大将兵权顺利完成之后，罢藩镇节度使的兵权，随即按部就班地展开。到开宝二年（969）十月的时候，宋太祖如法炮制，又是在皇宫后花园中安排了一场酒宴，邀请前凤翔节度使兼中书令王彦超、前安远节度使兼中书令武行德、前护国节度使郭从义、前定国节度使白重赞、前保大节度使杨廷璋等在开封候职的五位资深节度使，前来赴宴。

待酒足饭饱的时候，宋太祖从容地对节度使们说道："各位都是国家劳苦功高的前辈老臣，多年执掌事务繁多的重镇，如今我朝尊重优礼老人，大家还是进京享福，地方上的事就不应该再劳累各位了。"

王彦超十分机灵，善于察言观色，立即抢先表态："我本来就没有什么像样的功劳，如今年龄大了，更是一无所用的老朽了，若陛下开恩，让我告老还乡当个老百姓，这才是我最大的心愿。"武行德等几人，仍然七嘴八舌地向宋太祖炫耀自己的战功，宋太祖不耐烦了，当即说道："这些都是过去朝代的事情了，不值得再讨论了。"各节度使遂哑口无言。

第二天，宋太祖授武行德太子太傅，郭从义左金吾卫上将军，王彦超右金吾卫上将军，白重赞左千牛卫上将军，杨廷璋右千牛卫上将军，他们节度使的职务都被自动免掉。太子太傅是从二品的高官，通常只有宰相卸任后才能得到，但它只是个虚衔，左右金吾卫上将军、左右千牛卫上将军等职，合称"环卫官"，名义上是护驾皇帝，名头大得吓人，品级都是从二品、从三品的高官，俸禄也十分的优厚，但都没有实际兵权，都是些在开封养老的闲职。大约与此同时，安远节度使向拱、保大节度使袁彦两位节度使也被解除了藩镇职务，改授环卫官。

这就是宋初历史上第二次"杯酒释兵权"，一次就解除了七名资深藩镇节度使的兵权。相比于第一次"杯酒释兵权"，第二次"杯酒释兵权"进行得更为顺利，宋太祖只一句"这些都是过去朝代的事情了"，藩镇节度使们就乖乖地交出了兵权和地盘。

这是因为当时的藩镇节度使们大多是老牌的节度使，许多人在后汉的时候，就已经当了节度使。"老"，往往就意味着进取心的减弱；"老"，往往也意味着多年盘踞一方，搜刮民脂民膏，富贵荣华，妻妾成群。宋太祖既然表示尊重节度使们的既得利益，节度使们虽然心有不甘，哪里还敢于冒着丧失一切的风险来对抗皇帝呢？

当然，"老"也往往意味着为国效力的时间长，如武行德就曾组织过反抗契丹的起义，对中原王朝来说是有历史贡献的。宋太祖嘴上虽说："这些都是过去朝代的事情了，不值得再讨论了。"其实，他还是比较尊重这些老牌节度使的历史贡献的，不仅保证他们在开封城的地位不变，待遇不变，还不断地提升他们的官衔。各节度使都得以荣华富贵而善终。这种理解对方和尊重对方实际利益的思路，和第一次杯酒释兵权的做法是一脉相承的，也同样取得了极佳的效果。

宋太祖在解除资深节度使职务的同时，按照赵普"三大纲领"的预先规划，一系列旨在从根本上解决藩镇割据的制度调整也在紧锣密鼓地进行。

一是稍夺其权。重点是削夺节度使的行政权，节度使辖区内的各州，除节度使所在的州之外，其他的州，当时叫"支郡"，都陆续收归中央直辖。到宋太宗太平兴国二年（977）的时候，节度使的"支郡"已经全部都隶属于中央。节度使的行政权力，就仅限于他在的一个州。其他各州，由中央选派"知州"进行管理。知州，全称是"知州军事"，都为带有中央官头衔的文官，三年一轮换。州下面大县的长官，也由中央的文官前去担任，叫作"知县"。乾德元年（963），又设置了通判一职，通判的地位较知州略低，但又不是知州的副职，而是专门负责对知州进行监督，以分割知州的权力。到了宋真宗的时候，连节度使所在的州，也都设置了知州和通判，具体负责地方政务。

二是制其钱谷。重点是削夺节度使的财政权，乾德二年（965），规定节度使不得再以"留使"、"留州"的名义截留地方赋税，除了地方行政的支出之外，所有的金银、铜钱等货币收入都要上交中央。乾德三年（966），就专门派中央财务官员前往控制地方的市镇和市场，赢利所得直接送交中央，地方无权干涉；同年，又专门设立了"转运使"一职，总揽地方财政大权，负责把地方赋税解送中央，节度使的财权就被剥夺了。太平兴国二年（977），宋太宗又收回了节度使以免税的优惠条件进行贸易的特权。宋真宗时，干脆规定节度使不得插手地方财政事务，节度使个人的俸禄也都由中央统一支付。

三是收其精兵。重点是削夺节度使的兵权，乾德三年（966）八月，宋太祖下令把各藩镇的精兵猛将抽调到开封，骑兵授予"骁雄"的番号，步兵授予"雄武"的番号，总兵力在万人以上，都隶属于侍卫司。同时还把藩镇的募兵权收归中央，明令规定地方以后不得再私自招兵买马。各藩镇剩余的老弱残兵，后来统一整编为"厢军"。厢军不论在政治地位，还是在经济待遇各方面，都要远远低于中央的禁军，自然就吸引不到优秀的兵源。此后，厢军很少进行军事训练，逐渐蜕变成了一支主要用于服劳役的工程部队，军事职能大部丧失。同时，为了避免驻防地方的中央禁军蜕变为新的地方势力，宋太祖又制定了"更戍法"，规定驻防各地的禁军三年一轮换，以求得"兵不识将，将不识兵"。

随着上述政策的推行，节度使就由称雄一方的土皇帝，下降为一个州的高级长官而已。到了宋真宗朝以后，更是演变成了只领俸禄而不就职的虚衔，人称"享福"节度使。自唐代"安史之乱"以后，逞凶二百多年的节度使终于被彻底铲除了，藩镇割据地方也成为历史。

矫枉过正：文盛武衰

> 杯酒释兵柄，此启运立极之基也。然文盛武衰，亦自此始。揽《风云图》，痛当作怃。

这是元代学者、《宋史》的主要编纂者之一袁桷对"杯酒释兵权"的评价。南宋学者吕中也有类似的看法，他说："汉、唐多内乱而无外患，本朝无内患而有外忧者。"

确实，宋朝开国后确立的军政体制，实现了藩镇兵权收归中央，中央禁军兵权收归皇帝，终结了中唐五代二百余年的地方藩镇割据和五代五十余年的中央禁军频繁兵变，宋朝的政局从此走向了长达百余年的安定，"百年无内乱"。

但是，这些成就的取得，在很大程度上，是以削弱军队的战斗力、损害宋朝的国防安全为代价的，确实存在着"以防弊之政，作为立国之法"的问题。政策制定时，宋太祖等人主要是从消极的方面考虑，重点放在事先防范可能导致动乱的各种因素，而不是考虑如何提升军队的战斗力，自然存在着许多矫枉过正之处。宋朝"文盛武衰"，"无内患而有外忧"，在与契丹、西夏的较量当中，始终难以摆脱被动的局面，确与此关系甚大。

在中央禁军方面。"杯酒释兵权"在一夜之间，就使得年富力强、久经战阵考验的数位禁军大将，集中地离开了禁军的指挥岗位。这对禁军战斗力和统一进程的负面作用都是可想而知的。

一个明显的事例，就是在此后平定南北的征战当中，禁军大将中竟然选不出有指挥大战经验的合适人选来充当大帅。伐蜀的时候，宋太祖就用与禁军关系较为疏远的节度使王全斌去统领禁军的骄兵悍将，以致凭空生出许多周折来。后来则主要用曹彬、潘美，这两人在禁军殿前、侍卫两司中也没有军职，都属于政治型的武将，对付南方各国还勉强可以胜任，等到和劲敌契丹一较量，便是一败涂地。

而且，"杯酒释兵权"之后，在禁军中作威作福的是国舅爷王继勋、特务头子史珪和石汉卿。这几个人，按照古代的政治标准来衡量，都属于典型的佞幸之臣，宋太祖纵容他们利用特务手段来把持禁军大权，对强化皇帝对禁军兵权的控制当然是有利的，但钩心斗角、阿谀奉承、任人唯亲等军中腐败弊政也难免与日俱增，必然影响到禁军的战斗力。

更为重要的是，"杯酒释兵权"尽管是觥筹交错，其乐融融，形式上是极为缓和的，没有其他王朝残杀开国元勋的刀光剑影，这当然是非常难得的美事。但不管怎么说，其骨子里仍然不外是一个"防"字，即猜忌和防范众将重演"黄袍加身"的兵变闹剧。如若众将嘴里说出半个"不"字，摔杯为号，血溅当场，都是很有可能的。

"杯酒释兵权"之后，宋太祖不仅规定了禁军官兵不得再结"义社"，军官不得再私自招募亲兵卫士，而且还曾以"莫须有"的"畜部曲百人"和"私取亲兵为腹心"的罪名，逼迫殿前都虞候张琼自杀。张琼是宋太祖忠心耿耿的贴身卫士，在战场上多次救过宋太祖的命，他自杀身亡之后，就有人为他鸣冤叫屈，像一部很有名的戏曲《斩黄袍》，里面被宋太祖冤杀的大将郑恩的故事，据说就是由张琼之事转化而来的。戏中宋太祖这位皇帝，也就不光彩地成了被批评的对象。宋太宗更是公开地宣布:

> 国家若无外忧，必有内患。外忧不过边事，皆可预防。惟奸邪无状，若为内患，深可惧也。帝王用心，常须谨此。

他话里所说的"奸邪"，矛头主要就是指向武将的。宋太宗有一次还说:

> 自梁晋已降，昏君弱主，失控驭之方，朝廷小有机宜，裨将列校，皆得预御坐而参议，其姑息武臣乃如此。朕君临四海，以至公御下，不唯此辈，假使李广复生，亦无姑息之理也。

如此一来，就严重地毒化了军中的氛围，战功越大，威望越高，反而越容易受到皇帝的猜疑，导致有才能的武将缩手缩脚，难以有所作为，明哲保身、因循苟且的庸将却左右逢源，得到提拔重用，不可避免地严重损害了军队的战斗力。在这种局面之下，就算汉代的"飞将军"李广真是起死回生，他也发挥不了什么作用，因为宋太宗根本就不会起用他。

"将从中御"的问题，更是一目了然，战场形势瞬息万变，克敌制胜靠的是敌变我变、临机决断，讲究的是"将在外，君命有所不受"。"将从中御"偏偏捆住了将领们的手脚，剥夺了将领们的战术和战役自主权，使军队失去了赖以克敌制胜的机动权，宋军焉能不吃败仗！

在地方藩镇节度使方面。彻底铲除节度使，固然实现了中唐以来梦寐以求的中央集权，但物极必反，也不可避免地造成了地方的严重削弱，特别是地方州县的兵力极其有限，地方官很多情况下手里只有百八十号老弱病残，完全丧失了处置紧急事务的能力。

宋仁宗的时候，一群劫匪路经高邮军（今江苏高邮），当地的知州闻讯后，不是派人前去捉拿，反而让人抬着酒菜、金钱到城外迎接，一顿好吃好喝伺候好了，这批劫匪就另往他处去了。朝廷知道后，许多人十分震怒，要求严办知州，但名臣范仲淹却说："知州手里有几个兵？你让他如何与劫匪打仗，把劫匪礼送出境，保了一城百姓的平安，也是没有办法的办法。"范仲淹说的是实情，地方知州不是不想抵抗，但他手中无兵无将，哪有能力抵抗。

宋徽宗宣和年间，宋江起事，只凭着三十六名头领，几百号人马，就能纵横驰骋河北、山东大地，大宋的地方官要么抱头鼠窜，要么做缩头乌龟，只能天天乞求朝廷派禁军前来征讨。到了金兵南下的时候，宋朝大多数的地方更是土崩瓦解，金兵如入无人之境，直逼开封城下。

两宋之际的抗金名相李纲有感于此，就曾专门向宋钦宗建议，在河北、山西等地重设几个大的藩镇节度使，以增强地方抵抗金兵的实力。

到了这个时候，一切都太晚了。当然，包医百病、尽善尽美的政治制度本来就不可能存在。无论多么高明的政治家，都只能是根据具体的时代课题，做出具体的针对性的决断。宋太祖在政权走马灯式更换的五代宋初，以牺牲军队部分战斗力为代价，求得政治安定的实现，是有其积极的现实意义的。

经过宋太祖十数年的苦心经营，到了宋太宗统治的时候，大宋政权内部的安定，已经基本得以实现，与契丹、西夏的军事冲突则急剧恶化，上升为最主要的矛盾。宋太宗及此后宋朝的皇帝们，在变化了的客观条件面前，仍然把宋太祖的政策奉为"万世不易"的"祖宗之法"，奉为神圣不可侵犯的金科玉律，就只能是自食其果。毕竟，世界上没有什么"万世不易"之法，拾遗补阙，与时俱进，永远是后代政治家们应负的责任。

第五章

统一南北:卧榻之侧,岂容他人酣睡

> 帘外雨潺潺,春意阑珊。罗衾不耐五更寒。梦里不知身是客,一晌贪欢。独自莫凭栏,无限关山,别时容易见时难。流水落花春去也,天上人间。
>
> ——李煜《浪淘沙》

这是大词人南唐后主李煜的《浪淘沙》词。有人说,这是词人的绝笔,写下这首词后不久,李煜就离开了人世。无论如何,词人国破家亡,从君主到俘虏的凄惨命运,都是令人同情的。更何况,词人在位期间,虽有不少失策,却没有多少失德之处,南唐立国四十余年,使一方百姓安居乐业,其历史贡献,也不是"成王败寇"能一笔抹杀的。

其实,五代宋初南方各政权,多数统治者,基本上都推行了"保境安民"的国策,保一方平安,在大江之南,保住了华夏民族经济、文化的命脉,这在北方空前战乱的年代,确实功莫大焉。

但是,南北本为一家,南方各政权的暂时存在,是以北方中原军阀混战、战火纷飞为前提的。当大宋开国,最终终结了北方的动乱之后,宋太祖开始致力于"恢复疆土"、"以致太平"的时候,江南各政权的历史使命就完成了,到了它们应该谢幕的时候了。

"水流千遭归大海",大浪淘沙,南北应当一统,终将一统。"落花不是无情物,化作春泥更护花",南方各国的历史终结了,但繁荣的江南经济、昌盛的江南文化,风流的江南才子,都化为了大宋王朝最靓丽的一道风景线。南方各国"流水落花春去也",华夏民族和华夏文明,却迎来了一个"烈火烹油,鲜花著锦"的盛世年华……

先南后北:雪夜访赵普

建隆三年(962),开国转眼已经三年了,大宋已经是政通人和,欣欣向荣,一派兴旺的景象。可当时的天下,仍然是四分五裂的格局,和大宋同时并立着的,还有北汉、南唐、后蜀、南汉、吴越、荆南、湖南、漳泉等大大小小八个政权。

宋初各政权简况表:

政 权	首 府	州 县	户 口
大宋	开封	州111,县638	967,353

北 汉	太 原	州10、军1，县40	35，220
南 唐	金 陵	州19、军3，县108	655，065
后 蜀	成 都	州、府46，县198	534，039
南 汉	广 州	州60，县214	170，263
吴 越	杭 州	州13、军1，县86	550，680
荆 南	江 陵	州、府3，县17	142，300
湖 南	常 德	州15、监1，县66	97，388
漳 泉	泉 州	州2，县14	151，978

资料来源：《宋史·地理志》

和宋太祖一样称皇帝的，有北汉、后蜀、南汉。南唐称"江南国主"。吴越、荆南、湖南、漳泉向中原王朝称臣，接受中原王朝的册封：吴越受封为吴越国王、天下兵马大元帅；荆南受封为南平王、荆南节度使；湖南为武平军节度使；漳泉为平海军节度使。它们实际上都是割据一方的土皇帝。

太平和统一，就像是一对孪生兄弟，永远是紧密地联系在一起。列国林立，互相攻伐，彼此提防，哪里会有太平的日子过？抵御北方草原游牧民族的强大威胁，也需要把南北的人力和物力资源集中起来，形成一个整体。但是，这些政权都是根基很深的地头蛇，都以保境安民为号召，也得到了当地大多数民众的支持,要想彻底消灭他们,也绝非易事。

南北一统,任重而道远,路究竟应该怎么走呢?周世宗生前的既定方针,是王朴在显德二年（955）提出来的著名的"先南后北",即首先用兵攻取南唐江北的十四个州,然后重点进攻幽州城,得手后再全力围攻太原,灭亡北汉。至于南唐的江南部分、后蜀和南汉,则以政治迫降为主,军事打击为辅。如若按照这一方针,宋太祖的选择有两个:或者是继续北伐幽州城,或者是攻取北汉。

宋太祖的选择会是什么呢?他会有另外的选择吗?

这个选择,关系全局,宋太祖自然要听听他的智囊赵普的意见。此时的赵普,即将出任大宋最高的军政长官枢密使。

这年的正月,那雪下得特别的紧。

在一个雪花纷飞的冬夜,赵普正要准备休息,忽然听到门外一阵紧似一阵的叩门声,赵普冒雪推开大门,只见风雪凌厉当中,一位伟丈夫,顶风冒雪,昂然而立。此人,就是大宋开国皇帝宋太祖。

赵普赶忙把宋太祖请入家中,赵普的夫人和氏也出门迎驾,并让人温上好酒,在堂屋里铺上垫子,支好架子,生上炭火,烤上了皇帝最喜欢吃的羊肉串。

宋太祖高兴地对赵普说道:"还是老嫂子知道我的口味,我已经约好了皇弟光义,让他也过来尝尝老嫂子的手艺。"

赵普问道:"陛下这么晚了冒这么大的风雪前来,不会只是为了吃烤羊肉吧。"

宋太祖笑道："我睡不着啊，我的床边就是别人的地盘，你说我能睡得安稳吗？只好来和你喝酒解闷了。"

赵普说："陛下您这是嫌国家面积小啊，大宋如今兵精粮足，南征北伐，开拓疆土，火候已经到了，我想听听陛下有什么打算。"

宋太祖说："我想先取太原，灭掉北汉。"

赵普说："陛下您这个想法，我可是不敢赞成。"

宋太祖说："谈谈您的意见。"

赵普回答："陛下请想，太原城兵精将勇，城池坚固，而且和契丹、党项两家接壤，即使顺利拿下太原城，我们就会与契丹人和党项人正面冲突，麻烦恐怕还要更多。何不暂且留着它，替我们挡着契丹和党项，等朝廷解决掉南方各国，北汉这个弹丸一样的小国，它还能逃到哪里去呢？"

宋太祖拊掌大笑："还是瞒不过我的赵书记。刚才我只不过是和你开个玩笑，北汉确是后取为好。"

君臣二人，席地而坐，这才真正转入了正题的密谈。

正在此时，皇弟赵光义如约而至。宋太祖对他说："光义来得正好，我刚和赵书记商量好了用兵的方案，你过来看看。"

宋太祖用炭筷划着地说："我想先取荆、湖，然后取川、广、江南，最后攻取北汉。你还有什么意见吗？"

赵光义连连点头称是。

雪夜访普图

正所谓英雄所见略同。屋外飞琼碎玉，白雪皑皑；屋内炭火闪烁，肉香扑鼻。几番推杯换盏，几番低声密语。一幅南征北伐的蓝图，统一天下的大计，就由宋初的三大巨头确定了下来。

这就是有名的宋太祖"雪夜访赵普"的故事。宋人邵伯温《邵氏闻见录》、魏泰《东轩笔录》等野史笔记都作了绘声绘色的描述，李焘也把它郑重其事地写入了宋史权威著作《续资治通鉴长编》之中，元代人编《宋史》，也把它写入了《赵普传》。明代的画家刘俊，就根据史书的记载，画了一幅《雪夜访普图》，至今仍保存在故宫博物院。

显而易见，宋太祖、赵普的统一方针，就是典型的"先南后北"。但这一新版的"先南后北"，虽然很明显是从周世宗、王朴版"先南后北"脱胎而来的，但两者之间的区别，还是一目了然的。

那就是：在旧版"先南后北"当中，用兵重点有三个：南唐江北、幽州城和太原城。尤其幽州城，是用兵的重中之重，是承前启后的关键一着。而在新版的"先南后北"当中，幽州城却被排除在武力进攻的重点之外。

不再用武力重点进攻幽州城，这一抉择，有主观的因素，即宋太祖个人的魄力，远不及周世宗；赵普的魄力，也远不如王朴。不论是宋太祖，还是赵普，都对与契丹决战持谨慎甚至回避的态度，而不是像周世宗、王朴那样，蔑视强敌，敢于正面挑战并击败契丹。这是古今多数史家的看法。

这一抉择，无疑也有客观的因素，主要是宋太祖毕竟是兵变上台，政权的合法性不如周世宗，根基也远不如周世宗，他轻易不敢孤注一掷，和强大的契丹辽国展开决战。

更为重要的是，周世宗敢于北伐契丹，他手中真正的王牌，是经过多年征战锻炼出来的一大批优秀的军官群体，他们能征惯战，指挥有方，军中威信卓著，在野战当中决胜的整体能力绝对不逊于契丹。如若不是周世宗突发重病，他统兵夺回幽州城是完全可能的。

然而，经过建隆元年（960）的陈桥兵变、建隆二年（961）的"杯酒释兵权"，在短短两年的时间里，李重进、韩通两大名将死于非命，张永德、韩令坤、慕容延钊、石守信、王审琦、高怀德等一流的将领，也都先后离开了禁军指挥的岗位，实际上被置于无用之地。赵匡胤自己当了皇帝，同样脱离了战场的第一线。在某种意义上说，周世宗时代纠集起来的五代后期最为优秀、最为强大的军事精英团体，业已在内部政治斗争的作用下退出了军事舞台。

宋太祖破格提拔起来的嫡系亲信，原本都是后周时的三、四流角色，多数连角色都算不上，根本没什么略地攻城的经验。兵是训练出来的，但将官却只能从战场上打出来。宋太祖作为战场的老手，对此自然心中有数，依靠他们与契丹决战，无论如何，宋太祖是不会这么做的。这样做，也是对政权的不负责任。

可以说，宋太祖、赵普、赵光义把幽州暂且排除在武力统一的进程之外，实属别无选择的无奈之举，与个人魄力的关系其实并不是太大。毕竟，魄力大也不等于蛮干，谨慎也不应与胆怯简单地画上等号。当然，暂且不用武力解决，也并不意味着宋太祖不想解决幽州的问题，他的心中正勾画着另外的设想，这就是后话了。

退一步，海阔天空。幽州毫无疑义具有最高的战略价值，也是最诱人的进攻目标。但在客观条件并不具备的情况下，勉强纠缠，也会变成巨大的战略负担。不管怎么说，宋太祖断然放弃了不太现实的幽州城，就拥有了战略上的主动权，可以腾出手来，真正地把重点转移到统一南方各国上去。而不是左右开弓，或者犹豫不决，坐失良机。

由此以来，新版"先南后北"，就出现了另外一个比较大的变化：那就是把四川的后蜀调整为军事进攻的重点对象，而不再像老版那样，主要寄望于政治迫降。因为周世宗时的经验表明，后蜀虽然慑于中原王朝的兵威，有屈服的表示，但它毕竟迷信"蜀道难，难于上青天"，总试图依赖险要的地势，与中原王朝分庭抗礼，不用兵是不可能的。这一调整，带来一个直接的副产品，就是使取荆、湖的军事意义变得突出起来。统一南北的第一仗，不久就首先在荆、湖地区打响了。

取两湖：倔强的湖南人

建隆三年（962）十月，消息传来：湖南的统治者、武平军节度使周行逢病逝，衡州刺史张文表随即举兵起事，攻占了潭州（今湖南长沙），湖南内讧爆发了。周行逢的儿子周保权急忙向宋太祖上表告急，请求中央发兵平叛。

周保权也是病急乱投医。湖南原本是马氏的地盘，在马殷统治的时候，依靠着茶叶贸易等商业活动，湖南曾经是南方富庶的大国。但好景不长，马殷死后，他的儿子、孙子都是"酒囊饭袋"，而且互相争斗，南唐乘机出兵，灭亡了湖南政权。南唐的军队，虽然被驱逐了出去，各地方势力之间又展开了军阀混战，湖南从此元气大伤。

周保权的父亲周行逢，就是从血雨腥风的混战中搏杀出来的枭雄式人物，他用兵果敢，足智多谋，而且有一个特别突出的优点，就是廉洁奉公。周行逢身为节度使、土皇帝，不仅个人生活俭朴，他的夫人、女婿也都在家乡务农，因而很得军心、民心。周保权也堪称是将门虎子，虽然年仅十一岁（一说十三岁），面对三军，却能侃侃而谈，激励将士。

周氏父子虽然都不愧为干才，但他们统治湖南，前后只有短短的四五年时间，根基太浅。这次起兵的张文表，也是个厉害角色，当年跟随周行逢一起打天下，从小兵干到了刺史，是湖南仅次于周行逢的军事强人。他登高一呼，衡州、潭州两大要地即刻易手，并试图进攻周氏的大本营朗州（今湖南常德），把周氏彻底消灭掉。周保权当然就沉不住气了，连忙请求朝廷出兵相助。何况，周行逢在临终时也留有遗言：一旦张文表得势，就不妨归顺朝廷，以求保全家族。

对周保权的上表求救，宋太祖当然求之不得，更不会放过这个师出有名的大好机会。最为绝妙的是，救援湖南，荆南是必经之路，可以假途灭虢，一箭双雕，顺势吃掉荆南。

荆南是南方的一个小政权，辖区只有以江陵（今湖北荆州）为中心的三个州。江陵是南北往来的必经之路，自古就为兵家的必争之地。当时的荆南同样处于新旧交替，高继冲在这年的十一月，刚刚接替了荆南军府的大权，立足尚且未稳，正是人心容易浮动的时候。

宋太祖当即答应了周保权的请求，下令组建湖南道行营，"借道"荆南，前往湖南"平叛"。当然，为了更好地坐收渔人之利，宋太祖又派出了使者，前去与张文表联络。

湖南自被南唐灭亡之后，军力一直十分脆弱，此番又陷入了自相残杀，更是雪上加霜。荆南的情况要好一些，但总兵力也不到三万，而且都是没打过什么仗的乌合之众。但这毕竟是统一的第一仗，为了打响第一炮，力争开门红，宋太祖决定牛刀杀鸡。

建隆三年（962）十一月，宋太祖连续在开封城西郊举行了两次盛大的阅兵，选拔出了数千禁军精锐，由卢怀忠、张继勋和康延泽等几位悍将率领，南下襄阳（今湖北襄阳），担当湖南道行营的中坚力量。同时，宋太祖又派遣使者调集了十个州的地方部队，也集结在襄阳，待命出击。

乾德元年（963）正月初七，宋太祖正式任命自己的老大哥山南东道节度使、兼侍中慕容延钊，出任湖南道行营都部署,担任南征宋军主帅。此时的慕容延钊已经是疾病在身,连马都没法骑了,但为了借重他的威名,宋太祖还是下令慕容延钊坐在轿子里指挥大军。

枢密副使李处耘则出任都监。都监,是宋太祖吸取"陈桥兵变"的教训,专门在出征大军中设置的重要职务,实际上就是监军。李处耘出身宋太祖当节度使时的军事秘书,是"陈桥兵变"的重要参与者之一,自然是宋太祖最为亲信的心腹人物,此时刚刚就任枢密副使,是赵普的副手。用他来当都监,说明宋太祖对南征的高度重视。

二月初九,宋朝大军抵达荆南管辖下的荆门,此时的高继冲,既不敢用兵抵抗,又不甘心主动归顺,正是举棋不定、左右为难的时候。慕容延钊和李处耘当机立断,由主帅慕容延钊出面,亲自宴请高继冲的使者,继续用"借道"稳住高继冲。李处耘率数千铁骑,星夜兼程一百五十余里,从荆门长途奔袭江陵。

高继冲原本就心存幻想,接到使者"平安无事"的报告后,已然解除了警戒,偌大的江陵城毫无防备。宋军神兵天降,高继冲慌忙失措,只好出城相迎。李处耘挥军入城,迅速接管了城防的各个要点,慕容延钊随后统大军来到。高继冲束手无策,只能是主动交出了节度使的令牌、大印,俯首听命。宋军不战而得三个州、十七个县的土地,南征旗开得胜。

宋太祖得到捷报,仍然任命高继冲当荆南的节度使,但同时派出自己的幕府心腹王仁赡前去当荆南都巡检使，掌握了荆南的实际大权。这年十二月，宋太祖又下令，把高继冲远远地调任为徐州的武宁军节度使，高氏在荆南的势力就被彻底铲除了。

荆南是湖南的屏障，宋军夺取了江陵，湖南就门户大开了。出人意料的是，周保权的部下还真是很争气，竟然赶在宋军到来之前，就消灭了张文表，夺回了潭州。张文表死了，自然没有必要继续请宋师入境了。但是，请神容易送神难，宋太祖哪里肯罢手，他即刻下达了最后通牒："朝廷大军南下，本是应你们自己的请求。如今叛军已灭，这都是大宋对你们的恩德。为何竟敢抗拒大军，使生灵涂炭，黎民遭殃！"

湖南军队的实力早已在内战当中消耗殆尽，哪里是兵强马壮的宋军的对手。但湖南人自古就有一种特别倔强的脾气，有一股特别的"狠"劲，刚烈忠勇之士辈出，宋太祖的最后通牒如此盛气凌人，偏偏就有人敢于不服，要跟宋军斗上一番。

张从富、汪端等周保权身边的武将，就耻于不战而降，积极请战。周保权在他们的"挟持"之下，做出了迎战的决定。当然，"挟持"只是个借口，张从富、汪端等人都是周氏的大忠臣，他们以"挟持"为名，打胜了固然好，即使打败了，周保权也还有归顺大宋的退路。

宋军攻势凌厉，三月就连续攻占岳州（今湖南岳阳）、

澧州（今湖南澧县）等湖南要地，兵临朗州城下。为了早日
破城，李处耘竟然下令士兵们公开吃掉了好几十名俘虏！
"北方佬都是吃人的恶魔"，"北方佬要吃人肉，喝人血"，如
此可怕的消息一传开，朗州的军民极度恐慌，一哄而散。宋
军乘势进城，周保权也当了俘虏。周保权随后被送到了开
封，向宋太祖"请罪"，好在宋太祖并没有为难他，封了他
一个"右千牛卫上将军"的头衔，还赏赐给了一大笔钱和一
套大宅子。

　　李处耘这手，真是十分老辣，但过于残暴，也违背了起
码的人性和道德底线。战事结束后，李处耘战功最高，但却
不但没有升官，反而因为与慕容延钊的矛盾被贬职，算是恶
有恶报了。

　　周保权被俘之后，汪端仍然坚持抵抗，还曾一度反攻朗
州，但他终究不是沙场老将慕容延钊的对手，到九月，还是
被慕容延钊全部剿灭了。至此，湖南全境平定，宋朝又得到
十四个州、一个监，六十六个县。

灭后蜀：更无一个是男儿

　　乾德二年（964）十一月，大宋"侦破"了一起间谍大
案，杨遇、赵彦韬和杨蠲三位来自四川后蜀的高级特务"落
网"。其实，"侦破"、"落网"只是障眼法的幌子，他们三人
是奉后蜀枢密院长官王昭远的命令，前来开封刺探军情，并
携带着蜡丸书，伺机前往太原，联络北汉夹攻宋朝。

蜡丸书是当时进行间谍机密活动时专用的一种书信，信通常用帛书写，外面包裹着蜡，紧急时可以藏在间谍的身体里面，不容易被发现。

赵彦韬等人奉命来到开封之后，赵彦韬亲眼看到了大宋的兴旺发达，感到后蜀没有什么前途，干脆就主动归顺了大宋。宋朝顺藤摸瓜，这才抓到了孙遇和杨蠲两个人。孙遇和杨蠲被捕之后，也立即改换门庭，做了大宋的官。为了掩人耳目，保护他们在四川家属的安全，宋朝才对外宣称他们三人都是被边境抓获的。

赵彦韬把后蜀写给北汉的蜡丸密信，作为"见面礼"献给了宋太祖。信的大意是：后蜀愿意和北汉南北联合夹击宋朝，军队已经准备就绪，只要北汉渡河南下，蜀军就可以北上夺取关中，致宋朝于死地。宋太祖看过这封密信后，笑着说："我早就准备征讨四川，有了这封信，我师出有名了。"

宋太祖说的是大实话。自从雪夜访赵普，定下"先南后北"的统一方略之后，四川就成为宋太祖用兵的第一个战略重点。讨伐荆、湖，一个重要的目标也是为伐蜀扫清外围，孤立后蜀，并取得江陵这个重要的水路前进基地。

乾德元年（963）四月，当湖南战事大局已定的时候，宋太祖就把张晖调任为凤州团练使。凤州（今陕西凤县），有"川陕咽喉"之称，是从陕西入四川的战略要地。嘉陵江的上游，就流经凤州境内。张晖很早就向宋太祖建议伐蜀，他到任之后，积极地准备粮草物资，开修道路，为伐蜀建立了陆路的出发基地。

不过,和荆南、湖南相比,后蜀领有四十六个州,疆域大致与三国时的蜀汉相当,人口有五十三万余户,兵力达十四万余众,是当时南方数一数二的大国。最为关键的,正如李白《蜀道难》诗所感慨的:"蜀道之难,难于上青天。"四川地势险要,易守难攻。北面的秦岭、大巴山山脉连绵不断,东面的巫山、武陵山山脉山势险峻,把四川隔成了一个相对独立的地理单元"四川盆地"。

从北面入川,当时只能经过山间崎岖的栈道,"剑门天下险"的剑阁(今四川剑阁)扼其咽喉,这里群山东西横亘百余里,七十二峰绵延起伏,形如利剑,直插云天。三国时蜀国的丞相诸葛亮,在这里修建了著名的剑门关,作为四川北面的门户。剑门关,依山而建,山高谷深,素有"天下第一雄关"之称。李白《蜀道难》诗称赞剑门关是"一夫当关,万夫莫开"的险关要隘。

从东面入川,当时只能走三峡的水路,水深流急的夔门(今四川奉节),是必经之路。夔门,又称"瞿塘关",是四川东面的门户,历来有"夔门天下雄"之称,杜甫的《夔州歌十绝句》诗就说:"白帝高为三峡镇,瞿塘险过百牢关。"赞叹夔门的险要,要超过著名的虎牢关(今河南荥阳汜水镇)上百倍。

剑门和夔门两大门户,后蜀当然都驻有重兵,派大将把守。在东路的夔门,后蜀置宁江军节度使,还修建了"锁江"的军事工事。锁江，是平时在长江的两岸立上铁柱，战时拴上铁索，铁索上再架设军事工事，专门用于封锁长江，对付从东面而来的敌军水师。

后蜀当时的皇帝，名叫孟昶，他当皇帝已经有三十二年了，是当时各政权中资格最老的统治者。此人治国经验丰富，为人忠厚，很得四川民众的拥戴，有"天下之贤主"的美名。四川本来就号称"天府之国"，在他的统治之下，后蜀经济繁荣，一斗米只卖到三个铜钱。官府也府库充实，金银财宝堆积如山。特别是都城成都，花团锦簇，百业兴旺，市民生活富足。丝织业更名闻天下，每逢节日，满城的芙蓉花都要披上绚丽多姿的五彩锦绣。

正因为如此，宋太祖虽然早就把四川作为重点进攻的目标，但对四川的力量不敢小看，一直是引而不发，积极筹备，寻找最佳的出兵时机。此时，荆、湖已经平定，抓到了后蜀要与北汉联合攻击大宋的证据，又有了出师的堂堂借口。孙遇、赵彦韬和杨蠲三人，都是四川当地人，孙遇还是后蜀枢密院的官员，他们不仅把后蜀的山川地理、府库钱粮、军队布防的情况，都画成了地图，向宋太祖做了详细的汇报，还答应做大军的向导。宋太祖此番伐蜀，时机终于成熟了。

乾德二年（964）十一月初二，宋太祖正式下诏伐蜀，组建了西川行营，由忠武军节度使王全斌出任西川行营都部署，担当伐蜀的主帅。

宋太祖为什么要以王全斌为主帅呢？

王全斌历经从后唐到大宋五个王朝，是一个很资深的将领，打过不少胜仗，本人的军事才干毋庸置疑。但更为重要的因素，应该是他与后唐庄宗李存勖的特殊渊源。王全斌早年出身李存勖的亲兵卫士。洛阳兵变的时候，李存勖已经是山穷水尽了，但王全斌是最后仍然效忠于他的十几名勇士之一。直到李存勖中箭身亡，王全斌还把皇帝的遗体抱到了大殿上，一番恸哭之后才最终拜别。王全斌从此就以对李存勖的忠肝义胆而名闻军中。

后蜀政权是从后唐派生出来的，孟昶的父亲、后蜀的开国皇帝孟知祥，就是李克用的侄女婿，后唐的节度使。孟昶的生母李氏，曾是李存勖的嫔妃，是李存勖赐给孟知祥的。后蜀的将相大臣，绝大多数也都有着后唐的背景，大多是北方人。宋太祖用以效忠李存勖而著称的王全斌为伐蜀主帅，对争取他们的支持，无疑是有利的。

西川行营共统步、骑六万大军，兵分两路。北路从凤州出发，称"西川行营凤州路"，沿嘉陵江南下，直指成都。王全斌兼任都部署，武信节度使、侍卫步军都指挥使崔彦进担任副都部署，枢密副使王仁赡为都监，统禁军步骑二万，各地节度使部队一万。东路从荆南的归州（今湖北秭归）出发，称"西川行营归州路"，经长江三峡水路指向夔门，然后西进成都。宁江军节度使、侍卫马军都指挥使刘光义出任归州路都部署，并兼整个西川行营的副都部署，枢密承旨曹彬出任都监，统禁军和地方部队各一万。两路大军分进合击，目标是在成都城下会师。

十一月初三，宋太祖在皇宫宴请王全斌等将帅，给他们壮行。宴席当中，宋太祖命人把孙遇等所绘四川地图授予王全斌，并大声地问众将官："各位卿家对拿下西川有没有信心？"凤州路的马军都指挥使史延德是宋太祖的爱将，他抢先出班答道："西川除非是在天上，人不能到，只要它在地下，我们大军一到，必定能手到擒来。"宋太祖听到如此豪言壮语，十分高兴，当即对王全斌下令："朕只要西川的土地。凡是攻下的城池，府库中所有的金银财宝，都要一律当场赏给立功的将士。"

南征将士们早就对四川的富庶垂涎三尺，皇帝如此口谕传来，全军上下更是人人奋勇，士气百倍，满怀着发财的贪欲，向着四川杀奔而来。后来的事实表明，宋太祖此令纯属画蛇添足，而且后患无穷，直接导致了南征大军军纪败坏，所过之处，烧杀抢掠，后蜀政权是被轻易打垮了，但却激起了四川当地民众的激烈反抗，是得不偿失的。

十一月三十日，后蜀皇帝孟昶听到宋军大举来犯的消息之后，针锋相对地组建了北面行营，以枢密院的长官王昭远为北面行营都统，出任抵御宋军的主帅。

王昭远出身贫寒，早年当过小和尚，后来机缘巧合，被孟知祥收留在身边，自幼给孟昶当跟班，侍候孟昶读书。孟昶即位之后，王昭远最得宠信，被破格晋升为枢密院的长官。王昭远好读兵书,特别崇拜三国时蜀国的名相诸葛亮,专门命人打造了一把铁如意,拿在手里用来指挥军队,倒颇有几分"羽扇纶巾"的潇洒。从成都出发的时候,他对前来送行的宰相李昊说:"我此行不止是要打败敌人的进攻,还要带着这两三万健儿们大举北上,取中原易如反掌。"

其实,王昭远从来没打过仗,根本没有带兵的经验和威信,是一个不折不扣的赵括式的人物。孟昶的母亲李氏跟随过李存勖,是一个很有见识的人物,她劝孟昶说:"王昭远狂妄自大,又没有战功,哪能统兵?还是用老将高彦俦为好。"但孟昶并没有听从母亲的意见。

十二月十九日,北面的战事首先打响。宋军攻势凶猛,先锋大将史延德能征惯战,又在皇帝的面前夸下了海口,更是格外地勇猛,率领麾下骑兵左右冲杀,蜀兵多是步兵,抵挡不住铁骑的冲击,纷纷败下阵来。兴州(今陕西略阳)、西县(今陕西勉县)、三泉(今陕西宁强)等要地都被宋军拿下。宋军长驱直入,与王昭远的蜀军主力遭遇。

按照双方的实力对比,蜀军本应以逸待劳,固守要隘,消耗宋军的锐气,然后伺机反扑。但蜀军主帅王昭远虽然以诸葛亮自许,却是有勇无谋,见宋军攻城略地,就沉不住气了,下令硬碰硬地正面迎击宋军。要知道,宋军都是久经大战的百战猛士,养尊处优的蜀军哪里抵挡得了?三次较量下来,蜀军三战三败,又丢掉了军事重镇利州(今四川广元),王昭远只好龟缩进剑门关,闭门不出,连连派人向成都的孟昶告急。

剑门关无疑是一块硬骨头，宋军正面进攻很难奏效。正在此时，恰巧一名军官从当地人口中探听到了一条名叫"来苏"的小路。这条小路人迹罕至，能够绕到剑门关的后面。王全斌立即命令史延德率精锐铁骑沿着这条小路直插关后，夹击剑门关。他自己则亲统大军正面强攻。守关的蜀军连吃败仗，早就成了惊弓之鸟，一见宋军竟然从背后杀出，当即土崩瓦解，宋军轻取天险剑门关。

剑门关告急的时候，全川震动，孟昶就派太子孟玄喆为元帅，统精兵万余前往增援。但这位太子爷是个公子哥，只知道享乐，哪里会用兵打仗！出师征战，竟然带着姬妾数十人同行。还没等他抵达前线，剑门关就被宋军攻破了。孟玄喆丢下大军不管，狼狈逃回成都。

北面战场激战正酣，东面战场也同时展开。刘光义、曹彬统领的东路宋军，先是由三峡水路西进，一路上扫荡了后蜀部署在三峡上的水军，然后按宋太祖事先的安排，从陆路打破了"锁江"工事，直逼夔门。后蜀夔门守将、宁江军节度使高彦俦是员沙场老将，战场经验较为丰富，他认为宋军远道而来，利在速战，蜀军只要坚决固守，就能挫败宋军的攻势。这无疑是个正确的思路，但夔门的监军武守谦有勇无谋，力主开城出战，他大权在握，根本不听高彦俦的指挥。十二月二十六日，武守谦竟单独率本部迎击宋军，宋军当然求之不得，不仅大败武守谦，还乘势尾随攻入了夔门城，高彦俦拼死抵抗，最后自焚而死。

夔门和剑门两大战略门户同时失守，决定了后蜀灭亡的命运。孟昶无力也无意再打下去了。

乾德三年（965）正月初七，孟昶派人带着降表前去和宋军联络。正月十九日，王全斌大军抵达成都，孟昶出城迎降，宋军不战而得成都，后蜀灭亡。十几天后，东路宋军也进入成都，两路大军胜利会师。

这可真是空前的胜利！大宋共得四十六个州、二百四十个县的土地。后蜀国库中堆积如山的金银财宝、丝绸绢帛，都成了宋军的战利品。从二月开始，宋军拆毁后蜀的宫殿，打造了两百多条船，专门用来把后蜀国库中的金银铜钱，经三峡水路运往江陵，然后由江陵运往开封。丝绸绢帛则由陆路运往开封。送金银的船只，前后绵延了上百里；运丝绸绢帛的，一连运了好几年才运完。

如此大的胜利，来得却极其容易。从王全斌离开开封，到取得成都，只用了短短的六十六天时间。这可是事先任何人都没有想到的。

二月十九日，孟昶和孟氏家族离开了成都。五月，孟昶抵达开封，宋太祖举行了盛大的受降仪式。六月初五，宋太祖封孟昶为开府仪同三司、检校太师、兼中书令、秦国公，这可是一个品级很高的官，太子孟玄喆为泰宁军节度使。后蜀的将相大臣，也一律封官任用，连王昭远也得到了个官做。但封官仅仅六天之后，孟昶就去世了。几天之后，孟昶的母亲李氏也绝食身亡。

孟昶的死，按照《铁围山丛谈》等多种野史笔记的说法，与宋太祖霸占了他的爱妃花蕊夫人有关。花蕊夫人是一位才貌双全的绝色女子。孟氏进京之后，宋太祖见到花蕊夫人的美貌，就强行逼其入宫。孟昶敢怒不敢言，于是郁悒而终。花蕊夫人入宫之后，很得宋太祖的宠爱，但她一直思念孟昶，曾试图毒死宋太祖为孟昶报仇。宋太祖的弟弟赵光义，在一次宴会的时候，就一箭射死了花蕊夫人。

> 君王城上竖降旗，妾在深宫那得知。
> 十四万人齐解甲，更无一个是男儿。

这首流传很广的后蜀《国亡》诗，据说就出自花蕊夫人的手笔。

野史笔记的说法，自然无法全信，但也绝不会是空穴来风。毕竟《铁围山丛谈》的作者蔡絛是宰相蔡京的儿子，时常出入皇宫，知道很多皇家的掌故。不管怎么说，孟昶的死，宋太祖都是脱不了干系的。霸占花蕊夫人，更不是什么光彩的事情。

"玉颜自古关兴废"，英雄难过美人关。宋太祖霸占了花蕊夫人，上行则下效，本来就在成都胡作非为的宋军官兵，更加公开地奸淫掳掠，无恶不作，终于激起了四川民众的群起反抗。宋军用了两年多的时间，才勉强把各地的暴动镇压了下去。这是一场极其血腥的恶战，宋军也折损了多名大将和兵员，付出了比灭后蜀多得多的代价。

乾德五年（967）正月，宋太祖为了安抚四川的民心，不得不整饬军纪，由宰相府出面逮捕了王全斌、崔彦进和王仁赡等人，追究他们的责任。经过对质，宰相赵普等发现王全斌等三人除了纵容部下杀人放火、滥杀降兵之外，还抢夺、勒索和私吞金钱共计644800余贯，这在当时，是一个天文数字。按照法律，王全斌等都应该被判处极刑。但宋太祖还是特赦了他们，只是把三人都贬了官。

宋太祖处分了王全斌等人，又在四川颁布了一些收买人心的优惠政策，如把成都的食盐价格由一百六十文降为一百文等。尽管如此，四川民众的赋税负担较后蜀时相比，仍有了较大幅度的增加。成都等地的织工巧匠也被集中征调到开封，组建了宋朝的绫锦院，为宫廷织造高档的丝织品。宋朝后来还在成都设立了博易务，由官府垄断丝织业、茶业等当地的经济命脉。从整体上看，宋朝对四川还是推行掠夺性的经济政策，这也是"先南后北"的既定方针。正因为如此，宋初四川地区的反宋起事，一直连绵不绝。宋太宗淳化四年（993）时，还爆发了声势浩大的王小波、李顺反宋起事。

收南汉：南国烽烟

宋军接连消灭了荆、湖和后蜀三个政权之后，按照"先南后北"的既定方针，下一个用兵目标就是南汉。乾德二年

（964）八月，宋太祖就下令攻取南汉控制下的郴州（今湖南郴州）。战斗中，南汉守将阵亡，守军也大部被歼。

郴州是湖南通往两广的咽喉要地，从郴州再往南，就是五岭山脉中的骑田岭。越过骑田岭，就是广东的门户韶州（今广东韶关）。

宋军此次攻击郴州，既是为了取得讨伐南汉的前进基地，也带有试探的意图。试探的结果，证明南汉军力有限，军队的战斗力甚至还在湖南军队之下，根本不是宋军的对手。战斗结束之后，宋太祖亲自讯问了南汉的俘虏，以了解南汉的风土人情和政治状况，还调悍将"张杀头"张继勋出任郴州刺史，积极筹划对南汉用兵。

宋军大兵压境，南汉一片恐慌。然而，就在攻伐南汉已箭在弦上的时候，接连发生了好几件出乎宋太祖意料之外的变故，先是西征的宋军主力在四川陷入了民众暴动的泥潭之中，用了两年的时间，直到乾德五年（967）才勉强脱身；紧接着，开宝二年（969），宋太祖认为北汉有机可乘，转而亲征北汉。为了避免多线作战的不利态势，宋太祖不得不暂停向南汉进军。这一停，就是近六年的时间，南汉非常幸运地躲过了一劫。

躲了初一，但是躲不了十五。开宝三年（970）九月，北汉方向的战局已经稳定了下来，宋太祖下令抽调各地方的部队，组建了贺州（今广西贺州）道行营，正式开始讨伐南汉。

南汉，后梁贞明三年（917）建国，领有六十个州，辖区主要包括今天广东和广西，统治中心在广州，时称"兴王府"。广州自秦、汉以来就是岭南的中心，秦汉之际的时候，赵佗就在这里建立了著名的南越国。到了唐代，随着海上丝绸之路的开辟和繁荣，广州作为海上丝绸之路的中心枢纽，更是有了长足的发展，唐朝在广州设立了市舶司，专门负责海外贸易相关事务，来自东南亚、阿拉伯等海外的香料、药材等，都畅销全国。

南汉的统治者刘氏，就是从经营海外贸易的大商人起家，有一种说法，认为刘氏其实并不姓刘，他们是来华的阿拉伯商人的后裔，先是居住在福建，后来才移居广州经商。他们建立起政权之后，一直都同阿拉伯和波斯等地保持着密切的联系。

不管刘氏是不是真的出自阿拉伯商人，南汉开国之后，确实把招徕海内外商人前来经商，始终视为立国根本，推行了许多保护和促进海外贸易和商业发展的政策。商人的社会地位在南汉也是最高的，南汉的皇帝时常在皇宫之中宴请南北商人。依靠海外贸易，依靠向中原地区销售珍珠、香料、药材等奢侈品带来的丰厚利润，依靠商税的收入，南汉成为十分富庶的一个政权。

南汉当时的皇帝，名叫刘鋹，年号"大宝"。此人相貌堂堂，言语诙谐，是一个绝顶聪明的人物，他到了开封城之后，曾亲手用珍珠编制了一件龙形马鞍子，作为礼品献给了宋太祖，大宋宫廷的巧匠见了都自愧不如。宋太祖对身边的人说："刘鋹若是把这聪明用在治理国家上，哪会被我消灭呢？"

刘鋹真正被人所非议的，是他只重用宦官，治国理政用宦官，统兵打仗竟然也用宦官，甚至于官员士大夫要想提拔，也要先行阉割。刘鋹为何要这么做呢？史书上解释是他认为宦官没有子女，就会全心全意为朝廷和皇帝效力，比官员士大夫们可靠得多。这种解释，当然比较合理。其实，刘鋹此举，很难从正常的逻辑去理解，恐怕还是一种恶作剧式的、变态的思维。可笑又可怜的是，刘鋹如此苛刻的交换条件，偏偏许许多多的人趋之若鹜，南汉国的总人口不过百万，当宦官的竟然有七千人之众！这说明，不管怎么说，刘鋹都是抓住了人性中为追逐富贵荣华不惜飞蛾扑火的弱点。

当然，宦官中也有能干的，像邵廷琄、潘崇彻等略微有点名气的南汉战将，都是宦官，也是能打仗的。但更多的宦官，显然都是无耻的小人，内斗都是高手，治理国家和用兵打仗就一窍不通了。刘鋹真正重用的龚澄枢、李托和薛崇誉三人，就是宦官中的恶棍和庸才。邵廷琄、潘崇彻等人反而都遭到了陷害。

讨伐南汉，为什么以贺州命名行营呢？这是因为，贺州是南汉夺自湖南的一个州，以贺州为号，可以使南汉误认为宋军的目标，仅限于夺回这几个州，从而继续处于麻痹的状况。战局的发展表明，这一安排取得了很好的效果。

九月初一，潭州防御使潘美出任贺州道行营的都部署，担当伐南汉的主帅。朗州团练使尹崇珂为副部署。潘美这个人，后来因与抗辽名将杨业的死脱不开关系，一直在演义小说中被骂作与秦桧一样的大奸臣。潘美自然有他责无旁贷的问题，但与大汉奸、卖国贼秦桧相比，还是有着质的不同，不好一棍子完全打死。他为人忠厚，为官廉洁，用兵算不上多么干练，但对付南汉这样的对手，还是绰绰有余。更何况，他从乾德二年（964）到开宝三年（970），担任潭州防御使一职已经近六年了，对讨伐南汉准备得十分充分。

战事打响，宋军迅速攻占了贺州，并围点打援，歼灭了南汉的援军。宋军军威大振，顺势直指粤北重镇韶州。十二月，两军在韶州展开了激战。南汉在韶州驻扎有十余万大军，还投入了大量的战象，每头战象上搭载十几名士兵，像坦克一样直冲宋阵。宋军准备充分，集中了大批的远射弩箭向战象猛烈射击，中箭的大象疼痛难忍，掉头乱窜，反而把南汉的阵势搅得七零八落。宋军乘机发起进攻，南汉全线崩溃，韶州被宋军攻下。

韶州决战的时候，南汉名将潘崇彻手握五万大军，但屡遭陷害的他同刘鋹早已是离心离德。开宝四年（971）正月，他干脆率兵投降了大宋。韶州是广州的北大门，潘崇彻是南汉最有威望的名将。韶州失守，潘崇彻投降，注定了南汉灭亡的命运。

此时的刘鋹，竟然荒唐地以为宋军会满足于夺回原属湖南的各州，不会再向进了。哪里料到，潘美大军在韶州得手后，马不停蹄，二月初就兵临广州城郊外。

到了兵临城下的时候，刘鋹又想到了派人前去宋军大营议和，但此时议和，纯属异想天开，潘美扣留了使者，押送到了开封，只是让其他人给刘鋹捎去了宋太祖战前给他开列好的五条路，那就是："战"、"守"、"降"、"死"、"跑"，其中根本就没有个"和"字。在这五条路中，刘鋹首选的当然是个"跑"字，他也事先准备好了十几条大海船，满载了金银财富和绝色美女，没想到一个叫乐范的宦官捷足先登，抢先带人开着船跑了，刘鋹逃亡海上的退路就被切断了，只好硬着头皮守城。

广州城的守军仍有五六万之众，但都是没什么战斗力的乌合之众，统兵众将也都是废物。广州城破在即，龚澄枢等宦官认为：宋军南进，是冲着南汉皇宫和府库中的宝物来的，不如干脆把宫殿和府库付之一炬，说不定宋军就会自行退兵。刘鋹竟然采纳了这个疯狂的提议，自行点燃了皇宫和府库，一时间，无数华丽的宫殿和堆积如山的珠玉财宝，都在熊熊大火中化为了灰烬。

二月初五，潘美率大军进入广州，刘鋹投降，南汉灭亡。宋朝得到了六十个州，二百十四个县的土地。从宫殿的残垣断壁和灰烬当中，宋军还收集到了多达四十六瓮的珍珠、玳瑁等珠宝，潘美把它们都如数地上交给了宋太祖。当然，这只是原来的九牛之一毛了。

三月，宋太祖以潘美和尹崇珂共同出任广州知州。五月，刘鋹和南汉的皇族、将相大臣抵达开封，宋太祖追究他们放火烧毁宫殿和府库的责任，处死了龚澄枢等三位大宦官，刘鋹本人则被赦免，宋太祖还让他做了个右千牛卫大将军的官，封恩赦侯。六月，宋太祖又命在广州设立大宋首个市舶司，由广州知州潘美和尹崇珂出任市舶使，发展海外贸易。到开宝五年（972）年底，潘美等人又先后消灭了南汉残余势力和一些地方豪强的反抗，两广彻底平定。

取南唐：最是仓皇辞庙日

开宝四年（971），南汉灭亡之后，由于吴越早已是俯首称臣，宋朝对南唐大包围的态势已经形成，最后收网的时刻就要到了。开宝五年（972）二月，宋太祖就扣留了南唐前来进贡的使者，南唐大震。

南唐这个南方综合实力最强的大国，在周世宗的沉重打击下，不仅是丢掉了江北两淮十四个州的广大土地，更失去了继续同中原王朝作战的勇气，坐待灭亡命运的到来。南唐中主李璟原本是很有作为的一代英主，然自战败之后，却整天只是"独坐垂泪"，意志消沉。宋太祖陈桥兵变、李重进扬州起兵反宋，一系列可以利用的机会，都白白放过了，只是怯懦地迁都南都洪州（今江西南昌），以躲避宋军的压力。问题是，躲又能躲到哪里去呢？

建隆二年（961）七月，李璟病死，太子李从嘉在金陵

（今江苏南京）即位。李从嘉，就是历史上著名的南唐李后主李煜。

李后主作为五代宋初最杰出的词人，在中国古代的文化史上，是一座巍峨的丰碑，是一个不朽的传奇。但他"生于深宫之中，长于妇人之手"，作为政治家，却是不称职的庸才，更不是从江湖起家的宋太祖的对手。他即位之后，面对着从父亲手里接过来的烂摊子，毫无办法，只能是"极尽君臣之礼"，更加战战兢兢地侍奉宋朝。也许正如宋太祖所说的：李后主其实更适合做一个翰林学士。谁让他偏偏生在帝王之家，又偏偏继承了皇位呢？

宋朝出动大军攻打后蜀、北汉和南汉的时候，两淮兵力空虚，李后主手下的明白人都劝他乘机出兵，要么收复两淮失地，要么解决心腹大患的吴越，以改变两面受敌的被动局面。但李后主没有勇气和魄力这样做。待宋军灭亡南汉之后，李后主主动上表，削掉了"南唐"的国号，只称"江南"和"江南国主"。开宝五年（972），又自我贬低，中书门下改为内史府，尚书省改为司会府，御史台为司宪府等等，以此来表示对宋朝的绝对恭顺。开宝六年（973），宋朝大臣卢多逊出使江南，在临别的时候，李后主竟然幼稚地答应了卢多逊的无理要求，赠送给了他南唐十九个州的全部地图。于是南唐的山川地理、户口虚实、兵力部署等等，更尽在宋朝的掌握之中了。直至宋军开始南下，李后主还派人给宋朝送来了二十万匹绢帛、二十万斤茶叶，还有大批金银财宝，不切实际地乞求宋太祖退兵。

如此种种，李后主的目的，都是希望以此不给宋太祖动武的理由，保住自己小朝廷的宝座。然而，"以斗争求团结则团结存，以退让求团结则团结亡"，这是一个永恒的真理。南唐越是卑躬屈膝，就越是适得其反。卢多逊回到开封，立即向宋太祖建议出兵征讨南唐。至于宋太祖，灭亡南唐是他一统天下的既定目标，问题只是如何选择最有利的时机。

南唐坐镇洪州的南都留守林仁肇，是一员智勇兼备的名将，他胆识过人，擅长水战，手中握有数万精锐的水军，控制着湖口（今江西湖口）、鄱阳湖等长江中游的战略要地，是宋军南下的头号对手。为了除掉这个心腹大患，宋太祖以皇帝之尊，亲自出马，很不光彩地使用了"反间计"。他先是派人用重金贿赂林仁肇身边的侍从，偷偷摸摸地偷出来了一幅林仁肇的画像。当南唐使者前来进贡的时候，他就故意指着画像问南唐使者："这个人你认识吗？"使者回答："此人就是南都留守林仁肇。"宋太祖装模作样地说："林将军已经答应归顺朝廷，先送来画像作为信物。"又指着刚修好的一处大宅子说："这套房子，就是准备赏赐给林将军的。"南唐使者不知是计，赶忙向李后主报信，李后主也缺乏政治斗争的经验，轻信谗言，竟然自毁长城，派人毒死了林仁肇。宋太祖不费一枪一弹，就置林仁肇于死地，南唐灭亡的命运更加注定了。

为了制造出兵的借口，宋太祖接二连三地派出使者，要求李后主进京朝拜。宋太祖的如意算盘是：李后主若遵命前来，当然是立即扣押，和平渡江解决南唐；如若李后主不答应进京，那就是抗命不遵，宋太祖出动大军讨伐，武力打过长江去，就算是师出有名了。李后主答不答应，都不会改变宋军渡江南进的结局。

开宝七年（974）九月，李后主最后拒绝接受宋太祖要他进京的命令，双方的关系就此完全破裂。十月，宋太祖就组建昇州（今江苏南京）行营，正式下令讨伐南唐。

十月二十三日，宋太祖拜吴越国王钱俶为昇州东南面行营招抚制置使，率吴越国兵马进攻南唐的常州，同时派亲信客省使丁德裕率禁军步骑千人，担当吴越军的先锋，实际上是去充当监军的。

十月三十日，宋太祖任命宣徽南院使、义成军节度使曹彬为昇州西南面行营马步军战棹都部署，山南东道节度使潘美为都监，颍州团练使悍将曹翰为先锋都指挥使，统大军十万，顺江东下，直取金陵。

宋太祖为何要以曹彬来挂帅呢？

这主要是因为，当年讨伐后蜀的时候，宋军军纪败坏，奸淫掳掠，无恶不作，激起了四川民众的群起反抗。非常难得的是，曹彬担任都监的东路宋军，军纪要比北路宋军好得多，基本上做到了秋毫无犯，说明曹彬督军有方。而且，众将都在成都疯狂地抢夺金银美女，只有曹彬洁身自好，清白廉洁。此次征伐南唐，为了避免重蹈伐蜀民变的覆辙，宋太

祖于是钦定曹彬出任主帅。为了提高曹彬的威信，宋太祖在
饯行的宴会上，还当场授予曹彬一把宝剑，宣布自都监潘美
以下，凡是有不服从号令的，曹彬都有权先斩后奏。

开宝七年（974）闰十月，曹彬统领大军从江陵（今湖
北荆州）出发，水陆并进，声势浩大，沿途击破了南唐水军
的拦截，连克池州（今安徽贵池）、芜湖（安徽芜湖）等沿
江重镇，进抵采石矶（今安徽马鞍山）。

采石矶，江面平缓，是宋军预先选好的渡江突破口。原
来，南唐池州有一个落魄的秀才，名叫樊若冰，他自视不
凡，参加科举考试却铩羽而归，向乡亲们借贷也遭到了白
眼，一怒之下，就北上开封投奔了宋朝。临走之前，樊若冰
乘小船假装钓鱼，偷偷地用绳子把采石矶江段的宽窄、水
深、水流等水文状况都进行了精心的测量，然后把这些重要
的情报作为见面礼送给了宋太祖，还献策在采石用船只搭建
浮桥，大军就可以顺利地渡过长江。宋太祖如获至宝，当即
采纳了樊若冰的建议，专门命人在朗州按他的设计，打造了
上千条黄黑龙船，并准备了大量用来搭建索桥的竹绳索。到
了大军南下的时候，宋军的工兵先在石牌口（今安徽怀宁）
尝试扎好浮桥，再移到了采石矶。有了浮桥，宋朝大军如履
平地，轻易地突破了长江天险。

采石矶，见证了大宋开国平定江南的荣光，一百八十多
年后的南宋高宗绍兴三十一年（1161），南宋名臣虞允文又
在采石督师，打败了金主完颜亮的百万大军，保住了南宋半

壁江山。采石矶真是大宋朝的福地。

在水流湍急的长江上搭建浮桥，这还是历史上的第一次。起初，李后主等南唐君臣都认为宋军此举如同儿戏，根本没有当回事。待宋军源源不断地从浮桥上杀过江来，南唐才慌了手脚，多次派兵试图摧毁浮桥，但都不能得手。

樊若冰为宋军立下了头功，宋朝封他做了池州知州，后来又升任江南转运使，统揽原南唐地区的财政大权。亲不亲，家乡人。但此人衣锦还乡之后，拼命地抬高江南的赋税标准，算是为当年的怀才不遇出了一口恶气。樊若冰的乡亲更痛恨他出卖家乡，于是把他家的祖坟都给铲了个干净。

开宝八年（975）正月，宋军攻抵金陵城下，开始四面围攻金陵。金陵，自古就有"虎踞龙盘"的美誉，是一座城池坚固、易守难攻的名城。但自从被围困以来，四月，南唐常州（今江苏常州）失守；九月，南唐润州（今江苏镇江）守将又向宋朝和吴越联军投降；特别是在十月，南唐号称十万大军的水师主力，又在顺江东下，增援金陵的途中，在皖口（今安徽安庆）遭到了宋军的伏击，全军覆没。

经过这一系列沉重的打击，金陵彻底地陷入了孤立无援的绝境。在这生死存亡的时刻，李后主走投无路，只好派使团两次出使宋朝，希望能说服宋太祖收回成命，放南唐一条活路。使团的首席代表，名叫徐铉。此人是南唐最为博学和雄辩的大学者，他给《说文解字》作的注解，一直流传到了今天。

徐铉第一次晋见宋太祖,就在宋朝大殿之上,大声向宋太祖喊道:"李煜无罪,陛下师出无名!"并反复辩解说:"李煜以小事大,就像儿子侍奉父亲,从来都没有过失,陛下为何还要加兵南唐?"

宋太祖冷不丁地打断了徐铉的话,喝道:"大宋和南唐,既然是父子一家人,哪里有父子俩分两家吃饭的道理!"

这是一句大白话,但也是一句大实话,徐铉当场无言以对。

徐铉第二次晋见的时候,又和宋太祖一连辩论了四五个回合。

宋太祖最后不耐烦了,拿出了军头的蛮劲,他手按佩剑,杀气腾腾地说:"你不要再多说了!南唐哪有什么罪过呢?但天下一家,我的卧榻之侧,岂能再容他人鼾睡!"

李后主和徐铉确实都是书生,战争本来就是长枪大剑发言的领域,本来就是强者为上,胜者通吃,弱肉强食。磨嘴皮子辩论战争的是非曲直,除了自取其辱,又能有什么实际意义呢?

十一月二十七日,金陵陷落,南唐灭亡。宋朝得到了十九个州,三个军,一百零八个县。李后主倒是不失书生本色。尽管宋军蜂拥进城,他依然若无其事地在填着一首《临江仙》词:

　　櫻桃落尽春归去,蝶翻轻粉双飞。子规啼月小楼西。画帘珠箔，惆怅卷金泥。　门巷寂寥人去后，望残烟草低迷。炉香闲袅凤凰儿。空持罗带，回首恨依依。

当他被迫离开金陵的时候，李后主又挥笔写下了一首千古绝唱《破阵子》：

四十年来家国，三千里地山河。凤阁龙楼连霄汉，玉树琼枝作烟罗，几曾识干戈。　一旦归为臣虏，沈腰潘鬓消磨。最是仓皇辞庙日，教坊犹奏别离歌，垂泪对宫娥。

金陵，也是宋朝大政治家王安石归隐的地方，晚年的王安石，骑着一头小毛驴，走遍了金陵的山山水水，他感慨"虎踞龙盘"的风风雨雨，写下了一首有名的《金陵怀古》诗：

霸祖孤身取二江，子孙多以百城降。
豪华尽出成功后，逸乐安知与祸双？
东府旧基留佛刹，后庭余唱落蛆窗。
黍离麦秀从来事，且置兴亡近酒缸。

"豪华尽出成功后，逸乐安知与祸双"一句话，道尽了南唐的成败，也道尽了后来宋朝的兴亡，更道尽了历朝历代勃兴忽亡的关键所在……

开宝九年（976）正月，李后主被押送到了开封，宋太祖倒没有太为难他，让他做了个右千牛卫上将军的官，封他为违命侯。宋太宗上台后，太平兴国三年（978），就在"七夕"佳节这一天，李煜病死在开封，享年四十二岁。七月初七，也是李后主的生日。

灭北汉：打破太原城的神话

南唐灭亡，宋朝统一江南大局已定，吴越和漳泉的纳土归顺，只是个时间的问题，已经不再有用兵的必要。北汉，这个"先南后北"当中的"北"，终于彻底地暴露在宋军的火力之下。开宝九年（976）八月，宋太祖下令向北汉发起全面进攻。

宋朝统一南方各国，基本上都是摧枯拉朽，所向披靡，真正的激战并不多。唯独北汉，却始终是宋朝最为难啃的硬骨头。早在乾德二年（964）的时候，宋朝就曾出动了六万大军，同北汉争夺辽州（今山西左权），但经过两年左右的反复拉锯作战，乾德四年（966），辽州还是被北汉给夺了回去。

开宝二年（969），宋太祖御驾亲征北汉，竭尽全力地围攻太原城，付出了极其惨重的伤亡代价，甚至还不光彩地掘开了汾水和晋水来倒灌太原，最终还是未能得手，宋太祖只得悻悻退兵。退兵的时候，宋军的后卫遭到了北汉的追击，辎重损失很大，北汉缴获的粮食有三十万石之多，还有数万斤的茶叶和大量绢绸。

出现这种情况，其实也并不奇怪。

北汉脱胎于唐、五代的河东镇，这一地区，早在秦、汉的时候，就有"山西出将"的说法。到了唐代，河东镇更是被公认为"最为天下雄镇"，历来民风剽悍，精兵猛将辈出，军队的战斗力自然非同小可，绝非南方各国所能比。再者，当地盛产铁矿和矾矿，铁是锻造兵器最主要的原材料，矾则可以用来揉削牛羊皮等皮革，进而制成军用铠甲。这些宝贵的资源，就保证了北汉军队的装备十分精良。

北汉的都城太原，东屏太行山，西障吕梁山，北依系舟山（小五台山），三面环山，更横跨汾水，紧邻晋水，是一座依山傍水、规模宏伟、城池坚固的名城。从隋唐到五代，太原一直有"龙城"的美名，大唐王朝就兴起在这里，后唐的李克用和李存勖父子，后晋的石敬瑭，后汉的刘知远，也都是从太原起家成就了帝业。

在整个五代时期，太原城从来没有被攻破过，这个神话般的成就，就使得北汉军民对固守太原城有着强烈的心理优势。另外，北汉以称侄、称儿和接受册封等屈辱的条件，同契丹辽国订立了军事同盟，每当太原城遭到威胁，契丹就会出动大军前来救援，使攻城的敌军腹背受敌。周世宗和宋太祖数次围攻太原都铩羽而归，这是最重要的原因。

不过，北汉毕竟是一个小国，当时领土仅限于以太原为中心的十个州,人口只有三万余户,是割据政权中人口最少的一个,兵力不过三万余,已经达到了平均每户养一兵的极限。北汉财政十分艰难,宰相的俸禄不到百贯,节度使只有三十贯,也就是宋朝州县官的待遇水平。经过与后周、宋朝长达二十几年战争的摧残,北汉疲于招架,国力消耗殆尽,已经到了油尽灯枯的时候,再也支持不下去了。

开宝九年(976)八月十三日,宋太祖下令组建河东道行营,以骁将、侍卫马军都指挥使党进为都部署,潘美为都监,率禁军主力直取太原。二十二日,又出动了邻近的地方部队,兵分五路,同时攻击北汉的各个州县。然而,正当各路宋军顺利推进、节节胜利的时候,宋太祖于当年十月逝世于开封,前线宋军不得不全线撤退,岌岌可危的北汉又幸运地渡过了一次难关。

宋太宗即位之后,更加积极地准备对北汉的战事,太平兴国三年(978)四月底五月初,他软硬兼施,用软禁和扣留的办法,迫使福建漳泉的陈洪进和吴越的钱俶,先后"主动"地交出了土地,宋朝不战而得漳泉二个州,十四个县;吴越十四个州,八十六个县。至此,南方全部平定,宋朝完全没有了后顾之忧。

太平兴国四年(979)正月,宋太宗在枢密使曹彬的支持下,调发整个北方的物力,出动了全部禁军主力十余万,对北汉发起了最后一击。潘美出任北路都招讨制置使,担当围攻太原城的前敌总指挥;名将郭进则率精锐屯驻石岭关

（今山西阳曲），挡住了契丹援兵的来路，并在当年三月大破契丹援军。

四月，宋太宗本人御驾亲征，亲临第一线督战。宋军兵力五六倍于北汉，双方在太原城下激战了四个月，北汉内外交困，终于抵挡不住了。五月初五，北汉主刘继元投降，北汉灭亡，宋朝共得十个州、一个军，四十一个县。

战斗结束后，不知道是因为太原这座名城给宋军留下了太多痛苦的记忆，为了泄愤，还是担心有人再利用太原城对抗中央，宋太宗把太原的行政班子移到了榆次县，然后下令火烧太原城，很多百姓来不及搬迁，都丧生于火海当中。

这一举动，无疑是极其野蛮，又十分愚蠢，南宋的陆游曾经评论说：如若不是宋太宗焚毁了隋唐五代的太原城，金兵南下的时候，宋朝军民依托这座坚城，取得的战果肯定要大得多，说不定就有挽救宋朝危亡的可能。损人不利己，就是对宋太宗此举的最好评价。

北汉的灭亡，标志着自唐玄宗天宝十四载（755）"安史之乱"以来，长达二百三十年之久的地方割据分裂的局面终于结束了，统一、和平的阳光再一次普照华夏大地。为了这一目标的实现，宋朝从乾德元年（963）开始，共用了十七年上下的时间。

第六章
经略幽燕：从小三国到大三国

> 大江东去，浪淘尽，千古风流人物。故垒西边，人道是：三国周郎赤壁。乱石穿空，惊涛拍岸，卷起千堆雪。江山如画，一时多少豪杰。遥想公瑾当年，小乔初嫁了，雄姿英发。羽扇纶巾，谈笑间，樯橹灰飞烟灭。故国神游，多情应笑我，早生华发。人生如梦，一樽还酹江月。
>
> —— 苏轼《念奴娇·赤壁怀古》

在这首千古绝唱当中，苏东坡神游"三国"，咏叹了三国周瑜谈笑之间大破曹操的名将风采。不止是苏东坡，宋代具有"三国"情节的文人士大夫，可谓比比皆是，如王安石就有意约苏东坡一起重修三国史。其实，又何止于士大夫，宋代的城乡，到处都流传着三国的故事和戏曲，城市市民和乡村百姓，每当听到刘备和诸葛亮打了胜仗，个个喜上眉梢，而当听到曹操得势之时，则个个咬牙切齿……

宋人为何有如此浓烈的"三国"情节呢？

关键就在于：宋人自身所处的历史环境就是一个"三国"的格局，宋朝开国之初的时候，宋朝是与江南的南唐和四川的后蜀形成了小"三国"的局面；宋太宗统一南北完成之后，宋朝又与北方的契丹辽国和西北的党项西夏政权，形成了大"三国"的形势。只不过，宋初的时候，宋人以"魏"自居，宋太宗以后，宋人就越来越多地以"蜀"自居了。

当然，罗贯中"三国"的说法，其实并不十分的准确，因为不论是魏，还是东吴，还是蜀汉，都只是中国境内的一个朝廷而已，他们争夺的也是中国的主导权，而不是要把中国分割成三个国家。宋、契丹和西夏也是如此，契丹、宋互称"兄弟"，契丹称"北朝"，宋称"南朝"，西夏则力争"西朝"的地位，也都是表明宋、契丹和西夏有着共同的国家认同，彼此都是一个国家内部的并列朝廷而已。

从这个意义上说，契丹在东北的积极开拓，雄踞北方草原；西夏在西北的大力发展，一统西北河西走廊；宋对大江南北的空前经营，并逐步向两广和云南深入推进，都是中国国家在这一历史时期所取得的成就。待到元、明和清的时代，中国遂实现了空前的大一统局面。这其中，有宋的贡献，也有契丹的贡献，当然也有西夏的贡献。

"既生瑜，何生亮"！东北草原，西北大漠，生机勃勃，英雄辈出。对宋朝人来说,这无疑是很痛苦的事情。不过,"沧海横流,方显出英雄本色"。棋逢对手,将遇良才,方能演绎出壮丽的历史长歌……

建交:赎买燕云

宋朝开国的时候,中原王朝与契丹辽国之间,仍然处于激烈的战争状态,宋太祖的陈桥兵变,就是以北上抗辽的名义而成功发动的。这场血腥的战争,从后晋开运元年(944)开始,已经时断时续地进行了十六年了,给双方的民众都带来了无穷的苦难。

当时的契丹辽国,刚刚遭受了周世宗北伐的沉重打击,丧失了关南十余个县的土地,对中原王朝实际上以守势为主。得知宋太祖上台的消息后,契丹辽国就主动退兵了,算是给了宋太祖一个顺水人情。建隆二年(961),宋太祖随即专门下令:不得再鼓励边民前往契丹辽国境内偷盗和抢劫契丹平民的马匹,也算是回报了契丹的善意。

建隆三年(962),随着"先南后北"优先统一南方的方针确立之后,宋太祖更是明确地把幽州城排除在统一用兵的范围之外,对契丹辽国改取"保境息民"的积极防御政策。宋太祖特地选派李汉超、马仁瑀等猛将精兵,加强了对雄州(今河北雄县)、瀛州(今河北河间)、易州(今河北易县)、定州(今河北定州)、棣州(今山东惠民)等沿边地区的防御力量。李汉超和马仁瑀,都是宋太祖的心腹爱将,陈桥兵变的参与者，宋太祖让他们长期镇守边境，授予他们"便宜行事"的特权，可以机动灵活地同契丹较量，很快就占据了上风。但是，宋太祖只允许他们对契丹的骚扰，针锋相对地进行报复，却不准主动地向契丹挑衅。

此后，宋、契丹双方小的摩擦和冲突仍然相当频繁，但却没有爆发大的战争。宋朝出兵平定南方各国，契丹辽国都没有借机发难，特别是南唐，原本与契丹辽国有同盟的关系，但宋灭南唐的时候，契丹辽国也没有进行干涉。只有当宋朝围攻北汉太原城之时，契丹辽国方出兵增援北汉。

开宝二年（969），宋太祖亲征太原，宋、契丹两军遂在石岭关（今山西阳曲）和定州（今河北定州）同时交战，但双方都是比较克制，没有转化成大战。这说明，契丹辽国方面也有同宋朝改善关系、结束战争状态的强烈愿望。

正因为双方都有实现和平的愿望，开宝七年（974），契丹、宋就由辽涿州刺史耶律琮和宋雄州知州孙全兴出面，进行了正式的议和活动。按照宋朝方面史书的记载，和议是由契丹辽国最先提出来的，而契丹辽国方面的记载，则认为是宋朝首先派使者提出和议的。不过，这种看似截然相反的记载，恰恰说明了议和是双方的共同愿望和共同需要，可谓一拍即合。

开宝七年（974）十一月，宋太祖收到了耶律琮的议和信，这封信流畅明白，不卑不亢，把战争的责任，完全归之于后晋君臣对契丹辽国的背信弃义，从而撇清了契丹、宋两家。所以宋方欣然接受，同意以这封信作为双方外交交涉的基调，并把它作为重要的外交文书，郑重其事地收到了《宋会要》当中。

开宝七年（974）年底，宋朝派出的议和使者就来到了契丹辽国，契丹辽国方面为了表示议和的诚意，还专门派人前往北汉，约束北汉不得骚扰宋朝边境，令北汉非常气愤，甚至准备对辽开战。开宝八年（975）三月二十六日，契丹由克妙骨慎思为首的十三人"讲和"使团抵达了开封，宋太祖亲自接见了使团，加以盛情款待。

由此可见，宋太祖对与契丹辽国建交十分的积极，也十分的高兴。当年七月，宋朝就派使团回访，契丹辽国也在八月再派团出使宋朝，还赠送给了宋朝五十匹战马。宋、契丹由此建立了正式的外交关系，每逢新年和皇帝的生日，彼此都要派遣使团进行外交活动。边境地区的贸易往来，双方也同时予以开放。

那么，宋、契丹双方确立了和平的外交关系之后，宋太祖还要不要收回燕云十六州呢？开宝九年（976）二月的时候，群臣给宋太祖上了一个"一统太平"的尊号，但宋太祖以"幽燕未定，何谓一统"为理由，坚决地加以拒绝了。这说明，宋太祖直到晚年还是想尽量收回燕云的。

问题是，宋朝既然同意以耶律琮的信作为双方外交交涉的基础，接受了信中把战争责任归于后晋的看法，那么，同时也就只能承认契丹依据同后晋之间的条约，拥有燕云十六州是合法又合理的，中原王朝用武力加以夺回反而是背信弃义，师出无名。这才是耶律琮这封信真正厉害的地方。

耶律琮的说法能否站住脚呢？应该说，虽然也有一面之词的地方，但大致还是符合历史事实的，天福八年（943）后晋和辽国关系破裂的时候，后晋多数文武大臣就表示反对，因为契丹对后晋"有大功，不可负"。这也是燕云十六州问题特别复杂的地方。不管怎么说，燕云十六州都是石敬瑭通过契约主动地割让给契丹的而非契丹出兵攻占。契丹在这个问题上的主动地位，是历史形成的。对此，宋朝也很难完全否认。"宁可战而失地，决不可在谈判中失地"，说的就是这个道理。

一般说来，要收回领土，不外武力夺取和外交交涉两种办法，宋太祖既不想轻易对幽州城用兵，又承认了契丹对燕云的占领有其合法性，外交交涉同样不占上风，宋太祖还有什么收回燕云的锦囊妙计吗？

宋太祖的办法，说起来十分简单。宋朝在统一南方的过程中，不仅是得到了土地，而且发了横财，特别是从后蜀、南汉、南唐、荆南和吴越手里，缴获和取得了数不清的金银财宝。宋太祖在皇宫中修建了一座名叫"封桩库"的仓库，专门用来贮藏这批堆积如山的金银财宝，还下令任何人都不得动用一丝一毫。宋太宗上台后，在第一次领着宰相和文武高官们视察这些仓库时，竟然发出了"这里的财宝堆得像山一样高，哪里能用得完呢"的感慨，可见其中存放的金银财宝的数量之大。

原来，宋太祖并不是想当守财奴，而是准备用这么一笔巨额财富，向契丹辽国赎回燕云地区的土地，还有当年被契丹掳去的民众。契丹辽国如果肯答应，宋太祖就要把得自南方各国的"像山一样高"的所有财宝，全部都送给辽国。考虑到幽州城对契丹有着特别重要的地位，也有一种说法，说宋太祖的底线，是赎回燕云西半部的八个州，也就是与契丹辽国平分燕云十六州。

这件事最早是由宋真宗、仁宗两朝的宰相王曾，在他的《王文正公笔录》一书中披露出来的，《渑水燕谈录》《石林燕语》等几部宋代笔记也有大致相同的记载，南宋大史学家李焘也把此事写进了《续资治通鉴长编》之中。可见，宋太祖有意用金银财宝赎买燕云一事的可信度是非常高的。或者说，宋太祖之所以要同契丹辽国建交，除了停止多年的战争之外，主要目标就是为了通过外交交涉，争取和平赎回燕云。

但是，正所谓"一寸山河一寸金"，宋太祖赎回燕云的思路存在着可行性吗？

由于宋、契丹建交之后不久，宋太祖就去世了，历史并没有给他真正实践自己思路的机会。倒是一百多年后，在宋徽宗宣和五年（1123），宋朝倒真是以每年一百万贯的价码，从金国手中赎回了幽州等燕云十六州中的六个州。只是当时宋末宋朝的兵力太弱，宣和七年（1125）底，金国又出兵夺回了幽州。即便如此，宋朝靠和平赎买，仍然是得到了幽州城将近三年的时间。

宋朝开国的时候，宋、契丹军力大致平衡，宋太祖开出的价码，又是一个天文数字，如果以金银财宝为交换，以外交交涉为手段，同契丹辽国达成以金钱换土地的协议，情况肯定要比宋徽宗时好得多。毕竟，契丹辽国始终以"草原本位"为基本国策，重心放在北方的草原地区，对中原地区的经略，掠夺金银财宝是其主要的目标，放弃部分土地，也不是绝对不可能的。

当然，外交交涉也要以军事手段为后盾，宋太祖曾表示：如果契丹辽国完全拒绝谈判燕云的问题，他就要用这笔财富招募勇士，集中全国的人力、物力，与契丹展开全面的较量。他还做了计算，认为契丹辽国的精兵在十余万上下，只要以每得一契丹兵首级，重赏二十匹绢绸，不过用两百万匹绢的花费，就可以慢慢地把契丹主力全部消灭掉。宋太祖的这一想法，立足于先礼后兵，又扬长避短，重点发挥宋朝综合国力的优势，而不是轻易地与契丹赌决战的输赢。应该说，是比较稳妥的。

宋太宗即位后，很快就对契丹辽国推行强硬的战争政策，用金钱赎回燕云的思路，当然就被束之高阁了。

开战：石岭关、高梁河与满城会战

宋、契丹之间虽然建立了外交关系，但北汉问题一直是双方的一个死结。宋朝视北汉为眼中钉，必欲置之死地而后快，契丹辽国则把北汉作为牵制宋朝的重要砝码，和南下中原的桥头堡，自然是不愿意轻易放弃，每当北汉形势危急，契丹辽国就要出兵增援。开宝九年（976）八月，宋太祖讨伐北汉的时候，契丹就出动了援军，如若不是宋太祖去世，宋军主动撤退，宋、契丹两军的交战不可避免。

宋太宗即位后，新官上任三把火，锐意建立超过周世宗和自己哥哥宋太祖的功业，他一方面积极扩军备战，一方面加强与契丹辽国的外交联系，特别是在太平兴国二年（977）三月，在镇州、易州、雄州、霸州和沧州都设立了契丹十分看重的榷场，开放贸易，以药材、香料、犀牛角、象牙和茶叶等物资同契丹交易，以此来麻痹契丹。

直到太平兴国四年（979）正月，宋朝大军已经向太原攻击前进，契丹辽国才如梦方醒，急忙派使者挞马长寿去劝说宋太宗退兵，宋太宗很干脆利落地对辽国使者表示：

> 河东逆命，所当问罪。若北朝不援，和约如旧，不然则战。

宋太宗这段豪言壮语，被后来的宋、契丹战争证明，不过是不知天高地厚的吹牛皮而已，所以宋朝方面的史书很少渲染此事，倒是《辽史》把宋太宗这段话，都一字不差地记录了下来，也算是立此存照，以作笑柄了。

契丹辽国方面也针锋相对，派出冀王敌烈、南院宰相耶律沙、南院大王耶律斜轸等大将，率兵前去增援北汉。

三月，契丹军进抵石岭关，与早已驻扎在此地的宋军郭进部相遇，一场激战随之展开。宋、契丹两军，隔着一条很宽的山涧对峙。耶律沙主张进行休整，等待耶律斜轸的后军抵达之后，再与宋军决战。但冀王敌烈等人求胜心切，极力主战，否决了耶律沙的意见。结果，辽军刚刚渡过一半，就遭到了郭进所部的猛烈冲击，辽军被截成了两段，大部就歼，敌烈父子、耶律沙的儿子以下五员大将都当场阵亡，兵员损失更是高达上万人，幸亏耶律斜轸的后军赶到，才避免了全军覆灭的命运。

石岭关之战，宋军夺得空前大捷，也直接决定了北汉灭亡的命运。太平兴国四年（979）五月，宋军攻克了太原。宋太宗本来就倾向于对契丹辽国采取强硬的态度，石岭关的空前大捷和太原攻坚战的胜利，又使得没有多少实战经验的宋太宗产生了错觉，既过高地估计了宋军的力量，又认为契丹的实力不过如此。于是，宋太宗决心一鼓作气，立即进攻契丹辽国，目标直指幽州城。

六月十三日，宋太宗从镇州亲率大军北上。一路之上，宋太宗身先士卒，宋军进展神速。二十日，就取岐沟关（今河北涞水），二十一日取涿州，二十二日，宋军就顺利地推进到了幽州城下，开始了四面攻城。此前，宋军在幽州城外，已经先后击败了契丹北院大王耶律奚底和南府宰相耶律沙等部辽军。耶律奚底和耶律沙都是契丹资深的大将，他们统领的部队，也都是契丹对宋作战的主力军。宋军连挫强敌，军威大振，形势一片大好。

就在契丹辽国"岌岌乎殆哉"的危急时候，契丹涌现出了三位杰出的人物，逐步扭转了战局。

一位是幽州城的守将南京留守韩德让。此人文武兼备，把一座幽州城守得如铁桶一般，不论宋军用政治手段诱降，还是竭尽全力地四面猛攻，都被韩德让一一化解。幽州城一直屹立不动，大大消耗了宋军的实力和锐气，导致宋军在全局上陷入了被动的局面。

一位是南院大王耶律斜轸。此人作战勇猛，指挥有方，而且深得契丹皇后萧燕燕的赏识，萧燕燕把自己的侄女嫁给他，让他执掌契丹辽国兵权。

一位是惕隐耶律休哥。此人"智略宏远"，料敌如神，用兵智勇双全，而且治军严整，从不滥杀无辜，是一位令对手闻风丧胆的名将。当时他只是担任一个不起眼的"惕隐"官职，惕隐，类似于中原王朝的"宗正"官，负责处理皇室的事务。在国家危急的时刻，耶律休哥不仅出谋划策，更积极请战，辽国皇帝遂破格提拔耶律休哥，让他统精兵三万，与南院大王耶律斜轸一起，率生力军增援幽州城。后来的历史表明，这是决定胜负的一大关键。

七月初六，契丹开始反攻。宋太宗轻敌冒进，不调围城的大军，而是亲率御营护驾的精锐迎战。战斗一打响，契丹军节节后退，把宋军引诱到了高粱河（今北京西直门外），这里地势平坦，易于发挥契丹骑兵的优势，当宋太宗和宋军尾追到高粱河的时候，早已从小路穿插到宋军背后的耶律休哥和耶律斜轸两军，分左右两翼杀出，配合正面的耶律沙部，三路围歼宋军。宋军陷入了重围，腹背受敌，虽然反复冲杀，也难以挽回败局，两军一直激战到了傍晚，宋军战死上万人，终于全线崩溃。

在激战当中，宋太宗被箭射中了大腿，身负重伤，只好趁着夜色，落荒逃离战场。他连幽州城下的宋军大营都不敢回，一夜向南狂奔了三百多里，逃到了涿州。到了涿州，宋太宗箭伤更重，连马都不能骑了，只能换乘一辆毛驴车，从涿州继续南逃定州。宋太祖当年是骑着毛驴投奔郭威，宋太宗此番又是坐着驴车逃命，毛驴也算是与大宋王朝很有缘分了。

宋太宗负伤逃跑，幽州城下的宋朝大军失去了统一指挥，连忙仓皇撤退，堆积如山的粮草、物资，宋太宗御营的仪仗，大批的宫娥采女，都成了契丹的战利品。宋军在退兵途中，到处遭到契丹的截杀，损失很大，多部溃散，一直撤退到了金台驿（今河北保定），才算勉强站住了脚跟。

在兵败的荒乱当中，由于宋太宗生死未卜，石守信等军中的元老重臣曾一度有意拥立宋太祖的长子赵德昭为皇帝，以安定军心，此事虽然没有完全成为事实，却为赵德昭带来了灾祸。战后不久，赵德昭就自杀身亡。

这就是历史上有名的高梁河之战。宋军从连战连捷、围攻幽州城,到最后大败于高梁河,原因是多方面的。

客观方面,一是契丹辽国是宋朝的劲敌,国运正盛,当时辽国的皇帝辽景宗耶律贤,"任人不疑,信赏必罚",是一个有作为的皇帝。韩德让、耶律斜轸、耶律休哥等人,也都是杰出的军政干才,有了他们,契丹方能反败为胜。二是幽州城易守难攻,宋军根本无法在短时间内加以攻克,导致主力部队被幽州城所吸住,无所作为。按照宋人的说法,当时攻城的重武器主要是依赖抛石机,但幽州城四周偏偏石料缺乏,只能是远远地从外地供应,当然是远水不解近渴。三是宋军在攻契丹之前,刚刚经历了三四个月围攻太原城的激战,没有经过必要的休整,又马上投入了攻打幽州这一更加艰苦的战斗,很快就陷入了"一鼓作气,再而衰,三而竭"的窘境,终于被契丹援军的奇袭打垮。

主观方面,宋太宗从石岭关大捷,攻克太原城,到兵临幽州城下,一直是顺风顺水,导致他对契丹军队的战斗力严重估计不足,犯了骄傲轻敌的致命错误。幽州城池坚固,本来就应以围困为好,不宜投入大军攻坚,而应用主力来围点打援,围歼契丹援兵。但他既要用主力攻城,又要歼灭契丹的援兵。结果,幽州久攻不下,他自己的御营则盲目出击,大败于高梁河,直接导致了全军失利。宋太宗如果能集中兵力于高梁河会战,战局很可能就是另外一个结果了。不过,战争永远是不会有"如果"的位置的。

说到底，宋太宗毕竟只是公子哥儿出身，沾哥哥宋太祖的光当上了皇帝，绝非战场上的行家里手，此前也没有真正指挥大军作战的经历，却偏偏试图在沙场上建功立业，失败是必然的。

太平兴国四年（979）九月，为了报复宋军围攻幽州，契丹辽国以燕王韩匡嗣为都统，耶律沙为监军，率耶律斜轸、耶律休哥等各部十万大军，大举南下攻宋。十月，宋、契丹两军主力在满城（今河北满城）相遇，双方又展开了一场大规模的主力会战。会战当中，契丹军主帅韩匡嗣中了宋军的诈降计，坐等宋军前来投降，结果被宋军以凌厉的冲击打得大败。由于满城多为山地，不利于辽国骑兵的行动，契丹军战死就高达一万多人，被俘三万多人，宋军缴获了战马上千匹。契丹在满城会战中的损失，比宋军在高梁河一役中的损失还要惨，基本上抵消了此前的战果。

满城一战，李继隆脱颖而出，成为宋军的后起之秀。李继隆出身贵胄，是大宋开国元勋李处耘的儿子，他的妹妹，就是宋太宗的李皇后，因此特别得到宋太宗的亲信。李继隆治军有方，用兵果敢，敢于出奇制胜，他的部队愈来愈成为宋军的王牌军，多次与耶律休哥交战都不落下风。

满城会战的胜利，说明宋军只要指挥得当，仍然完全有能力打败辽军。只是宋太宗被高梁河的失败吓破了胆，从此畏敌如虎，再也不敢亲临前线。不亲临前线也就罢了，宋太宗偏偏还要在开封城对前线加以遥控，给前线将帅颁发排兵布阵的"阵图"，在满城会战当中，前线众将抵制了宋太宗完全脱离战场实际的"阵图"的瞎指挥，才取得了空前的大捷。但是，宋太宗这种指挥模式，给宋军的命运笼罩上了越来越浓重的阴影。

惨败：岐沟关、陈家谷和君子馆战役

高梁河和满城会战的结果表明：宋朝固然难以轻易攻下幽州，契丹辽国想要颠覆宋朝，也是不可能的，双方都有能力在条件有利的内线作战中痛击对手，战争的长期化不可避免。相比而言，契丹辽国方面较早明白了这个道理，每次攻击的目标都比较有限。宋太宗却仍然对幽州抱有不切实际的幻想，总试图通过一两次军事冒险，就一举夺回燕云，致使宋军的嘴巴总是张得很大，终于招致了更大的失败。

太平兴国七年（982）九月，辽景宗去世，他的儿子耶律隆绪即位，就是历史上的辽圣宗。辽圣宗即位时只有十二岁，大权掌握在他的母亲"承天太后"萧燕燕手中。

消息传到宋朝，宋太宗幸灾乐祸，跃跃欲试，准备重演一出欺人"孤儿寡母"的拿手好戏。紧接着，宋朝边境守将又打探到了萧燕燕私通韩德让的个人隐私，宋太宗一听，更是喜出望外，认定：萧氏以皇太后之尊，却不守妇道，契丹贵族必然离心离德、四分五裂，如此千载难逢的天赐良机，又怎能放过？

事实证明，宋太宗的上述判断，纯属彻头彻尾的想当

然。

契丹是"孤儿寡母"不假，但萧燕燕上马能统军，下马能治国，杀伐决断，虎虎生风，是一位铁腕的女中豪杰，对付宋太宗绰绰有余。而且她善于用人，"闻善必从"，"赏罚信明"，任用韩德让为大丞相，总揽朝政；耶律斜轸为北院枢密使，执掌兵权；名将耶律休哥则坐镇幽州城，全权主持对宋朝的战事。有了这些贤臣猛将的辅佐，萧燕燕如虎添翼，契丹国势也如日中天，哪里有什么可乘之机。

萧燕燕与韩德让私通不假，但契丹是马上游牧民族，男女关系远比中原要开放得多，女性地位和自主权也很高，没有中原那么多"三从四德"一类陈腐的礼教束缚。萧燕燕的风流韵事，在契丹贵族上层不算什么太大不了的事，更不会因此就四分五裂。恰恰相反，韩德让作为燕云地区汉人大族的头面人物，萧燕燕与他的特殊关系，既赢得了韩德让本人死心塌地的效忠，又加强了燕云地区汉人群体对契丹政权的向心力。

宋太宗伐人之国，决策却建立在捕风捉影的凭空想象上，焉能不败？

雍熙三年（986）正月，宋太宗不顾许多大臣的反对，断然下令第二次北伐契丹。这一年，宋太宗的年号是"雍熙"，所以史书中称为"雍熙北伐"。

宋军共出动三十余万人，兵分三路，向燕云发起全线进攻。东路军大军十余万，出雄州直指幽州城，天平军节度使曹彬出任幽州道行营前军马步水陆都部署，担当主帅，河阳三城节度使崔彦进为副，侍卫马军都指挥使米信为西北道都部署，配合行动。中路军出飞狐（今河北涞源），指向蔚州（今河北蔚县），侍卫步军都指挥使田重进出任定州路部署，担当主帅。西路军出雁门关（今山西代县北），指向云州（今山西大同），忠武军节度使潘美出任云、应、朔等州都部署，担当主帅，云州观察使、名将杨业为副。

大战的序幕拉开，宋军声势浩大，一度节节胜利，潘美、杨业的西路军连克寰州（今山西朔州东）、朔州（今山西朔州）、云州和应州（今山西应县）四个州，田重进的中路军也连战连捷，夺取了飞狐、灵丘（今河北灵丘）和蔚州多个战略要地。

不过，西路军也好，中路军也好，他们歼灭的都是契丹的地方部队，虽然是略地攻城、威风凛凛，却不能给契丹以致命的打击，决定胜负的主战场，还是在东路。在这里，宋朝集中了十余万禁军的精锐。按照宋太宗的事先部署，东路军应该持重缓进，吸引住契丹幽州的主力即可，待潘美和田重进两军由西向东扫荡过来之后，三路大军再在曹彬的统一指挥下，会攻幽州城。这个设想尽管很不错，却是太一厢情愿。

要知道，契丹幽州城的主将可是耶律休哥，此人能征惯战，足智多谋，开战之后，他巧妙地示弱诱敌，步步后退，很快地就把宋军主力诱到了离雄州百里之外的涿州一带，然后派出多路小股轻骑，发挥骑兵机动的优势，着重截断了宋军粮食补给的粮道。大军未动，粮草先行，十余万大军，没有充足的粮草供应，自然不战自乱，在坚持了十多天之后，曹彬只好主动地放弃涿州，退回雄州就粮。来回之间，宋军锐气尽失。

更不可思议的是，四月初，曹彬撤兵之后，又带了五十天的粮食，第二次前去攻打涿州。这个时候，萧太后率领的契丹主力已经抵达前线，耶律休哥大大加强了正面阻击的力度，宋军一路之上经过二十多天的拉锯激战，才勉强重新夺回了涿州，但粮草补给随即消耗大半，而且天降大雨，宋军上下疲惫不堪，已经陷入了困境。

此时，宋太宗得知了萧太后率兵大举增援幽州、已经亲临前线的情报，惊慌失措，贸然下令曹彬赶紧撤退。敌前撤退，本来就是兵家大忌，曹彬又不留强有力的部队以掩护大军后撤，结果撤退变成了溃退，十余万宋军出城之后，就冒着大雨，争先恐后地向南奔逃。耶律休哥见时机已到，下令全线出击，猛追宋军不舍。

五月初三，南逃的宋军主力逃到岐沟关（今河北涞水），就被契丹大军追上了。曹彬等大将抱头鼠窜，抢先渡过了拒马河（今河北涞水东），宋军失去了指挥，更是乱作一团，战死数万人，更多的则自相践踏，淹死在水流湍急的拒马河当中，丢弃的军用物资更堆积如山。至此，宋朝东路军十余万大军，全部溃败。

作为主力的东路军溃败，中路军和西路军也只好全线撤退，雍熙北伐就彻底失败了。雍熙北伐的失败，标志着宋太宗以武力夺回燕云政策的彻底破产。

雍熙北伐，宋朝官兵作战是英勇的，也是有战斗力的，宋军的失败，主要原因有四：一是对契丹的国情不了解，误以为有机可乘，结果碰了个头破血流。二是兵分三路，图上作业的三路大军布成"品"字形，互为犄角，互为配合，几乎是完美的，实战中却是目标不明，互不通气，无法真正配合，反而被契丹各个击破。三是指挥不明，大事小情都要由开封城的宋太宗遥控，众将也人人通天，互不隶属。四是主帅不力，曹彬不是没有优点，但此人最大的问题是只唯上，不唯实，谨小慎微地明哲保身，事事听从宋太宗的摆布，完全是一个傀儡。如此为将，焉能克敌制胜？

归根到底，宋军的失败，还是由宋太宗一手造成的。从决策出兵，到排兵布阵，到大的战场指挥，宋太宗都是乾纲独断。难怪当他听到战败的消息之后，连着写了好几首自我解嘲的《自勉诗》，还气急败坏地对枢密使等高官们说："大家都盯着朕，看我以后还做不做如此的傻事。"战败之后，宋太宗也只是象征性地处分了曹彬等前线将帅，因为曹彬其实是个不折不扣的替罪羊，真正应承担责任的，毫无疑义是宋太宗本人。

雍熙北伐失败之后，宋军的中路军和西路军好歹安全地全师退回，没想到宋太宗又节外生枝，下诏命令潘美和杨业，再度出师，前去接应云州、朔州和应州等几个州的官民撤退。

这个时候，契丹在打垮了曹彬之后，已经把重点移到了山西这面，耶律斜轸已经乘胜率大兵压境，夺取了寰州，萧太后、耶律休哥等率十余万契丹主力军，也正在源源不断地赶来。宋太宗此时令宋军贸然出境，置大军于险境，无疑是极其失策的。

七月初，西路宋军被迫再度出代州之后，杨业建议避实击虚，走小路向东佯动，威胁耶律斜轸的后路，调动契丹回援之后，云州、朔州的官民就可趁机撤退。这是一个比较稳妥的方案，最起码可以保证大军的安全。谁知宋太宗派来的两位监军刘文裕和王侁却横加指责，强令杨业走大路正面挑战契丹，王侁还不怀好意地对杨业说："你不是号称'无敌'吗？如今手握数万精兵，见到敌人不打就跑，是怕死，还是有其他的企图呢？"

刘文裕和王侁都是宋太宗的心腹，王侁的父亲，就是大名鼎鼎的后周宰相、枢密使王朴，刘文裕则是宋朝的皇亲国戚。主帅潘美明哲保身，也不敢出来支持杨业的正确意见。

杨业性格刚烈，又出身北汉降将，因宋太宗的恩宠，才得以继续统领军队，对此类十分伤人的唇枪舌剑，自然很是敏感，他悲愤地说："我哪里是怕死，只是如今时机不利，白白使将士们牺牲，却不能建立功业。既然责备我杨业怕死，那我就先死在诸公前面。"

杨业在出师之际，哭泣着对潘美说："此行一定不利，我本来是太原的降将，早就应该死了，皇上不但不杀，还授予我兵权，不是我纵敌不打，而是想寻找有利的时机，为国立功，以报答皇帝的恩典。"他又指着陈家谷（今山西宁武陈家沟）说："还望各位在谷口布置好步兵和强弓硬弩，等我转战到这里，好前来接应，否则一定会全军覆没。"潘美当即下令在谷口布好阵势，准备接应杨业。

宋军盲目出动，耶律斜轸求之不得，他命令部下萧挞凛事先埋伏好伏兵，然后引兵前去迎击杨业。两军接战，耶律斜轸佯装败退，杨业久经战阵，不会看不出契丹的诡计，但他别无选择，依然奋勇向前，终于陷入了契丹的重围之中，全部溃败。

杨业率残部退至陈家谷时，发现谷口并无一人接应。原来，潘美和王侁等人闻听杨业战败，早已是抢先逃跑了。杨业见事已至此，知道大势已去，他抱定必死的决心，转身与契丹追兵展开了悲壮的厮杀，杨业的长子杨延玉和部将王贵都壮烈战死，杨业自己身负十几处重伤，仍然打死了百十号契丹兵，终因伤重被俘。杨业被俘后，绝食三天，壮烈殉国。

陈家谷战败，杨业牺牲，完完全全是人为制造的大灾难。监军刘文裕、王侁是罪魁祸首，潘美身为主帅，既不约束刘文裕、王侁干预军政，又只顾自己逃命，不安排接应杨业，同样是责无旁贷。后来在小说、民间戏曲之中，潘美就被丑化成蓄意陷害杨业的大奸臣，甚至成了勾结契丹的内奸，虽然有过分演义之处，但也算是罪有应得。

宋太宗接到杨业战死的报告后，就处分了刘文裕、王侁和潘美。潘美被连降三级，刘、王二人，一个被除名，一个被发配，这在宋代，算是极其严厉的惩罚了。不过，宋太宗错误地令宋军出师，才是导致陈家谷惨败的真正原因。正因为如此，宋太宗给予了杨业莫大的哀荣，追赠他为太尉、大同军节度使，封了他六个儿子为官，赐其家布帛千匹，粟万石。

杨业的六个儿子当中，以杨延朗最为有名。杨延朗，后改名杨延昭，他自幼跟随杨业与契丹拼杀，宋真宗时成长为独当一面的大将，镇守边关二十多年，对契丹百战百胜，契丹人尊称他为"杨六郎"，他曾经镇守的遂城（今河北徐水）有"铁遂城"的美名。杨延昭的儿子杨文广，是范仲淹麾下抵抗西夏的名将，打过许多恶仗，还曾跟随狄青平定过广西侬智高的叛乱。宋神宗时，杨文广被提升为侍卫步军都虞候、定州路的军事长官，负责主持对辽国的防务，他曾经向皇帝献过取幽、燕的计策，深得宋神宗的器重。杨业祖孙三代尽忠报国的事迹，在民间广泛流传，家喻户晓，千百年来，"杨家将"都受到后人们的敬仰。

杨业有"杨无敌"的美名，他的死，极其沉重地打击了宋军的士气，宋军战场上的局势更加恶化了。经此一战，萧挞凛在契丹军中声名鹊起，后来就接替了耶律休哥、耶律斜轸，成为契丹军中的大将。

雍熙三年（987）十二月，耶律休哥乘胜大举南下，试图扩大战果。十二月十二日，耶律休哥与宋将瀛州都部署刘廷让所部会战于君子馆（今河北河间北）。战斗打响后，刘廷让奋勇当先，不落下风，就在这个时候，突然天降鹅毛大雪，气温骤降，宋方的弓弩都无法使用，契丹乘机反击，大败宋军。强者运强，就是这个道理。

刘廷让在战前把精锐之师都交予了负责殿后的国舅爷沧州都部署李继隆指挥，约定一旦战局恶化，李继隆就前来增援。没想到李继隆一看形势不妙，径直率兵南撤，置刘廷让于不顾。刘廷让孤军奋战，终至全军覆没，刘廷让本人一连换了三次马，总算保住了性命，但数万宋军被歼灭，损失之大不亚于岐沟关惨败。

战后，宋太宗知道刘廷让已经尽力了，惨败的主要责任在国舅爷李继隆的见死不救上，就没有追究他的责任。宋太宗对李继隆也没有过于处分，因为李继隆分辩说：即便他增援刘廷让，也挽回不了败局，反而会导致更多的宋军被契丹歼灭。

大兵团作战，军纪应该从严。不管怎么说，李继隆不顾主帅安危，只求自保，都应该给予严厉的处分，宋太宗轻描淡写地草草了事，自然难以服众。但就事论事，李继隆毕竟保住了河北宋军的精锐，田重进和李继隆两部，这是宋军后来得以重振的主要本钱。而且，李继隆所说的还是有一定道理的，在当时的情况下，宋方避免与契丹决战方为上策，刘廷让集中兵力一战赌输赢，看似勇敢，实不可取。

在雍熙三年（987）一年之内，宋军连遭岐沟关、陈家谷和君子馆三大惨败，精锐主力几乎损失殆尽，朝廷上下一片风声鹤唳，河北各城池都只能龟缩自保。契丹大军纵横驰骋，所到之处，如入无人之境。耶律休哥占领了易州，还一度攻下了深州（今河北深州）、祁州（今河北安国）、德州（今山东德州）等州县，兵锋直逼河北重镇大名府（今河北大名）。他还雄心勃勃地向萧太后建议：占领河北全境，与宋朝划黄河为界。但萧太后并没有采纳他这个方案，宋朝这才有了难得的喘息之机。

宋太宗面对危局，头脑终于清醒了下来，他采取了一系列的措施：

在政治方面，宋太宗颁布了《契丹攻劫罪己诏》，公开向臣民承担了战败的责任，免除河北等遭受战争摧残地区民众们的赋税负担，对阵亡将士、死难民众都进行优厚的抚恤，重振民心和军心。他还多次派出使团出使契丹，提出和议，以争取主动。

按照儒家经典的说法，"万方有罪，在予一人"，"万方有罪，罪在朕躬"。但在君主专制时代，帝王敢于发布罪己诏，主动承认错误和承担责任，还是需要很大勇气的，也正因为如此，往往就能收到奇效。如汉武帝征和四年（前89）的《轮台诏》，就是一个十分成功的罪己诏，挽回了人心，为"昭宣中兴"做了铺垫,使西汉统治得以再延续近百年之久。

在军事方面,宋太宗彻底改取战略防御的态势,利用契丹不善于攻城的弱点,加强河北的防御,特别是重点经营定州、镇州、高阳关、大名府和澶州等几个战略据点,派出大军驻守,依托坚固的城池,不与契丹在野战中决胜。在河北东部的关南地区,则利用当地湖泊、水网密布的自然条件,大力开挖河道,兴修水田,大量种植水稻和树木,以此来遏制契丹骑兵的活动。如此一来,宋朝就在河北建立了完整的防御体系。此外,宋朝还全力扩充军力,宋太宗末年,宋军总数迅速由宋初的不到二十万人,上升为六十六万六千余人,其中禁军高达三十余万,到了宋真宗的时候,总兵力更进一步扩充到九十余万人,禁军五十余万人。

端拱元年(988)十一月,李继隆戴罪立功,奋勇拼杀,在唐河(今河北唐县)大破耶律休哥统率的契丹军,歼灭契丹一万五千余人,缴获战马上万匹。第二年,宋将尹继伦又于唐河北乘着契丹兵开饭的机会,突袭耶律休哥的大营,饶是耶律休哥机警过人,扔下碗筷就跑,还是被夺门而入的宋兵砍伤了胳膊。这两次唐河大捷,打破了耶律休哥不可战胜的神话,宋军则开始走出了雍熙北伐惨败的阴影。此两役过后,两军重新趋向大致的均势,终宋太宗一朝,契丹没有再大举南下,宋和契丹的对抗,由大规模的战争转化为长期的边境摩擦和冷战的状态。

金钱换和平：澶渊之盟

双方僵持局面的出现，对契丹是不利的，因为契丹的军事实力很强，但它的经济实力却无法与宋朝方面相提并论，长期支持战争的难度要大于宋朝。而且，契丹许多物资的供应，如茶叶、丝绸等等，都要依靠与宋朝的贸易来补给，长期的战争截断了双方的贸易往来，对契丹影响很大。至道三年（997），宋太宗去世，宋真宗即位。契丹就趁着宋朝新旧交替的机会，再次向宋朝发起了连续的进攻，试图打破僵局。

景德元年（1004）闰九月，萧太后、辽圣宗和韩德让尽起大军三十余万，全力南下攻宋。这个时候，耶律休哥、耶律斜轸等名将已经去世，契丹的主师由萧挞凛担任。

早在九月，宋朝已经得到了契丹将要大举南下的消息，在宰相寇準等人的主持下，宋真宗已经确定了御驾亲征澶州（今河南濮阳）的预案。但是，当契丹真的倾国来犯的时候，宋朝朝廷还是一片惊慌，参知政事王钦若是江南人，就劝宋真宗逃往金陵避难；另一大臣陈尧叟是四川人，就劝宋真宗逃往成都。

"沧海横流，方显出英雄本色"！在这危急的关头，宰相寇準挺身而出，当宋真宗动摇犹豫，征求他的意见时，寇準就当着王钦若、陈尧叟二人的面，大声说道："是谁向陛下出此下策的？此人罪当斩首！如今我朝天子神武、众将协合，只要陛下御驾亲征，契丹一定会望风而逃。即便契丹顽抗，我军依托河北各镇，以逸待劳，一定能打败契丹。"宋真宗总算是采纳了寇準的建议，坚持御驾亲征。

寇準对战局走势的分析是有道理的。契丹军力要占上风不假，但契丹的弱点也很明显，那就是不善于攻城。宋朝河北各重镇，都经过了多年的苦心经营，个个兵精粮足，都是契丹吃不下、啃不动的硬骨头。而宋军早已吸取了雍熙北伐的教训，尽量不给契丹在野战中捕捉并痛歼宋军主力的机会。契丹虽气势汹汹，却无从下口。

战局的发展也证明了寇準的判断。契丹大军南下之后，兵锋直指定州，但定州的十余万宋军主力坚壁不战，令契丹无可奈何。十月初六，萧太后亲自指挥围攻瀛州，契丹付出了战死三万余人、受伤六七万人的惨重代价，仍然没有能够攻破城池。十一月二十二日，契丹攻击大名府，同样是未能得手。

二十四日，契丹进抵澶州城郊，已经兵临黄河北岸。但此时的澶州，宋军名将李继隆、石保吉早已各领所部严阵以待。契丹主帅萧挞凛身先士卒，前去察看地形，结果被宋军埋伏好的床子弩击中，当晚就因伤重死于军中。

十一月二十日，宋真宗离开了开封，在宰相寇準、殿前都指挥使高琼等人的护卫下向澶州进发。

二十二日，宋真宗一行到达韦城县（今河南滑县）。在这里，又有人老调重弹，怂恿宋真宗南逃金陵，宋真宗又动摇了，问寇準："南巡如何？"寇準气愤地说："如今敌人已经兵临城下，陛下只能进尺，不能退寸！河北诸军，日夜盼望陛下的到来，此时如果陛下后退半步，必将全军瓦解，敌人乘胜追击，就是想逃到金陵，恐怕也办不到。"殿前都指挥使高琼也支持寇準，宋真宗这才勉强继续前进。

二十六日，在寇準的一再坚持之下，宋真宗终于渡过黄河，抵达了澶州北城。当皇帝的龙旗升起在澶州城头的时候，宋军上下高呼万岁，声震数十里。至此，宋军士气高涨，澶州城已经是固若金汤。契丹前进无法突破澶州，后路又有宋朝河北各镇重兵的虎视眈眈，已经陷入进退两难的困境。主帅萧挞凛的意外阵亡，更沉重地打击了契丹大军的士气。当然，宋军如若主动出击，与契丹大军展开决战，也绝对没有必胜的把握。

双方既然各有顾忌，都不敢轻举妄动，外交议和活动就更加紧锣密鼓地展开了。令人惊奇的是，契丹和宋朝之间的交涉，进展得极其神速：

十一月二十八日，萧太后、辽圣宗和韩德让在契丹大营接见了宋朝使者曹利用。

十二月初一，宋真宗也在澶州城接见了回访的契丹使者韩杞。

初四日，曹利用再赴契丹大营，双方就和约的具体内容达成了协议。

初七和十二日，宋真宗和辽圣宗分别正式签署了誓书，随后双方交换誓书文本。

初十日,契丹大军宣布解除战斗状态,随后撤军。

十五日,宋真宗启程班师回朝。就这样,刚刚还在拼死厮杀的两国大军,只用了短短十几天的时间,竟然就罢兵讲和、握手言欢了!

为什么会出现如此戏剧性的变化呢?

原来,咸平六年(1003)的时候,契丹俘虏了宋朝的殿前都虞候王继忠,此人本是宋真宗的心腹爱将,被俘之后,又得到了萧太后的特别恩宠。萧太后封他做了官,还把契丹皇室的一位女子嫁与他为妻。王继忠就利用这一机会,建议萧太后与宋朝议和。早在契丹大军南下之初,萧太后和宋真宗就以王继忠为中介,频繁地书信往来,双方已经开始了议和的初步接触。

萧太后和宋真宗都有议和的诚意,只是契丹一直坚持收回关南地区的目标,宋真宗则坚决拒绝割地,才一直难以谈妥。契丹主将萧挞凛战死之后,萧太后见战场形势不太有利,就不再坚持索要关南。于是,在王继忠的全力斡旋之下,双方略作讨价还价,很快就达成了和议。

王继忠后来在契丹一直做到了楚王、枢密使的高位,被认为是一位"忠于两朝"的传奇人物。在杨家将的传奇中,有一个"杨四郎"被辽国招为驸马的故事,"杨四郎"的原型,应当就是王继忠。

契丹和宋朝的和议,因为是在澶州城下达成的,澶州又称澶渊，所以史书上称为"澶渊之盟"。"澶渊之盟"的内容，主要有以下几项：

双方从此彻底停战，友好往来，结为平等的兄弟之国，契丹为"北朝"，宋为"南朝"。两国君主结拜为兄弟，宋真宗年长为兄，辽圣宗为弟，宋真宗尊萧太后为叔母。

双方各守疆界，以白沟河为界河，宋朝承认契丹对幽州为中心的燕云十六州大部地区的主权，契丹则放弃对周世宗所收复的关南地区十余个县的领土要求。双方各自从边境地区撤兵，不得再增修和扩建针对对方的军事设施，也不得接受彼此的叛逃人员。

双方互相协助，宋朝每年送给契丹白银十万两、绢二十万匹，称为"岁币"。双方同时在边境地区设立"榷场"，开放贸易，以互通有无。

双方君主共同起誓：和约永久有效，子子孙孙世代友好，谁若毁约，甘受国家灭亡等上天重罚。

"澶渊之盟"不仅化解了一场迫在眉睫的生死决战，更确立了契丹和宋朝这两个平等大国之间能够和平共处的模式，那就是以"金钱交换和平"。当时人形象地称之为"以金帛买和"，即宋朝提供给契丹一定数量的"岁币"，以此来换取契丹不再南下攻宋。

契丹武力强盛，但经济实力却无法与宋朝相提并论，每年有了宋朝提供的白银、绢帛这一大笔硬通货，就可以通过与中原地区的贸易往来，购入茶叶、瓷器、丝绸、药材等等必需品。这笔硬通货，可以说是契丹财政的重要生命线，有了它，契丹就可以不去攻掠宋朝；如若没有"岁币"这一条件，南下攻宋无法避免。

宋朝军力明显要逊契丹一筹，加上失去了天险、地利的屏障，对付契丹的扰边十分吃力，契丹铁骑兵临开封城下，更是像噩梦一样，始终萦绕在宋朝朝野上下的心头。和约签订之后，解除了契丹南下之忧，绝对是宋朝方面最为渴望的。至于每年付出的白银、绢帛的代价，由于宋朝的经济发展水平，在当时世界的范围内，都绝对的是首屈一指，所以中央政府财力雄厚，"岁币"的压力并不很大。

就白银和绢帛实物而言。白银一项，宋太宗的时候，宋朝中央每年从地方所得的白银就有三十七万两左右；到宋真宗时，已经达到了年八十八万余两；宋神宗时，更是上升到年一百一十四万余两。福建路一个路，每年上交中央的白银就有二十万两。可见，岁币每年的十万两白银，还不到宋朝中央年白银收入的百分之十。更何况，宋朝在对契丹的榷场贸易当中，处于绝对的出超有利地位，每年从榷场当中所回笼契丹的白银，至少就能达到岁币白银的一半，甚至是全部。

至于绢帛，宋朝政府每年的收入，更是数量惊人，宋真宗时一年就能达到一千万匹的水平，到了宋哲宗的时候，更高达二千四百四十五万匹！岁币中的二十万匹绢，对宋朝来说，确实是九牛一毛，不值一提。据说，仅越州（今浙江绍兴)一个州每年上交中央的绢帛就不下二十万匹,足以应付岁币的需要了。

"金钱换和平",听起来似乎不太光彩,但它在当时的历史条件下,却是各取所需,皆大欢喜,较大限度地照顾到了契丹和宋朝双方的利益,因而才有可能为双方所接受。

"澶渊之盟"的"金钱换和平",与宋太祖当年所设想的以金钱赎回燕云十六州比起来,明显是后退了一大步。如若宋太宗坚持宋太祖的政策,耐心地进行政治和外交运筹,而不是迫不及待地出兵攻打幽州城,对宋朝来说,结局是不是可能会更好一些呢?当然,历史永远是不会有"如果"的位置的。

正是因为有了"金钱换和平"的模式,契丹和宋朝在"澶渊之盟"之后,就实现了长达一百一十八年(1004~1122)之久的和平共处的局面,成就了中国古代史上一段难得的佳话。

南北和解之后,契丹不再南下,而是把开拓的重点转移到东北和西北,先后打败和征服了高丽、乌古、敌烈等众多的政权和部族,发展成为一个拥有五个京、六个府、一百五十六个州、二百零九个县、五十二个属部、六十个属国,疆域东到大海,西至阿尔泰山,北到克鲁伦河,南到白沟河,幅员万里的大国。契丹以中国正统自居,由于其声威远及西域和中亚,当时的欧洲就把中国称作"契丹"。

宋朝方面,则专心于内部经济、文化的建设。到了宋真宗天禧四年（1020）、五年（1021）前后，也就是大宋开国六十年的时候，与宋太宗至道三年（997）相比，人口数从4，132，576户增长到了9，716，716户，翻了一番多；开垦土地的数量，也从312，525，125亩增长到了524，758，432亩；宋朝政府的财政收入，更是由至道年间的1600余万贯，增加到了2650余万贯不止。在不到二十四年的短短时间里，宋朝的社会经济就取得了如此成就，可见宋、契丹和平实现之后，所带来的和平红利的分量。

东封西祀：挽回颜面

寇準无疑是"澶渊之盟"的头号功臣，如果不是寇準力排众议，只要宋真宗听从王钦若或陈尧叟的话，向南方逃跑，南宋的历史悲剧必将提前上演。宋真宗勉强到了澶州城之后，仍然是忐忑不安，直到见到寇準镇静自若，要么是喝酒唱曲，要么就是高枕而卧，宋真宗才终于放下心来。寇準号令严明，宋军在寇準的统一调度指挥下三军用命，这才在澶州城牢牢抵挡住了契丹铁骑。当时人都把寇準比作东晋的名相谢安，王安石后来也写了一首《澶州》诗，赞颂寇準说：

> 去都二百四十里，河流中间两城峙。
>
> 南城草草不受兵，北城楼橹如边城。
>
> 城中老人为予语，契丹此地经钞虏。

黄屋亲乘矢石间，胡马欲踏河冰渡。

天发一矢胡无酋，河冰亦破沙水流。

欢盟从此至今日，丞相莱公功第一！

"丞相莱公功第一"！这句话，寇準是当之无愧的。然而，当契丹的军事威胁解除之后不久，王钦若等人就向宋真宗中伤寇準，胡说御驾亲征是寇準把皇帝当作赌博"孤注一掷"中的"孤注"，意思是说寇準对皇帝不忠，不管皇帝的死活，还说"澶渊之盟"是不光彩的城下之盟，不足为功。

宋真宗听王钦若一说，就在景德三年（1006）二月，很不公平地解除了寇準的宰相职务，外放地方官。其实，宋真宗本来就担心寇準功高震主，他之所以一直用王钦若，就是为了牵制寇準，这就叫作"异论相搅"。"异论相搅"，后来就成为宋朝历代皇帝遵循的"祖宗家法"之一。

寇準罢相后，宋真宗就在王钦若、丁谓等人的鼓动下，发起了一场装神弄鬼、尊崇道教、粉饰太平的"天书下降"闹剧，据称希望以此来挽回"澶渊之盟"中丢掉的面子。

大中祥符元年（1008）正月，宋真宗君臣胡诌说"天书"降临开封，遂装模作样地改元"大中祥符"，大赦天下。十月，宋真宗就以"天书"祥瑞下降为名，亲率文武百官封禅泰山。为了表示虔诚，皇帝和百官都蔬食斋戒，但据当时任枢密使的马知节所说，除了宋真宗真正在吃蔬菜外，百官们都在途中偷偷地吃毛驴肉，糊弄皇帝而已。十一月，宋真宗又到曲阜，参拜孔子庙，封孔子为至圣文宣王。

"天书"究竟是什么样子呢？据说天书有三幅，语句和《尚书·洪范》、老子《道德经》差不多，外面包着二丈长的黄绢，上面写着："赵受命，兴于宋，付于恒。居其器，守于正。世七百，九九定。"不用说，所谓"天书"，当然是人为假造的。当时就有个很不知趣的人说："天不言，怎么会有天书呢？"

封禅泰山之后，大中祥符四年（1011），宋真宗又至汾阴（今山西荣河）祭祀后土地祇。这就叫"东封西祀"。大中祥符五年（1012），宋真宗又胡诌赵宋皇室的始祖"圣祖"赵玄朗下凡，专门修建了多座豪华道观，来供奉圣祖。大中祥符七年（1014），宋真宗又亲临老子家乡亳州（今安徽亳州）太清宫，封老子为太上老君混元上德皇帝。

"天书"下降，"东封西祀"，尊崇"圣祖"和道教，这场闹剧，前前后后持续了十五年之久，浪费的金钱高达上千万贯之巨，这个数字，至少能顶得上三十年的岁币！不仅是浪费，也严重毒化了官场的空气，因循苟且的风气愈来愈烈，白白浪费了宋、契丹和好后宝贵的大好局面和历史机遇。南宋的朱熹就说："真宗东封西祀，糜费巨万计，不曾做得一事。"《宋史》的《宋真宗本纪》更嘲笑宋真宗君臣说："及澶渊既盟，封禅事作，祥瑞沓臻，天书屡降，导迎奠安，一国君臣如病狂然。吁，可怪也。"

乾兴元年（1022）宋真宗去世后，宋真宗的皇后刘氏摄政，她倒是个明白人，就下令把天书都给宋真宗殉了葬，这才终结了这场闹剧。宋真宗之后，再也没有皇帝大规模地封禅泰山了。

鏖兵西北：党项西夏崛起

三国时代，曹操和孙权两大强权会战赤壁，力量最小的刘备趁机渔翁得利，经过诸葛亮一番纵横捭阖，刘备集团东联孙权，北拒曹操，逐步由小到大，终与曹魏、孙吴两家三分天下。党项西夏在宋代的崛起，也大致如此。

党项的实力，远弱于契丹和宋朝两家，但党项却利用宋朝和契丹厮杀二十六年的机遇，联辽抗宋，在陕北打出了一片天地。到元昊在位的时候，就在宋仁宗宝元元年（1038）称帝，国号大夏，年号"天授礼法延祚"，先打败了宋，再打败契丹，傲然为"西朝"，与契丹"北朝"、大宋"南朝"鼎足而立。

金兵南下的时候，契丹和北宋先后败亡，西夏却毫发未损，继续与金朝、南宋三分天下，直到一代天骄成吉思汗的蒙古帝国横扫天下，立国二百多年的西夏才走到了尽头……

太平兴国七年（982）五月，就在宋太宗积极准备第二次出兵攻打幽州城的时候，喜讯传来，定难军节度留后李继捧来朝，并主动把下辖的五个州八个县的土地上交朝廷。宋太宗不战而得五州八县之地，当然是喜出望外。

夏州（今陕西横山）李氏，自称北魏鲜卑皇族拓跋氏的一支，是党项最为显赫的贵族。元昊称帝后，西夏皇族就称"嵬名氏"。唐朝初年的时候，他们已经在夏州一带活动。到了唐朝末年，其先祖拓跋思恭出兵勤王，平定黄巢有功，被唐朝封为了定难军节度使，并赐姓李，党项李氏从此拥有了以夏州为中心的夏州、绥州（今陕西绥德）、银州（今陕西米脂）、宥州（今内蒙古鄂尔多斯）、静州（今宁夏永宁）五州之地。整个五代时期，李氏四代世袭定难军节度使，实际上是一个独立的王国，实力并不亚于那些江南小国。宋朝开国以后，宋太祖也不得不承认李氏的实际地位。直到太平兴国五年（980）李继捧即位以后，由于党项贵族间的内讧，李继捧难以控制局势，遂决定向宋朝中央纳土归顺。

李继捧纳土归朝之后，宋太宗改封他为彰德军节度使，并下令夏州等地的李氏亲属，一律移往京城开封，并派出知夏州尹宪和都巡检曹光实前去执掌军政大权。

宋太宗借党项内讧的机会，乘机把五州收归中央，无疑是正确的。但问题是，宋太宗太操之过急了，急于把党项李氏在当地的势力连根拔掉，而不是多采取些必要的过渡的怀柔手段，终于激起了党项人的群起反抗。要知道，党项李氏在当地已经营了三百余年，势力盘根错节，哪里是能轻易铲除得掉的。

领导反宋起事的，是党项族历史上杰出的英雄人物，西夏"太祖"李继迁。此人出生在银州（今陕西米脂）无定河畔的继迁寨，明代著名的"李闯王"李自成也出生在这个寨子里。李继迁是李继捧的堂弟，担任定难军管内都知蕃落使。当宋太宗下令征发李氏亲属进京的时候，李继迁年方十七岁，当时正在银州城内，他不愿意去开封城寄人篱下，就以给自己的奶妈办丧事为由，把兵器藏在棺材里，带着弟弟李继冲、谋主张浦等数十名亲信，逃往离夏州东北三百里外的地斤泽（今内蒙古巴彦淖尔）。

地斤泽水草丰美，是党项族聚居的地区，李氏作为党项贵族，在当地有很强的号召力。李继迁到了地斤泽后，马上打出了"收复失地"的旗帜，在地斤泽建立起了反宋的根据地。他采取联姻的办法，得到了野利、卫慕等多个党项部落的拥戴，开始积聚力量。

宋太宗派去接管夏州等地的尹宪和曹光实，也是两个厉害角色。雍熙元年（984）九月，他们打探到李继迁躲在地斤泽，就挑选了数千名精锐骑兵，突袭地斤泽，李继迁羽翼未丰，又猝不及防，被杀得大败，连他的母亲和妻子都当了宋军的俘虏。这就是很有名的地斤泽之战。

李继迁虽然吃了大败仗，但并不气馁。转过年来的二月，他就利用曹光实骄傲轻敌的心理，巧使诈降计，设下埋伏，置曹光实于死地，不仅彻底报了地斤泽的一箭之仇，还乘机夺回了老家银州。曹光实是宋太祖、宋太宗都十分欣赏的名将，李继迁年纪轻轻，就铲除了如此强悍的对手，李继迁威名大振，在西北站稳了脚跟。

雍熙三年（986）契丹和宋朝之间爆发了大战，双方共出动了五六十万大军,展开了空前规模的大厮杀。李继迁闻讯之后,抓住了这个千载难逢的良机,主动归顺契丹,请求契丹册封。萧太后为了牵制宋朝,就封李继迁为契丹的定难军节度使、都督夏州诸军事,赠送战马三千匹,后来又晋封他为"夏国王",还把契丹皇室的一位女子"义成公主",嫁给李继迁为妻。契丹是公认的北方草原的霸主,李继迁当上了契丹的驸马爷,有了契丹当后台,当然是如虎添翼,更加积极地向宋朝进攻。

到了端拱元年(988)的时候,宋太宗疲于应付契丹对河北的强大压力,只好把夏州等五州之地,又如数交还给了李继捧,重新任命李继捧为定难军节度使。并通过李继捧出面,试图招降李继迁。宋太宗还给李继捧和李继迁,分别起了个"赵保忠"、"赵保吉"的名字。李继迁哪里会上当就范!他软硬不吃,打打谈谈,以打为主,反正是不断地扩充实力,开始围攻宋朝在西北的根本重镇灵州(今宁夏灵武)。

宋太宗恼羞成怒,淳化四年(993)他下令禁止输入党项西夏境内乌池(今陕西定边)和白池(今内蒙古鄂托克前旗)所产的优质食盐"青白盐",以便从经济上打击李继迁。但除了把以贩卖青白盐为生的数万名党项人,都逼到了李继迁反宋阵营一边外,没有收到多少实际效果。至道二年(996)九月,宋太宗又下令五路同时出兵,由国舅爷李继隆等率十余万大军,前去扫荡李继迁。但李继迁发挥地形与民心的优势,采取机动灵活的游击战术,不与宋军正面硬拼。

宋军虽气势汹汹，但处处扑空，一筹莫展，几番武装大游行下来，只好灰溜溜地草草收兵。

宋真宗即位之后，契丹和宋朝之间的战事再次趋向激烈，为了避免两面作战的不利态势，咸平元年（998），宋朝授了李继迁定难军节度使，把夏、银等五个州事实上交给李继迁。不过，这个时候，区区五个州已经不能满足李继迁的胃口了，他在笑纳五州的同时，加紧围困灵州，终于在咸平五年（1002）拿下了灵州城。灵州土地肥沃，河渠纵横，从秦、汉以来，就是西北军事和经济的中心。李继迁在咸平六年（1003），改灵州为西平府，并正式定都于此。

夺得灵州之后，李继迁重点攻打凉州的六谷部。六谷部是吐蕃人的一支，一直就是党项的死敌，为了牵制李继迁，宋朝采取联合六谷部的政策，封六谷部大首领潘罗支为朔方节度使，六谷部也时常出兵配合宋军。咸平六年（1003），李继迁率兵攻打六谷部。智者千虑，必有一失。李继迁用兵诡诈，当年就是靠诈降计，除掉了曹光实。这一次，没想到他自己也中了潘罗支的诈降计，被射中要害，景德元年（1004）正月初二身亡，终年四十二岁。李继迁后来被尊为夏太祖。

李继迁死后，其子李德明即位。就在这一年，宋朝和契丹订立了“澶渊之盟”，来自北方的强大威胁基本解除，许多将领建议宋真宗将大军西调，乘李德明立足未稳，扫荡党项。但是，宋真宗决意“罢兵息民”，拒绝了边将们用兵的请求，按照"澶渊之盟"以金钱换和平的模式，主动向党项提出议和。李德明欣然接受，双方在景德三年（1006）九月，正式签订了和约。

宋朝和党项西夏的和议签订之后，在三十多年的时间里，双方和平相处，互通有无。党项不再向东进攻宋朝的边界，转而向西方拓展，连续对割据甘州（今甘肃张掖）的回鹘政权和凉州的吐蕃政权用兵。

宋真宗大中祥符元年、二年和三年，李德明连续三次出兵攻打甘州。甘州回鹘当时的可汗夜落纥，也是个很有作为的人物，他雄踞甘州和沙州（今甘肃敦煌），手下的回鹘骑兵战斗力也很强，多次打败党项。直到宋仁宗天圣六年（1028），党项才最终平定甘州、沙州。凉州的吐蕃六谷部政权，更是党项的死敌，多次挫败李德明的进攻。但大中祥符九年（1016）的时候，凉州被甘州回鹘攻占。宋仁宗明道元年（1032），党项就从回鹘手中夺取了凉州。

到了李德明儿子李元昊在位的时候，党项西夏就全部统一了河西走廊地区，结束了唐代中期以来当地四分五裂、吐蕃和回鹘割据称雄的局面，这是一项影响深远的、很了不起的成就。在此基础之上，西夏还把自己的影响力伸向西域和中亚……

第七章

宫闱风云：亲情与权力

一尺布，尚可缝。

一斗粟，尚可舂。

兄弟二人，不能相容。

——《史记》卷一一八《淮南衡山列传》

这首西汉时期的凄婉民谣，唱的是淮南王刘长被他的"大哥"汉文帝刘恒逼迫自杀的结局。兄弟二人，却"不能相容"，在山野村夫、寻常百姓的眼中，当然是极其不幸的人伦惨剧了。但在巍峨宫廷之中，龙子凤孙之间，兄弟反目成仇，其实是再平常不过的事情。特别是在一个王朝的开国伊始，喋血宫廷，手足相残，更是司空见惯的家常便饭！

唐代有"玄武门事变"，秦王李世民就亲手射死了自己的亲大哥李建成，还与三弟李元吉展开了一场生死的格斗，李元吉最终血溅当场。

明代有"靖难之役"，燕王朱棣与侄子建文帝朱允炆争夺皇位，在三年的血腥的自相残杀中，白白牺牲了无数的大明将士。朱棣攻入南京之后，还对方孝孺等大明忠臣进行了惨绝人寰的大屠杀。

清代有"雍正夺嫡"，四皇子胤禛即后来的雍正皇帝，围绕着太子之位，与自己的兄弟们上演了一场龙争虎斗的好戏，阴谋陷害、进谗中伤、拉帮结伙、暗杀灭口，各种各样的手段，无所不用其极。

"倒是一家子亲骨肉呢？一个个都像乌眼鸡，恨不得你吃了我，我吃了你。"《红楼梦》中贾探春的这段高论，不只是对清朝，也是对整个中国古代历史上宫廷政治的绝佳写照。

大宋开国，宋太祖、太宗和赵廷美三兄弟之间，也并不都是亲密无间的，宫闱之中当然也不会缺少类似的故事。相比而言，宋朝的宫闱之争，从来没有真正动用过军队，也没有引发内乱。北宋、南宋共十八位皇帝，宋太祖、太宗兄弟两人的子孙平分秋色，各占八位，这在古代，也算是很难得的皆大欢喜了……

宋世系表

北宋（960-1127，亡于金）

1	太祖	赵匡胤	960-976	
2	太宗	赵光义	976-997	太祖弟
3	真宗	赵恒	997-1022	太宗子
4	仁宗	赵祯	1022-1063	真宗子
5	英宗	赵曙	1063-1067	太宗曾孙
6	神宗	赵顼	1067-1085	英宗子
7	哲宗	赵煦	1085-1100	神宗子
8	徽宗	赵佶	1100-1125	哲宗弟
9	钦宗	赵桓	1125-1127	徽宗子

南宋（1127-1279，亡于元）

1	高宗	赵构	1127-1162	钦宗弟
2	孝宗	赵昚	1162-1189	太祖七世孙
3	光宗	赵惇	1189-1194	孝宗子
4	宁宗	赵扩	1194-1224	光宗子
5	理宗	赵昀	1224-1264	太祖十世孙
6	度宗	赵禥	1264-1274	太祖十一世孙
7	恭帝	赵㬎	1274-1276	度宗子
8	端宗	赵昰	1276-1278	恭帝弟
9	少帝	赵昺	1278-1279	端宗弟

以假乱真：金匮之盟

建隆二年（961）六月，宋太祖的母亲杜太后病重。这位年届六十的开国皇太后，在弥留之际，念念不忘的还是儿子宋太祖和新生的大宋王朝的前途。

杜太后躺在病榻上，郑重其事地对侍奉在身边的宋太祖说："你知道你为什么能够得到天下吗？"

宋太祖难过地哭泣着，顾不上回答。

杜太后说："我要向你交代国家大事，你不要光哭了。再说我现在已经到了老死的时候，哭能有什么用呢？"紧接着，她又重复问了一遍刚才的问题。

宋太祖回答："这都是靠祖宗和母后您行善积德积累下的福气呀。"

杜太后摇了摇头，说道："根本不是这么一回事。你能得天下，后周柴氏让只有七岁的小孩子来执掌国家，是最重要的原因。如若后周有长君在位，你是肯定到不了今天这个位置的！

宋太祖只能不停地点头称是。

杜太后又说："你和光义，都是我亲生的，你将来应当把皇位传给你的弟弟光义。这么大的国家，内忧外患不断，能立长君，这才是国家社稷真正的福气！"

赵光义当时二十三岁，除宋太祖之外，在皇室中是最年长的。宋太祖的长子赵德昭当时只有十一岁，二儿子赵德芳更只有三岁，都还只是小孩子。

宋太祖就边磕头边哭着答应了母亲的要求，他还发誓说："我一定听从母后的教诲。"

杜太后又叫过来赵普，拉着他的手，命他把母子二人之间的约定写成了书面的文书，由赵普签上"臣普书"三个字后，珍藏在皇宫大内之中。

这就是宋朝开国史上有名的"金匮之盟"。

六月初二，杜太后去世了。同年七月二十一日，宋太祖就任命皇弟赵光义为开封尹、同平章事。同平章事，是宰相衔；开封尹，更是了不得，按照五代和宋初的惯例，凡是亲王出任都城的长官，在实际上就取得了皇位继承人的地位。如周世宗、宋真宗等在即位之前，就是都先出任了开封尹。

以上记载，都出自南宋史学家李焘的《续资治通鉴长编》。按照李焘的说法，他的史料来源，主要是宋真宗时修订的《宋太祖实录》，也称《太祖新录》，还有宋朝官方编纂的《国史》。元代人修《宋史》，在《宋太祖本纪》的末尾，也大书特书说："受命杜太后，传位太宗。"因为这一约定的主旨，是宋太祖传位于宋太宗赵光义，而且是"独指太宗"，所以后来就被称作"独传约"。

宋太祖贵为大宋朝的开国皇帝，在皇位传承的问题上，为什么听从母亲杜太后的意见呢？

说起来，杜太后可不是一般的家庭妇女。她出身河北大族，娘家是河北安喜县有名的豪强，光家兵就有二三百人之众。赵、杜两家联姻的时候，宋太祖的父亲赵弘殷也号称官宦子弟,其实早已家道败落,已经是彻头彻尾的光棍流浪汉了。他实际上是倒插门入赘到杜家的。他后来能够当上军官,也是靠着杜家的实力。所以,赵家真正的当家人,一直就是杜太后。显德三年(956)赵弘殷去世后,杜太后更是赵家说一不二的大家长。

杜太后一共育有五个男孩和两个女孩,男孩不幸夭折了两个,成年的有三个,即赵匡胤、赵光义和赵廷美。杜太后治家,讲究的是尊卑有序的大族礼法,讲究的是儒家传统的伦理纲常,对子女十分严厉,决不许子女自行其是。她特别喜爱二儿子赵光义,但赵光义每次要出门,都必须征得母亲的同意,还要在母亲规定的时间内返家。包括赵匡胤在内,几个子女对母亲都是既敬重,又畏惧。

杜太后为人精明强干,在政治上也很有眼光,宋太祖能够成就帝业,也有母亲的一份功劳。在陈桥兵变之前,杜太后就直接出面,替宋太祖争取到了后周符太后、第三宰相魏仁浦的支持,宋太祖能出任殿前都点检和北面行营都部署,这两个人的支持显然至关重要。

陈桥兵变中,杜太后率领儿孙和媳妇们留在开封城,实际上是替宋太祖当人质。有了这些人质,后周朝廷才放心地让宋太祖带大兵出城。要知道,当人质是极其危险的,远的不说,后周太祖郭威和周世宗柴荣留在开封的家属,就被后汉杀了个干干净净。

陈桥兵变成功后,当宋太祖得意洋洋地回家拜贺母亲的时候，杜太后却当头对他喝道："我听说过'为君难'的话。天子高居在天下民众之上，你如果能做一个有道明君，治国有方，这个位子才会坐稳。否则的话，你就是想再去做一个普通的老百姓，也是不可能的！"宋太祖恍然大悟，连连磕头感谢母亲说："我一定遵从您的教诲！""为君难"，真是一针绝佳的清醒剂，很及时，很宝贵，就凭这一句话，杜太后就不愧为女中豪杰，不愧为优秀的政治家。

宋太祖本来就特别地孝顺母亲，杜太后去世时，他当皇帝刚刚一年半，皇帝的架子还没有完全端起来，对母亲的意见仍然是唯命是从。况且，宋太祖特别佩服母亲的政治眼光，宋朝初期所有大的军国决策，他都要专门听取母亲的意见。"昭宪太后聪明有智度，尝与太祖参决大政"，这个当时公认的说法，是恰如其分的。既然如此，在事关大宋朝生死存亡的皇位传承的问题上，宋太祖听取了母亲杜太后的建议，是很正常的。

金匮之盟订立之后，原本只有皇室内部和少数高官知晓，一直到太平兴国六年（981）九月，宋太宗和赵普一起联手，向朝廷群臣们公布。到了真宗咸平二年（999）修订《宋太祖实录》（《太祖新录》）的时候，才正式地把金匮之盟写入了《宋太祖实录》，也就是向天下臣民们公开了。令人意想不到的是，就在这个时候，却爆出了一个惊天的大秘密！

一般说来，像《实录》一类官修的史书，史官们大多是应付公事而已，通常抄抄档案，再加上些套话、官话就可以交差了，很少有人把官修史书真正当作传之名山的事业来做。没想到，《太祖新录》的编纂班子里，却有一位极其耿直、严谨和较真的士大夫，此人，就是山东巨野人王禹偁。

王禹偁在查阅了大量的宫廷档案，走访当事老人之后，就公开在朝廷上宣布：杜太后命宋太祖传位给宋太宗不假，但这只是金匮之盟的一部分内容，杜太后遗命的全部内容是：宋太祖传位给二弟宋太宗，宋太宗传位给三弟赵廷美，赵廷美再传位给宋太祖的儿子赵德昭。这就是金匮之盟的"三传约"，官方公布的"独指太宗"就被称为"独传约"。

王氏此语一出，真是石破天惊！朝野为之震动。如果王禹偁之说属实，就会置宋太宗还有赵普于篡改杜太后遗命的尴尬境地，宋太宗就会成为一个不孝的儿子，赵普则成为一个不忠的臣子。这无疑是一颗重磅炸弹！宋真宗无论如何都是不允许出现这一结果的。于是，王禹偁就被踢出了朝廷，贬官黄州（今湖北黄州）。

王禹偁十分的硬气，虽然被贬出了朝廷，仍坚持自己的见解，就把它们写入了《建隆遗事》一书中。这本书部分保留在邵雍的儿子邵伯温所撰《邵氏闻见录》当中，一直流传到今天。

如此一来，就出现了两个版本的"金匮之盟"，一个是宋太宗和赵普公布的，宋朝官方承认的"独指太宗"的"独传约"；另一个是王禹偁所披露的"宋太祖传宋太宗、宋太宗传赵廷美、赵廷美传赵德昭”的“三传约”。“独传约”和“三传约”，究竟哪一个是真的，哪一个是假的呢？

答案应该是不言而喻的。大宋的江山毕竟是宋太祖出生入死打下来的，赵光义只是因人成事，沾哥哥的光坐得大位，“独传约”却彻底剥夺了宋太祖子孙继承皇位的机会，太偏袒赵光义了。无论如何，作为母亲的杜太后，都不可能提出这样的要求，提出来了，宋太祖也不可能答应。

“三传约”就不同了。这个兄弟三人依次相传的安排，既比较合理，保证了大宋始终是“国有长君”，利于大宋稳定的大局；又比较合情，太宗和赵廷美都只不过是暂时的过渡，不过两代，皇位就会重新回到宋太祖的子孙们手中。宋太祖做出了牺牲，但并非绝对不可接受。至于说宋太祖最终接受了“三传约”的要求，说明他孝顺母亲，友爱兄弟，又考虑到了大宋王朝的命运，兼顾了亲情和权欲，这是他能够成为开国之君的过人之处。

金朝的开国皇帝完颜阿骨打，也做出了类似的选择，他在临终时，就把皇位传给了自己的弟弟金太宗完颜吴乞买，而金太宗死后，又把皇位传回了金太祖的嫡孙金熙宗完颜亶，完成了一出兄弟同心的千古佳话，清代的学者赵翼在他的名著《廿二史札记》中，就大加赞扬说：

金朝开国之初，家庭间同心协力，皆以大门户、启土宇为念，绝无自私自利之心，此其所以奋起一方，遂有天下也。

相比而言，杜太后提出的金匮之盟，也是一个"开国之初，家庭间同心协力"的安排，宋太祖的所作所为及其度量，不亚于金太祖，但宋太宗却远不如金太宗了。

最早披露出"三传约"的王禹偁，"文章冠天下"，是宋初文坛公认的领袖人物，更以耿直刚烈、不畏权贵、敢于直言的高贵品格，受到了士大夫们发自内心由衷的尊敬。王禹偁在士大夫们当中的影响是非常大的，他关于金匮之盟的说法，由于与宋朝官方的口径太不一致，敢于公开接受和支持的人很少，但私下赞成和受其影响的却很多。

司马光在《涑水记闻》里，就也把杜太后的遗言写成了："汝万岁后，当以次传之二弟。""二弟"，相比于官方版本金匮之盟的"汝弟"，虽然是只差了一个字，但却是重逾千钧。"汝弟"，指的是宋太宗一人；"二弟"，指的是"两个弟弟"，即宋太宗和赵廷美两个人。可见，司马光是倾向于"三传约"的。

李焘在编撰《续资治通鉴长编》的时候，不便否定宋朝官方的说法，就采取了两存其说的笔法，在书中同时保留了"独传"和"三传"两种记载，也就是把判断权交给了后代读者，这是史家一种非常高明的做法。但他还是专门在"三传约"那里，特意留下了重重的一笔：

始太祖传位于上，昭宪顾命也。或曰昭宪及太祖本
意，盖欲上复传之廷美，而廷美将复传之德昭。

"本意"这两个字，恐怕才是真正的点睛之笔。事实上，
他还是明显倾向于"三传约"。只是直接批评本朝的帝王，
一般都是古代臣子和士大夫们所不愿意做的事。

元代人所修《宋史》，大致也是按照李焘的模式，在
《后妃传》杜太后的传记里按官方口径"独传约"书写，在
《宗室传》赵廷美的传记里，则按"三传约"书写，也保留
了"或谓昭宪及太祖本意"云云一句话。不过，《宋史》的
真正主要撰稿人之一袁桷，在他的《清容居士集》里，也再
三肯定王禹偁说："王禹偁修《太祖新录》的时候，坚持直
书其事，才被贬官到了黄州。王禹偁所著的《建隆遗事》，
足见深意。"可见，他也是赞成"三传约"的。

其实，"独传约"和"三传约"究竟孰真孰假，最能说
明问题的，还是金兵南下的时候，宋太宗的六代孙宋高宗赵
构的所作所为。

建炎三年（1129），赵构三岁的独生儿子夭折了。绍兴
二年（1132）五月，赵构就在宋太祖的七世孙当中，选了两
位小孩子，安排在皇宫中抚养，作为皇位的候选继承人。其
中的一位，就是后来的宋孝宗。从宋孝宗开始，宋朝的皇位
从宋太宗一系，回到了宋太祖一系。在一年以前的绍兴元年
（1131），赵构还曾诚恳地对宰相们表示说：

太祖以神武定天下，子孙不得享之，遭时多艰，零落可悯。朕若不法仁宗，为天下计，何以慰在天之灵！

赵构所说的"法仁宗"，是指宋仁宗无子，立自己的侄子辈为皇位继承人的事情。宰相们当然都很会说话，纷纷迎合赵构说："太祖皇帝不以大位私其子，比尧、舜还要圣明，陛下如今以太祖皇帝为榜样，定将会得到上天的保佑，大宋兴旺指日可待。"

话虽然是这么说，但众所周知，赵构在宋代的皇帝当中，是公认的最坏的大混蛋，为了保住自己的皇位，连自己的父亲和哥哥都不要了，名将岳飞要北伐中原"迎回二圣"，结果就被他勾结奸相秦桧给害死了。为什么在把皇位交还宋太祖一系这件事上，赵构倒表现得如此慷慨大方呢？

答案显然只能有一个，那就是：赵构认为如果他不这样做，就保不住他个人的皇位了。这又是怎么一回事呢？

原来，在建炎四年（1130）前后，宋高宗赵构和他的小朝廷，外有如狼似虎的金兵步步紧逼，内部又刚刚爆发了逼他让位下台的兵变，真正是处于朝不保夕的风雨飘摇之中，灭顶之灾随时都有可能降临。更惨的是，赵构的独生儿子，三岁还不到，就在兵变当中受惊吓过度而夭折了。

正当赵构极度痛苦、近乎绝望的时候，隆祐皇太后孟氏，悄悄地把他叫到一边，向他指点迷津。据孟太后所说，她做了一个奇特的梦，梦中梦到了一个人对她说：南宋小朝廷若要逃脱覆灭的命运，就要早日把皇位交还宋太祖的后人。

孟太后当时已经五十八岁了，她是赵构的伯母、宋哲宗的皇后。金兵攻破开封城后，她是极少数躲过金兵搜捕的赵宋皇室成员之一，就成为当时皇室的尊长。赵构能够坐稳皇位，主要靠的是孟太后的扶持，既然孟太后如此表态，赵构就有了立宋太祖后人为皇位继承人之举。

孟太后做的这个梦，宋朝史官郑重其事地写入了《国史》，《宋史》也把它写入了宋孝宗的本纪之中。那么，孟太后梦到的人是谁呢？史书中都含糊其词，显然是在避讳什么，根据宋高宗听后急于立宋太祖后人为皇位继承人的所作所为来看，这个人只能是宋太宗！

在现代科学和文明的视角之下，此类托梦的说法，当然是很可笑的，但在中国古代却颇有市场。其实，日有所思，则夜有所梦。在国运艰难的时候，孟太后梦到了宋太宗，并没有什么可奇怪和神秘的地方。

况且，根据王禹偁的记载，杜太后在命宋太祖传位给两个兄弟的同时，也让宋太宗和赵廷美兄弟俩立下毒誓，日后谁若违背了誓言，不传位给宋太祖的后人，他本人及其子孙就要遭到上天最严厉的惩罚。金兵攻破开封城的时候，宋太宗一支的子孙，包括宋徽宗和宋钦宗两位皇帝在内，绝大多数都当了金兵的俘虏，受尽了屈辱和折磨，后来就惨死在东北的五国城（今黑龙江依兰）。如此惨祸，在古人眼里往往视之为受了"天谴"。孟太后思来想去，在梦中把两者联系起来，是再正常不过的了。

在"天人感应"、"因果报应"观念盛行的古代，指天发誓，可不是一件随随便便的小事，分量是很重的。违背誓言的不是没有，但通常就会成为当事者及其家属极其沉重的心理负担。

当然，孟太后的梦也可能只是一个催化剂，或者是一种借口，给赵构提供一个体面传位宋太祖后人的台阶。不管怎样，孟太后和赵构这样做，也就等于公开承认了金匮之盟"独传约"是假的，"三传约"才是真正的金匮之盟的事实。

宋太祖誓碑：祖宗之法

开宝九年（976）十月二十日，宋太祖去世，享年五十岁，太平兴国二年（977）葬河南巩县永昌陵。宋太祖在位十七年（960~976），对外平定南方各国，对内削除禁军大将、节度使的兵权，铲除了中唐五代以来持续动乱的祸根，奠定了大宋朝一百余年太平盛世的坚实基础，不愧为与秦始皇、汉武帝、唐太宗、成吉思汗相提并论的一代开国名君。

特别引人注目的是，宋太祖虽然是武夫出身，自称"铁衣士"，但他对士大夫和读书人却十分的亲近，对文化十分的尊重。在戎马倥偬的开国之初，宋太祖就多次征召鲁地的儒生们入朝，当时，有老人就流着眼泪说："读书人出来了，天下这下真的是要太平了。"

开宝六年（973），宋太祖开创了皇帝亲自主持科举考试的"殿试"制度，及第的进士从此就成为尊贵的"天子门生"。而且，在立于太庙的誓碑上，宋太祖还专门给宋朝的皇帝们制定了这样的一条制度规范："不杀上书言事人。"也就是硬性规定：不得杀害议论和上书批评朝政的人。

就凭这一句话，宋太祖就堪称是读书人的真正知音。"书生报国无长物，唯有手中笔如刀"！议论朝政、舞文弄墨，是最典型的"书生意气"，是书生的本性和爱好，也是书生的价值所在。但在君主专制时代，议论朝政、批评权贵，都是很危险的事情，更遑论批评至高无上的帝王了。因言获罪、身首异处血淋淋的事例，实在是不胜枚举，秦始皇"焚书坑儒"，东汉时有"党锢之祸"，明、清两代，更有霸道、残暴至极的"文字狱"！

在中国古代历史上，可能只有宋代，大致上做到了"不以言罪人"，"不以文字罪人"。宋高宗虽然悍然杀害了批评他的陈东和欧阳澈，一手制造了天水朝从来未有过的惨案，但他也知道这是无耻和丢人的事，就拼命地想把责任推到宰相黄潜善身上。黄潜善虽是个佞臣，却也不愿意担这个恶名，就和皇帝踢起了皮球，宋高宗最后还是只能自己出面，给二人平了反，修了庙以示纪念。宋高宗和黄潜善，都是特别凶狠和无耻的角色，他们尚且如此，说明"不以言罪人"，"不以文字罪人"的观念，在宋代确实是深入朝野人心。

如此一来，就形成了宋代非常好的一个传统：那就是"宋人好议论"。上至官员，下至普通读书人，人人都以批评朝政为荣，以阿谀奉承为耻。特别是御史台和谏院的台谏官们，都是皇帝和宰相大臣职业的批评者，苏轼就曾以他特有的大手笔写道：

> 历观秦、汉以及五代，谏诤而死，盖数百人。而自建隆以来，未尝罪一言者，纵有薄责，旋即超升，许以风闻，而无官长，风采所系，不问尊卑，言及乘舆，则天子改容，事关廊庙，则宰相待罪。

士大夫议论朝政，批评朝政，虽然有时也难免有不少废话，有时也会耽误事，甚至有"宋人议论未定，金兵已经渡河"的嘲讽，但总体上无疑是积极的，是宋代政治文明进步最重要的成果之一。对此，宋史研究名家王曾瑜先生有过精彩的评论，他说：

> 在君主专制的条件下，敢于直言是极其不易的。众所周知，唐太宗虚心纳谏、从善如流是出名的，但这只属个人的政风，并未立下什么制度性的死规矩。宋太祖立下秘密誓约，证明这个开国皇帝确有政治远见，其誓约不仅是保证言路畅通和监察权实施的重大措施，也体现了专制时代难能可贵的宽容政治和政治文明的重大进

步。

宋太祖的誓碑里面，还有一条很了不起的规定，那就是："不得杀害大臣。"因为宋代的大臣，大多是由士大夫出任，所以也写成"不得杀害士大夫"。当然，宋太祖也规定，贪官污吏例外，贪赃枉法的士大夫，不少就被处以极刑。

按照儒家的观念，"君为元首，臣为股肱"，君臣之间，本来应该是亲密无间的一体关系。但在现实当中，皇帝却是高高在上，群臣匍匐在地。皇帝生杀大权在手，视群臣如奴仆，皇帝屠杀大臣，就如同宰杀猪羊一样，往往是随心所欲；群臣则战战兢兢，伴君如伴虎。最典型的是明代的皇帝们，动不动就用廷杖狠打大臣们的屁股，即便是不死，也让他们颜面扫地。清代的大臣，很多对皇帝自称"奴才"，真正的是奴颜婢膝。

有了宋太祖的这一条硬性规定，宋代的情况可就大不一样了。宋代的大臣，不管怎么样，流放岭南就是最严厉的处分，而不必担心随时会有掉脑袋的厄运。朝廷和朝政的血腥味，就自然淡了许多。被公认为汉奸的张邦昌，祸国殃民的贾似道，宋朝朝廷都没有公开杀。即便是秦桧专权的时候，他也无法大开杀戒。

有了这一条底线，"以礼待大臣"，"与士大夫共治天下"，就逐渐成为了宋代皇帝的共识。宋代大臣们从政的主动性，也就要强得多。讲究自尊自爱，讲究以道进退，讲究

"道理最大"，讲究"以天下为己任"，"先天下之忧而忧，后天下之乐而乐"，敢于在皇帝面前坚持自己的见解和主张，在宋代就成为士大夫们普遍遵循的原则。

宋神宗时，皇帝因陕西用兵失利，想杀一位士大夫文官。

宰相蔡确立即反对："祖宗以来未有杀士大夫之事，不意自陛下开始。"

宋神宗犹豫了一阵，改口说："那就改为脸上刺字，发配远恶处。"

另一宰相章惇还是不同意，说："这样处理，还不如干脆杀了他。"

宋神宗问："这是为何？"

章惇大声说："士可杀，不可辱！"

宋神宗也气愤地厉声说："我身为皇帝，快意的事却做不得一件！"

章惇更不客气地说："如此没有道理的快意事，不能做才好！"

宋哲宗即位后，因为和宰相苏辙政见不同，在朝堂上喝骂苏辙，另一宰相范纯仁立即高声制止："陛下当以礼进退大臣，决不可呵斥大臣如奴仆！"

"士可杀，不可辱"和"不可呵斥大臣如奴仆"，掷地有声！在帝制时代，这是多么罕见和了不起的事。

宋太祖誓碑的上述规定，加上他在陈桥兵变中所追求的不流血原则，"市不易肆"，"杯酒释兵权"中的"杯酒论心"、"大将解印"，都被宋人准确地概括为"以仁立国"，"以忠厚为家法"，都成为宋代"祖宗之法"的灵魂和最重要的组成部分，为宋朝历代皇帝所继承。宋朝大理学家程颐曾经很直白地说过：

> 尝观自三代而后，本朝有超越古今者五事：如百年无内乱；四圣百年；受命之日，市不易肆；百年未尝诛杀大臣；至诚以待夷狄。此皆大抵以忠厚廉耻为之纲纪，故能如此。盖睿主开基，规模自别。

宋代政治运作的文明化和理性化，由此达到了古代空前未有的程度。不仅是"自古所无"，超越汉唐，此后的明、清两代，与宋朝相比，反而也都倒退了。也正因为如此，宋代是士大夫、读书人的黄金时代，这几乎是所有人的共识。这些成就，当然不能都归功于宋太祖，但他作为"创业垂统"的开国之君，无疑居功至伟。

烛影斧声：真是谋杀吗

宋太祖死后，开宝九年（976）十月二十一日，按照金匮之盟的约定，他的弟弟晋王、开封尹赵光义即位，他就是宋太宗。宋太宗生于后晋天福四年（939）十月初七，时年三十八岁，本名赵匡义，太祖时更名赵光义，太平兴国二年（977），又改名为赵炅。

十月二十七日，宋太宗以皇弟赵廷美为开封尹、兼中书令，封齐王；以哥哥宋太祖的长子赵德昭为永兴军节度使兼侍中，封武功郡王；次子赵德芳为山南西道节度使、兴元尹、同平章事。第一宰相薛居正加左仆射，第二宰相沈义伦加右仆射，第三宰相卢多逊为中书侍郎，枢密使曹彬加宰相衔。楚昭辅为枢密使，潘美为宣徽南院使。

上述朝廷班底，显然仍是由跟随宋太祖开国的元老重臣们组成，朝政也得以有条不紊地平稳过渡。尽管如此，围绕着宋太宗即位的前前后后，从宋朝开始，还是传出了许多对宋太宗很不利的疑问和说法。

疑问之一，宋太宗究竟有没有宋太祖的传位遗诏？

在帝制时代，先皇传位遗诏，毫无疑义是新君登基合法性最重要的凭据。宰相大臣宣读遗诏，新君在先皇灵柩前即位，这是皇位传承的标准程序。如若没有遗诏，往重说就是彻头彻尾的"篡位"，最轻也是"自立"，真是"悠悠万事，唯此为大"。《辽史》当中，就是这么说宋太宗的："宋主赵匡胤殂，其弟炅自立。"这一说法，在当代宋史的研究者当中也很有影响，很多人认定：宋太宗在即位时，没有能向群臣宣读宋太祖传位给自己的遗诏，也就是大致等同于"篡夺"了。

宋太宗赵光义像

事实上，传位遗诏还是有的，也由宰相向群臣们宣读了。这份名为《开宝遗制》的遗诏，与后来其他皇帝的传位遗诏一起，都明白无误地保存在《宋会要》当中。宋人编的《宋大诏令集》，也收录了这一遗诏，并明确标明：宣读的时间，是宋太宗即位的当天，即十月二十一日；宣读者，则是"宰臣"，即薛居正或沈义伦。

《宋会要》和《宋大诏令集》，作为宋代官方原始档案的汇编，在传世宋代史料当中，具有最高的权威性，这是众所公认的。既然如此，《辽史》为什么要说宋太宗是"自立"呢？这可能是得自捕风捉影的传闻，也可能与宋太宗上台后对契丹采取强硬政策，向契丹开战有关，契丹为了丑化自己的对手，自然无所不用其极。

疑问之二，宋太宗究竟为何急于改换年号？

在帝制时代，年号纪元是帝王的重要象征。从《春秋》开始，儒家的礼法和历朝历代的惯例，新君即位，除了改朝换代的以外，通常都要度过一个新年之后，方才改换年号，这叫"逾年改元"，以此来表达对先皇起码的尊重和怀念。宋太宗十月二十一日即位，十二月二十二日就把开宝九年改为太平兴国元年，这已经是很出格的了，而且改元的时候，离新年只有八天了，连短短的八天都不愿意等，宁可废掉宋太祖的最后一年，宋太宗此举确实令人费解。

明代人程敏政替宋太宗辩解说："不逾年改元，五代常事。"其实，五代时主要就是南唐中主李璟在即位的当月就改元为"保大",而且也受到了臣下严厉的批评,这个辩解是站不住脚的。也有人推测可能与天文星象有关,或者是为了向北汉、契丹等对手表明大宋朝国有长君。但不管怎么说,宋太宗"太祖之崩不逾年而改元","后世不能无议焉"。

疑问之三,宋太宗究竟有没有害死宋太祖?"烛影斧声"真是谋杀吗?

宋太祖去世于十月二十日四更天,即午夜三点前后。在他去世前的十九日晚上,宋太祖曾专门召赵光义进宫,兄弟二人闭门密谈,内侍、宫女等人都不得近前。众人们只是远远地看到:宋太祖的房间里烛光摇曳,有时还看到赵光义起身离席,像是向宋太祖谦让什么。过了一会,众人们又听到:宋太祖连连用手里的柱斧咚咚戳着地,还大声地对赵光义喊道:"好好做!好好做!"

这就是"烛影斧声",中国历史上最为有名的千古疑案之一。这一事件,最早是由一部名叫《续湘山野录》的书披露出来的,李焘对其加以考证和修订之后,就把"烛影斧声"写入了《续资治通鉴长编》之中:

> 上闻其言,即夜召晋王,属以后事。左右皆不得闻,但遥见烛影下晋王时或离席,若有所逊避之状,既而上引柱斧戳地,大声谓晋王曰:"好为之。"

"烛影斧声"究竟是怎么一回事呢?从宋朝开始,时代越往后，就有越多的人相信"烛影斧声"是宋太宗害死了自己的哥哥，甚至干脆说是宋太宗亲自下手杀人。如元代杨维桢《金匮书》诗曰:

> 夜闵鬼静灯模糊，大雪漏下四鼓余。
>
> 床前地、戳玉斧，史家笔、无董狐!

至于杀人的具体手段，看法主要有两种:一是认定宋太宗"灯下弄斧"，用斧子砍死了宋太祖，"斧声"就是杀人的声音;一是认定宋太宗是酒中下毒，用毒药毒死了宋太祖，因为酒里有毒，所以他才再三起身谦让。

这可真是天大的指控!在任何时代，杀人都是天大的罪名，更何况杀的是自己的亲哥哥，是大宋王朝劳苦功高的开国皇帝!如果指控属实，宋太宗可就不仅是身败名裂的问题了，他就是杀害自己哥哥的凶手，理应受到历史的谴责!如果指控不能成立，也不能老是把"莫须有"的杀人嫌疑硬扣在宋太宗的头上。

那么，"烛影斧声"有可能是赵光义"灯下弄斧"吗?

柱斧，与"斧声"相联系，似乎特别耸人听闻，也特别像杀人的凶器。其实，柱斧，又名玉斧，《萍洲可谈》《朱子语类》《方舆胜览》等宋人的著述中早已有相关的明确记载，谷霁光、王瑞来等当代学者也有精密的考证，现在大家都清楚了:柱斧，是用水晶或玉石等其他材料，打造的长柄小斧头，只能当文具或生活用品用，根本不大可能用来杀人。此其一。

各种史料上都记载，使用柱斧戳地的，是宋太祖，而不是赵光义。此其二。

兄弟两人当夜闭门密谈不假，但内侍和宫女们，既然能看见烛光和人影，能听见柱斧戳地声和宋太祖说话的声音，说明众人离宋太祖的寝宫并不太远。在这种情况下，单身入宫的赵光义，即便再怎么丧心病狂，无论如何也是不敢动手杀害宋太祖的。此其三。

宋太祖是著名的猛将，而且武功超群，拳术、棍法样样精通，赵光义不过是个养尊处优的公子哥儿，要说仅凭一把长把水晶或玉石小斧头，赵光义就能要宋太祖的命，显然是不太可能的。此其四。

至于酒中下毒，那就更不可能了。

除了《续湘山野录》之外，《续资治通鉴长编》等史书都没有提到兄弟俩当夜喝了酒，如果二人没有喝酒，自然就不存在赵光义在酒中下毒的问题。此其一。

即便是兄弟二人喝了酒，因为赵光义是被召到皇宫的，酒食自然都由皇宫提供，赵光义不可能有经手和在其中动手脚的机会。此其二。

既然是兄弟喝酒，赵光义再谦让，也不可能完全滴酒不沾，如果酒中下毒，很难只毒死宋太祖，他本人却安然无事。此其三。

兄弟俩会面是在十九日夜,宋太祖死在二十日午夜,其间还有一天多的时间,当时的毒药多是剧毒的急性药,不会拖这么长的时间。况且,中毒者往往七窍流血而死,宋太祖如果真是赵光义下毒毒死的,不会不露出些马脚。此其四。

从犯罪学的角度来说,断定一个人是否是杀人犯,通常还要看他是否具备杀人的动机。赵光义有杀自己哥哥的动机吗?按说他已经是"一人之下,万人之上"的晋王,又有金匮之盟传位于他的约定,有什么必要去杀人呢?他就不怕一旦失手,落个鸡飞蛋打、身首异处的下场?当然,如果宋太祖不愿意遵从金匮之盟的约定,不准备传位于他,赵光义为了皇位铤而走险,还是有一定的可能性的。问题是,宋太祖究竟想不想把皇位传给赵光义呢?

史书中关于宋太祖痛爱弟弟赵光义的记载很多,有一次弟弟病了,宋太祖亲手给弟弟针灸,弟弟喊痛,宋太祖赶紧用药捻子烫自己,以此来安慰弟弟。而且说,宋太祖在政治上对赵光义期望很高,曾对身边的人说:"光义龙行虎步,他日一定能成为太平天子!"宋太宗到了晚年,也多次深情地说起哥哥对他的疼爱和培养。要说这些记载,都是凭空捏造出来的,恐怕也不大可能。

最能说明问题的,还是在开宝六年(973)八月的时候,宋太祖解除了宰相赵普的职务,外放河阳三城节度使,紧接着在九月封皇弟、开封尹赵光义为晋王、兼侍中,并明令规定:晋王赵光义排位在第一宰相之上。赵光义和赵普一升一降的人事安排，堪称一锤定音，决定了宋初政局的基本走向。

赵普和赵光义是宋太祖的左右手，也是宋初政坛上的两大巨头。但正所谓"一山不容二虎"，杜太后活着的时候，两人的关系还算融洽。杜太后死后，两人之间的明争暗斗就愈演愈烈，很快就势不两立了。宋太宗后来曾当面对赵普说过："我当年好几次恨不得杀了你。"而他们两人争斗的焦点，就集中在皇位继承的问题上，赵普反对兄终弟及，多次向宋太祖建议立赵德昭为太子，这是他后来亲口向宋太宗承认的，也是众所周知的。宋太宗登基后，有一次忍不住脱口而出："如果赵普还是宰相，我是当不了皇帝的！"

这句话，是句大实话。赵普是大宋王朝的开国元勋，陈桥兵变的前台指挥者，有足够的威望，也有能力驾驭禁军的骄兵悍将。开国之后，赵普又独自担任了十年的宰相，真是大权独揽，羽翼众多。如果宋太祖去世，赵普这么一个重量级的人物居于宰相的要害位置，他完全有可能阻拦赵光义即位。反过来，宋太祖罢赵普，赵光义却封晋王，又位居宰相之上，就意味着在赵普和赵光义两人之间，宋太祖最终选择了赵光义，也就是最终选择了传位于赵光义，并完全昭告于朝廷群臣。

要知道，宋太祖给开封尹赵光义封的王号是"晋王"，并兼侍中，而当年的周世宗在继承皇位之前，他的位置就是晋王、兼侍中、开封尹！赵光义与周世宗的位置竟然一模一样,个中的政治含义,难道不是昭然若揭吗?

不管怎么说,宋太祖愿意传位给赵光义,这是一个不争的事实。

凡认为"烛影斧声"是一桩谋杀案的,还有一个重要的前提,那就是宋太祖身体一直很好,二十日那天是"猝死",也就是非正常死亡。事实上,到十月十九日那天,因宋太祖身体不好,一个特地从陕西被召进京的道士张守真,已经秘密地在给宋太祖进行祈祷寿命的活动了,考虑到从陕西到开封足有千里之遥,去回之间,最快也需要半个多月以上的时间,这说明宋太祖的身体出问题,绝对不是一两天的事情了,他二十日去世根本不是"猝死"。

要知道,当时的宋太祖已经年届五十,多年征战,积劳成疾,再正常不过,何况他又有酗酒恶习。只不过,在帝制的时代,帝王的身体状况都是最高的机密,臣民们所能听到的,始终是皇帝神采奕奕、永远健康一类的官话,在臣民眼里,大多数帝王似乎就都是"猝死"了。

综上所述,不难得出如下结论:宋太祖十月二十日午夜去世,其实是正常逝世。十九日晚上的"烛影斧声",赵光义既没有"灯下弄斧",也没有酒中下毒,而是兄弟之间再正常不过的、最后的诀别。宋太祖用柱斧戳地,连连向赵光义说:"好好做!好好做!"一是把大宋王朝托付于弟弟,二是提醒弟弟遵守金匮之盟"三传约"的约定,别忘了把皇位再传回自己的子孙。事情的真相,可能就是如此。

风波迭起：宋太宗立太子

太平兴国四年（979），大宋开国快二十个年头了，宋太宗在这一年里，就如同坐过山车一样，经历了从大喜到大悲的转折。这年的五月，宋太宗终于攻克太原，平定了北汉，这可是周世宗和宋太祖都未能取得的成就。但在六月，宋太宗却兵败高梁河，这也是周世宗以来从未有过的惨败。

宋太宗本人，也在战斗中身负重伤，尽管急于逃命，却无法骑马，只能坐毛驴车，可见伤势之重。更可怕的是，宋太宗箭伤的伤口感染一直都未能根治，每年都要发作，而且一年比一年严重。

此时的宋太宗，已经是四十一岁了，早就步入了中年，此番又身负重伤，确立皇位继承人就成了迫在眉睫的问题。当然，如果宋太宗决心兑现金匮之盟"三传约"，问题就再简单不过了。那么，宋太宗究竟想不想践约呢？

答案应该是肯定的。宋太宗即位伊始的十月二十七日，就以皇弟赵廷美为开封尹、兼中书令，封齐王；以哥哥宋太祖的长子赵德昭为永兴军节度使兼侍中，封武功郡王；次子赵德芳为山南西道节度使、兴元尹、同平章事。三人都挂宰相衔，赵廷美和赵德昭都位于第一宰相之上。

这个安排的政治意义，是一目了然的，那就是"明传位之次"，即皇弟赵廷美以亲王为开封尹，位宰相之上，和宋太宗在宋太祖朝的位置一样，就是皇位当然的第一继承人；

皇侄赵德昭为第二继承人；赵德芳为第三继承人。当时有好几位犯赵廷美名讳的官员，都改了名字，像大将刘廷翰，就改名为刘延翰。

意外也出现在太平兴国四年（979）。就在这年的八月，为了替将士讨要平北汉的赏赐，皇侄赵德昭与宋太宗发生了激烈的口角，宋太宗后来气愤地训斥赵德昭说："等你自己当了皇帝，再赏赐他们也不迟！"没想到赵德昭一下子想不开，回家后竟然非常惨烈地自杀了。

原来，高梁河兵败的时候，宋太宗狼狈逃命，无法通知幽州城下的大军，宋军大营失去了太宗的音讯，还以为他阵亡了，军中石守信、刘遇、史珪等元老，就临时拥戴赵德昭为皇帝。虽然这只是临时性的应急措施，但一直是赵德昭的一块心病。

宋太宗闻讯赶来，又惊又悔，抱着侄子的尸体大哭着说："你这个傻孩子啊，怎么要走这一步呢？"但事已至此，已经无法挽回了，赵德昭死时，年仅二十九岁。

赵德昭的死，宋太宗作为叔叔，不管怎么说，都脱不了干系。为了替宋太宗开脱，宋朝官修的《国史》竟然说赵德昭特别喜欢吃肥猪肉，结果不小心把自己噎死了，真是荒唐可笑。不过，宋军新遭惨败，宋太宗身负重伤，沮丧、懊恼、痛苦的心情可想而知，此时叔侄口角，也属正常。再者，赵德昭被众将拥戴在先，宋太宗心中十分不悦，但并未追究，只是在口角中发发牢骚，赵德昭就选择了自杀这一最极端的方式，心胸也忒窄了些。

赵德昭这个人，当时贸然接受众将的拥戴，犯了帝制时代最大的忌讳，按理说他应谦让同在大营中的皇叔赵廷美才是。此时，他又受别人怂恿替众将出头讨要赏赐，难免授人以笼络军心的把柄。这都说明赵德昭确实缺乏政治经验，也易受别人控制。宋太祖当年如果真听赵普的话立他当太子，说不定还真有成为赵普手中傀儡的可能。

更出人意料的是，太平兴国六年（981）三月，年仅二十三岁的赵德芳也病逝了。宋神宗的时候，赵德芳的后人曾把宋太宗赐给赵德芳的一枚皇帝玉玺，敬献给了宋神宗，宋神宗还专门重赏了他们。从这枚皇帝玉玺看，赵德昭死后，在宋太宗心中，赵德芳就上升为比较优先的皇位继承人了，但偏偏赵德芳年纪轻轻就去世了。

宋太祖两个儿子的先后去世，给金匮之盟笼罩上了浓重的阴影，宋太宗的想法就此发生了重大的变化。按照明末清初的大学者王夫之在《宋论》中的分析，宋太宗的思路大致是这样的：天下是哥哥宋太祖打下来的，传位给哥哥的儿子天经地义，但哥哥的两个儿子都去世了，与其由弟弟赵廷美白白沾这个大光，还不如干脆让自己的儿子即位。反正赵廷美对大宋开国的功勋，还远远在自己之下哩。

宋太宗既然不再想传位给赵廷美了，赵廷美又居于"一人之下，万人之上"最显赫的位置，除掉赵廷美，对宋太宗来说，就是别无选择的事情了。

　　不管怎么说，迫害自己的弟弟，都不是什么光彩的事，宋太宗本人不宜直接出面。那么，由谁来充当这个打手呢？宋太宗想到了赵普。

　　宋太宗这一手，可真是老到之极的高招。赵普是大宋的开国元勋，资历没得说。而且，赵廷美唯一的护身符就是金匮之盟，而赵普恰恰是当年金匮之盟的订立者之一，由他出面公布一个经过篡改后的金匮之盟，把赵廷美剔除出皇位继承人的行列，那是再合适不过了。反正金匮之盟另外两位当事人杜太后和宋太祖都早已去世了，这就叫作死无对证。更绝妙的是，赵普一直和宋太宗有过节，甚至于水火不容，这是路人皆知的公开秘密。用赵普出头，就可以最大限度地撇开宋太宗，避免让人产生宋太宗与赵普互相勾结、陷害赵廷美的联想。

　　赵普愿意替宋太宗出头，去充当落骂名的打手吗？

　　此时的赵普，罢相在家闲居已经八年了，早已没了当年大权独揽、敢于同皇弟赵光义大打出手的威风了。特别是宋太宗即位后，赵普一直过着战战兢兢、提心吊胆的生活，就怕宋太宗清算当年的旧账。赵普的政敌们也乘机落井下石，用各种办法挤兑赵普。赵普这个人权力欲极强，既过不了门可罗雀的"退位菩萨"的日子，又不愿在对手的逼迫下坐以待毙，早就在挖空心思地伺机复出了。

　　宋太宗和赵普二人，真是一拍即合。至于说，迫害赵廷美是不是丧了良心，篡改金匮之盟是不是对宋太祖不忠，赵普就都顾不上了。再者，赵普也心知肚明，如果他拒绝充当打手，等待他的绝对只有死路一条。

太平兴国六年（981）九月，宋太宗私下里召见了赵普，两人一见面，宋太宗装模作样地表示要传位给赵廷美，征求赵普的意见。赵普是何等老辣的人物，一听这话，早就猜到了太宗的心思，他当即说道："这事太祖皇帝已经错了一次，陛下您绝对不能再犯同样的错误了！"这句话，真是厉害，既把本来卑鄙无耻的迫害赵廷美、满足宋太宗传位给儿子的私欲，美化成了维护君臣父子、伦理纲常的义举；又很好地替自己当年反对宋太祖传位宋太宗做了分辩。难怪宋太宗听后大喜过望，当场放下了皇帝的架子，为当年两人的斗争，主动地向赵普致歉。两个老冤家对头，于是握手言欢了。

赵普答应帮宋太宗，可不是无条件的，他提出了两个交换条件：一是伸手要官，自己提出要当第一宰相。二是要借机除掉第三宰相卢多逊。对赵普的条件，宋太宗满口应承。

赵普为什么如此仇视卢多逊呢？卢多逊，进士出身，学识渊博，是宋初政坛上的后起之秀，宋太祖的名言："宰相要用读书人。"就是具体针对卢多逊说的。赵普却读书不多，两人一直互相瞧不起。宋太祖改年号为"乾德"之后，有一次就当着两人的面说："这个年号好，以前没人用过。"赵普随声附和，卢多逊却说："前蜀的王氏也用过这个年号。"宋太祖大吃一惊，派人一查，果然如此，他气不打一处来，操起手边的毛笔，蘸满墨汁，把赵普涂了个大黑脸，边涂边骂:"你什么时候才能像卢多逊那样有点学问!"两人由此成了死对头。赵普开宝六年(973)的罢相,主要原因之一,就是卢多逊向宋太祖告发了他很多的丑事。赵普下台后,又是卢多逊落井下石,时常欺负落魄的赵普。

卢多逊当年敢有恃无恐地和炙手可热的开国元勋赵普斗法,除了宋太祖赏识"主宠臣骄"之外,皇弟赵光义的撑腰也是一个关键因素。宋太宗上台,卢多逊是功不可没的。按理说,宋太宗应该保卢多逊才是,但为了换取赵普支持迫害赵廷美,宋太宗就把卢多逊当作交易筹码给抛弃掉了。再说,既然要给赵廷美罗织罪名,把他和宰相卢多逊绑在一起,打成一个夺权集团,正好可以坐实他拉帮结伙、有意篡位的罪名。

九月十七日,宋太宗发表对赵普的任命,赵普重新出山,担任司徒兼侍中,这是最高一级的宰相头衔了。

可怜的赵廷美,面对宋太宗和赵普两大巨头的联手重击,哪里还有挣扎的机会。于是,"独指太宗"的金匮之盟"独传约"由赵普公之于众,赵廷美百口莫辩,他只好主动地要求退居赵普之下,也就是表态自动放弃皇位继承人的位置,但这已经太迟了。太平兴国七年(982)三月和四月,赵廷美就先后被扣上了勾结卢多逊准备乘宋太宗游览金明池的机会发动兵变、夺取皇位的天大罪名,赵廷美和卢多逊都被逮捕。

慑于宋太宗和赵普两个人的淫威,满朝文武没有谁敢公开站出来说句公道话，只有第二宰相沈义伦态度消极，也被罢了官。开国宰相王溥等七十四名高级官员，还很不光彩地联名在赵廷美和卢多逊的罪状上签名，要求皇帝"秉公处理"，将这两个"大逆不道"的乱臣贼子处以极刑。宋太宗"皇恩浩荡"，只下令处死了两人手下六个不大起眼的小卒子，赵廷美、卢多逊则予以特赦。但死罪饶过，活罪不免，赵廷美先是被软禁在家，后被流放到房州（今湖北房县）。卢多逊和全家，都被流放到了崖州（今海南三亚）。因为宋太祖有不杀大臣的誓约，对卢多逊如此处理，在当时算是最严厉的了，但他其实是冤枉陪绑的，主要是赵普官报私仇，雍熙二年（985），卢多逊就死在了崖州。

案子了结之后，宋太宗还专门发布了一个《秦王卢多逊贬逐谕两京军人父老》的诏书，也就是皇帝给开封、洛阳两京军人、父老们的公开信，在诏书中，宋太宗说：

> 其秦王廷美，已勒归私第，一房供给，并从优厚。秦府亲吏及私署人等，并以分配诸处及停罢外，更不问罪。有敢以它事陈告者，以其罪罪之。朕敦睦乖方，委任非当。有弟若此，为兄失教之使然；有臣如斯，居上不明之所至。以包羞忍愧，靡敢自安。凡尔军民，深体兹意。

这其实算是个罪己诏，意思也很明白。宋太宗为什么有必要特意针对两京的父老，发布这样一个诏书呢？是不是因为老人们或多或少都知道一些当年金匮之盟的风声呢？

赵廷美到了房州之后，又惊又吓，很快就在雍熙元年（984）正月得病死了。宋太宗在大年正月里听到了弟弟的死讯，虽然也难过了一阵，但为了坐实金匮之盟"独传约"，还是给死去的弟弟又泼了些脏水，亲自向宰相说："赵廷美并非杜太后亲生，他的亲生母亲，其实是朕的奶妈耿氏。"太宗的潜台词是说，既然赵廷美不是杜太后亲生的，杜太后自然不会在金匮之盟列上他的名字。

问题是，耿氏是在太平兴国八年（983）正月刚刚去世的，耿氏在世时宋太宗怎么不说呢？这不明摆着又是死无对证嘛。宋代有人迎合宋太宗说，据赵廷美的年纪推算，杜太后生赵廷美时已经四十七岁了，意思是不可能的。但他怎么不说宋太宗只大赵廷美八岁，生太宗时杜太后已经三十九岁了，不也很少见吗？再者，按照史书的记载，杜太后在生赵廷美之后，还生了一个儿子叫赵匡赞，只是不幸夭折罢了。

至道三年（997），宋真宗即位后，立即平反了赵廷美的冤案，恢复了赵廷美的王位。卢多逊此前也在事实上大致平反了，宋仁宗时，当他听到卢多逊一案的原委之后，就对卢多逊表示很是同情，还专门接受了卢多逊儿子卢察的请求，追赠给卢多逊以尚书的高官，算是正式平反。

从此之后，宋人对赵普迫害赵廷美的口诛笔伐铺天盖地，都把赵普说成迫害赵廷美的罪魁祸首，《续资治通鉴长编》就大书特书说："于是普复入相，廷美遂得罪。凡廷美所以得罪，则普之为也。"《宋史·赵普传》也说："晚年廷美、多逊之狱，大为太宗圣德之累，而普有力焉。"明代的岳正也有诗讥讽赵普说：

> 阿母要盟毕竟寒，个中书记独相干。
>
> 晋王不肯轻传弟，欲说陈桥事似难。

其实，在淳化三年（992）赵普临终之前，就有赵廷美前来索命等一类的传说传出来，还说赵普表示要到阴间和赵廷美继续辩论去。《续资治通鉴长编》《宋史》等史学著作，竟也收录了这些不太严肃的神怪之说。

赵普要和赵廷美辩论什么呢？可以想见，赵普不外是想向赵廷美说明：冤有头，债有主。陷害的主谋，是他的哥哥宋太宗，自己不过是受人驱使的打手罢了。确实，当赵廷美被流放房州之后，赵普失去了利用的价值，就在太平兴国八年（983）十月，再一次地被踢出了朝廷。从这个角度说，赵普不折不扣地是替宋太宗担了骂名。

赵廷美死了，宋太宗的长子赵元佐就理所当然地成了皇位的第一继承人。太平兴国七年（982），宋太宗封他为楚王、同平章事，还移居东宫，俨然已经居于皇太子之位，有的史书就径直地称他为"皇太子元佐"。

按理说，皇位就在赵元佐的眼前了，他应该对自己的父亲感恩戴德才是。然而，出乎所有人的意料，宋太宗、赵元佐父子俩，相貌长得很像，但为人却大相径庭。宋太宗是亲情丧尽，为了把皇位传给自己的儿子，不惜向自己的弟弟下毒手，也不顾杜太后和宋太祖的金匮之盟。赵元佐却对父亲的卑鄙行为极其不满，当满朝文武几乎都向赵廷美落井下石的时候，只有赵元佐敢于挺身而出，替叔叔求情和讲公道话。当父亲要立他当皇太子时，赵元佐又拒绝接受靠不光彩手段得来的皇太子之位，还提议立宋太祖的孙子为皇位继承人，令宋太宗难堪万分。

雍熙二年（985）九月，赵元佐因叔叔惨死于房州（今湖北房县），气愤难已，就亲手在皇宫中放了一把大火。大丢脸面的宋太宗把赵元佐废为庶人，为了掩人耳目，就对外宣称赵元佐得了神经病，成了疯子。其实，赵元佐什么病都没有，只是瞧不起父亲为了皇位，把亲情都抛之脑后。当然，要亲情，不要皇位，在很多人眼里，不是疯子，不是神经病又能是什么呢？

赵元佐"发疯"后，宋太宗就以自己的第二个儿子赵元僖为开封尹，赵元僖就成为事实上的皇位继承人。令人啼笑皆非的是，淳化三年（992），赵元僖的两个小老婆争风吃醋，都想争夺太子妃的位子。其中的一个就在食物中下毒，想毒死对方，没想到却误打误撞，毒死了赵元僖。宋太宗悲痛欲绝，但都没有用了。

宋太宗处心积虑地害死弟弟赵廷美，目的只有一个，就是把皇位传给自己的儿子。不知道当宋太宗面对长子赵元佐与他决裂，次子赵元僖死于非命的人伦惨相时，是不是会产生"早知如此，何必当初"的懊悔呢？

淳化五年（994）九月，宋太宗封第三子赵元侃为寿王、开封尹。到至道元年（995）八月，就正式册封他为皇太子，改名赵恒，他就是后来的宋真宗。说起来，宋真宗真是一个幸运儿。他原本至多就是皇位第六位的继承人，没想到在他之前的赵廷美、赵德昭、赵德芳、赵元佐、赵元僖等人，死的死，"疯"的"疯"，经过这么多的风波，皇太子之位才最终落到了他的头上。

事业付之书生：宋太宗与士大夫文官政治

至道三年（997）三月，宋太宗去世，享年五十九岁。宋太宗在位，共二十二个年头（976~997），撇开备受非议的传位于子的问题，其帝业可谓成败参半，毁誉也参半。我们不妨拿宋太祖和宋太宗做一个比较，这也是宋太宗本人始终念兹在兹的，超越自己的哥哥一直是他的一个心结。

如果说宋太祖骨子里终究是一个军人，终究是一个真正的"侠客"，虽然他对文化特别的重视，对读书人特别的亲近和赏识，但骑马射箭、指挥打仗才是他真正的本行。那么，宋太宗骨子里终究是一个书生，一个彻头彻尾的文人士大夫，虽然他对战场决胜特别有兴趣，虽然他按捺不住驰骋疆场、建功立业的冲动，但都只是"千古文人侠客梦"而已,他哪里真正会打仗?

"写字作诗"、舞文弄墨才是宋太宗的强项。他读书很多,精通书法,当了皇帝后仍然是手不释卷,每天必看《太平广记》或《太平御览》至少三卷,留下了"开卷有益"的千古佳话。按宋太宗自己的话说,翰林学士其实才是他最想做的官。

如果说宋太祖是合格的"以神武定天下"的开国之君,宋太宗就是一个合格的"兴致太平"的守成之君。宋太祖对他的评价:"光义龙行虎步,他日必为太平天子。"就是这个意思,也看准了宋太宗的优点。

问题是,宋太祖在有生之年,毕竟没有能够解决北汉和幽州的问题,导致军事基本外行的宋太宗不得不面对比宋太祖时期更加惨烈的军事冲突,从而把他的短处极度地暴露出来并放大了。高梁河之战,宋太宗犯了轻敌冒进的错误;雍熙北伐,又犯了缩手缩脚、畏敌如虎的错误,不敢亲临前线指挥,又偏偏要"运筹帷幄之中,决胜千里之外",滥发什么阵图和"锦囊妙计"。其实,战场搏杀,瞬息万变,生死存亡,就在一念之间,所谓"运筹帷幄之中,决胜千里之外"和"锦囊妙计",本来就是书生们纸上谈兵的幻想。自古以来,凡是从后方干涉前线指挥的,几乎没有不失败的。宋太宗当然也不会例外。

尺有所短,寸有所长。宋太宗即位后,战场上连吃败仗,损兵折将,但他在治理国家、恢复经济、繁荣文化特别是确立士大夫文官政治等方面所取得的成绩，应当是超过了宋太祖的。正是从宋太宗开始，宋朝才完全确立了"以儒立国"、"事业付之书生"的基本国策。

宋太祖开创了科举考试的殿试制度，进士成为"天子门生"。但当时录取的名额仍然是太少，宋太祖一朝十五榜，通共录取了进士一百八十五人，诸科和特奏名二百一十七人，合计不过四百五十五人，平均每榜不过二三十人上下。

宋太宗则不然，他即位的第一榜，即太平兴国二年（977）吕蒙正榜，仅这一榜就录取了五百余人，比宋太祖一朝的总数竟然还要多！淳化三年（992）孙何榜，更是取士多达一千三百余人。宋太宗在位期间，共开八榜，录取进士一千四百五十七人，诸科及特奏名四千三百五十九人，总计五千一百八十六人。这个数字，是宋太祖一朝的十余倍，和唐朝二百九十年间取士的总和相当！

科举制是士大夫文官政治的基石。宋太宗空前幅度地增加科举录取名额，是士大夫文官政治得以真正确立的一大关键。另外，科举考试的基本精神是"以文取人"，江南地区的文士在科举当中一直居于优势地位。宋太宗科举录取名额，江南士大夫成为首当其冲的得利者，这对宋朝稳定南方的形势，显然是大有益处的。

宋太祖提出了"宰相须用读书人"的口号，宋太宗则干脆从中央到地方，都放手重用科举及第的读书人，文官用读书人，武官也用读书人，甚至开始任命读书人做枢密使，让书生去前线统兵，历史性地出现了"满朝朱紫贵，尽是读书人"的新格局。

由此以来，宋朝"取士不问家世，婚姻不问阀阅"，官场和社会，普遍只讲究是否科举及第，不论门第如何。是否科举及第，被称为有无"出身"，非科举进士及第的，称"无出身"，即便是做了官，在官场里也要被人瞧不起，更遑论不读书的武夫了。科举及第的，称"有出身"，不仅当即就授予官职，以后也最容易得到优先提拔，特别是头名状元及第者，往往十年左右的时间，就可以做到高官甚至宰相的位置。如太平兴国二年（977）榜的状元吕蒙正，七年后的太平兴国八年（983），就当上了参知政事；十一年后的端拱元年（988），就当上了宰相。

难怪宋代有人形容说："状元登第，虽将兵数十万，恢复幽蓟，逐强虏于穷漠，凯歌劳还，献捷太庙，其荣亦不可及也。"也就是说：考中状元，在宋人眼里，竟然要比率兵数十万，收复幽州城，还要荣耀得多。

宋太宗的儿子宋真宗，还以皇帝之尊，写下了这样一首《劝学诗》：

> 富家不用买良田，书中自有千钟粟。
> 安居不用架高堂，书中自有黄金屋。
> 出门莫恨无人随，书中车马多如簇。
> 娶妻莫恨无良媒，书中自有颜如玉。

男儿若遂平生志，六经勤向窗前读。

宋朝一个叫汪洙的人，也就此赋诗曰："天子重英豪，文章教尔曹。万般皆下品，唯有读书高。""万般皆下品，唯有读书高"，这一对中国人有着最为深远影响的观念，就是从这时开始形成的。

士大夫文官政治，取代五代的武夫横行、长枪大剑指挥政治；"万般皆下品，唯有读书高"，取代魏晋隋唐以来的门第观念。不管怎么说，都是巨大的历史进步。对此，宋太宗功不可没。

不过，随着士大夫文官政治的确立，科举录取名额的空前增加，一个新的问题——"冗官"开始随之而来。"冗官"不仅造成了财政压力，关键是严重影响行政效率。因此，"冗官"就与"冗兵"、"冗费"一起，被合称为"三冗"。问题是，身处君王圣明、优礼文士的太平盛世，但凡是读书人，又有哪个不想一沾雨露"终身立圣朝"呢？

宋真宗即位：吕端大事不糊涂

宋太宗去世后，宋真宗即位。他虽然是皇太子，但在他即位的时候，还是出现了一场宫廷政变的危机。宋太宗的皇后李氏，就公开提出改立赵元佐为皇帝，宣政使、大宦官王继恩和参知政事李昌龄、知制诰胡旦、禁军大将国舅爷李继隆等一大批人，也都极力赞成。还有一说，众人其实是想拥立宋太祖的孙子赵惟吉。

据说，宋太宗对此早有安排和考虑，在临终前就向"大事不糊涂"的宰相吕端托孤，而吕端也是城府极深，对手都低估了他的手腕，结果被吕端临机应变，将这场危机轻松化解在萌芽之中，宋真宗得以顺利即位。

吕端是宋太祖参知政事吕余庆的弟弟，他忠人之事，没有辜负宋太宗的托孤，当然是不愧"诸葛一生唯谨慎，吕端大事不糊涂"的称誉。

不过，从皇太后到将相大臣，有那么多的人反对宋真宗即位，也说明大家对他并不看好。而从"澶渊之盟"和"东封西祀"等后来的历史进程来看，宋真宗绝非英武之主，他能力有限，是一个特别容易受别人影响的皇帝，自己的主见不多。难怪他到了晚年的时候，大权就操纵在他的皇后刘氏手中。这么说，拥立赵元佐为帝究竟是对是错，究竟是谁"大事不糊涂"呢？还真是难以回答。

宋真宗的刘皇后，是宋朝历史上非常传奇的一位女子。她出身四川成都的贫寒人家，自幼父亲就去世了，十几岁时就和丈夫龚美从四川前来开封谋生。龚美是一个银匠，由于生计艰难，只好把妻子卖给了襄王府。没想到，刘氏能歌善舞，又有着四川女子特有的过人美丽、聪慧和泼辣，当时还是藩王的宋真宗，很快就拜倒在了刘氏的石榴裙下。

宋真宗即位后，刘氏就一步登天，在大中祥符五年（1012）被立为皇后。刘氏没有生育过，真宗就把侍女李氏在大中祥符三年（1010）生的男孩子交由她收养，这个小孩，名叫赵受益，天禧二年（1018）被册封为皇太子，改名赵祯，他就是后来的宋仁宗。著名的戏曲故事《狸猫换太子》就是从这里演绎出来的，但戏曲中的刘皇后被大大丑化了。其实，刘氏待仁宗的生母一直还算不错，提携她做到了宸妃的地位，对仁宗的抚养和教育也尽心尽力。从古代的宫廷礼法来说，她也没有太过分的地方。

只是仁宗母子整日相见，却不能相认，仁宗即位后，刘氏还把李宸妃打发去为宋真宗守陵。宋仁宗在刘氏死前，甚至根本就不知道李氏才是自己真正的亲生母亲，刘氏哪能没有愧心的地方。李氏死于明道元年（1032），宋仁宗亲政后，追尊她为庄懿皇太后，还给予了舅舅李用和和李氏家族以荣华富贵，以表达对母亲的思念。

宋真宗一直有酗酒的毛病，到了晚年时常神志不清，朝廷大权就掌握在了刘氏的手中。据说，在临终的时候，宋真宗突然清醒过来，怕儿子只有十三岁，自己死后刘氏会专权。他当时已说不出话来，只能用手点着自己的胸口，又展开了五个指头，再伸出三个指头，向宰相丁谓等人示意，意思是让他们拥立自己的八弟"八大王"赵元俨为皇帝，以求国有长君。当然，到了这个时候，没有人会听他的话了。

乾兴元年（1022），宋真宗去世，宋仁宗即位，刘氏被尊为皇太后，全权处理军国大政。她从此垂帘听政，一直到明道二年（1033），执掌朝廷大权共十年。

可以说，此时的刘氏，权力绝对不亚于西汉时专权的吕后，也不次于唐代的女皇帝武则天。好在刘氏这个人，没有吕后和武则天那么大的政治野心。曾经有趋炎附势之徒上书刘氏，建议她效法武则天立刘氏的宗庙，刘氏都置之不理。有个叫程琳的大臣还无耻地献给刘氏一幅《武后临朝图》，刘氏把它扔到地下，喝道："我不会做这种有负祖宗的事！"

当然，也有人说，刘氏嘴上虽然这么说，心里还是很受用的。有一次活动，她就穿戴着皇帝的龙袍出席。直到临终之时，刘氏连话都说不出来了，还连连拽自己的皇太后衣服，意思是向宋仁宗要皇袍来给自己殡葬。宋仁宗是个大好人，感觉刘氏很可怜，想要满足她最后的要求，让她穿着皇袍下葬，但最终因臣下反对而未果。

不管怎么说，刘氏有能力当吕后，有可能当武则天，而没有去做，算是对得起大宋王朝了，算是"赵氏功臣"。而且，刘皇后这个人，精明干练，又有社会底层的穷苦生活经历，了解民间的疾苦，治国才能其实比她的第二任丈夫宋真宗，还有宋真宗的儿子宋仁宗，都要强得多，是个真正的铁腕人物，堪称女中豪杰。寇準、曹利用、丁谓等当时的几个重臣，都被她踢出了朝廷。她执政期间，赏罚严明，政绩卓著，特别是用心防范"太子党"，限制那些达官贵人们的纨绔子弟当官，从而保证了宋朝政治、社会平稳地向前发展。

明道二年（1033）三月，刘氏去世，谥号章献明肃。宋仁宗亲政。至此，宋初的宫闱风云最终尘埃落定。

宋朝开国六十年大事年表

宋太祖赵匡胤

建隆元年（960）正月，陈桥兵变，周恭帝禅位于归德军节度使、殿前都点检、北面行营都部署赵匡胤。定国号为"宋"，大赦，改元建隆。赠后周韩通中书令。晋升石守信等禁军大将官职。赵普为枢密直学士。皇弟殿前都虞候赵匡义赐名赵光义。二月，尊母太夫人杜氏为皇太后。四月，昭义节度使李筠与北汉联兵反宋。五月，亲征。六月，克泽州，李筠自焚。八月，赵普为枢密副使。九月，淮南节度使李重进起兵反宋。十月，亲征。十一月，克扬州，李重进自焚。十二月，减免商税。

建隆二年（961）闰三月，殿前都点检不复除授。六月，皇太后杜氏崩，立金匮之盟。七月，第一次杯酒释兵权，解除石守信等禁军大将兵权。皇弟赵光义为开封尹、同平章事。

建隆三年（962）正月，雪夜访赵普，定先南后北的统一方针。诏地方官劝课农桑。十月，赵普为枢密使。

乾德元年（963）正月，命慕容延钊等伐湖南。二月，收荆南。三月，克朗州，湖南平。置通判。定折杖法。八月，颁布《宋刑统》。十月，整顿各州户籍。

乾德二年（964）正月，以赵普同平章事，李崇矩为枢密使。四月，始置参知政事，以薛居正、吕余庆为之。六月，皇弟赵光美为同中书门下平章事，皇子赵德昭为贵州防御使。十一月，命王全斌等伐后蜀。

乾德三年（965）正月，后蜀平。三月，令各州钱帛皆送京师，制其钱谷。置封桩库。八月，收藩镇精兵，用赵普之谋。九月，榷蕲、黄等五州茶，置十四场，岁入百万贯。

乾德五年（967）正月，修黄河河堤。

开宝元年（968）二月，纳皇后宋氏。

开宝二年（969）二月，亲征北汉。三月，围攻太原。闰五月，班师。十月，第二次杯酒释兵权，罢资深节度使兵权。

开宝三年（970）四月，除河北盐禁。五月，置便钱务。七月，裁减州县官，提高俸禄。九月，命潘美等伐南汉。

开宝四年（971）二月，克广州，南汉平。六月，置广州市舶司。是年，严阶级法。大饥。

开宝六年（973）三月，周恭帝去世。亲试进士于讲武殿，立科举殿试制度。四月，限度僧法。行《开宝通礼》。六月，令宰执同议政。八月，赵普罢相。九月，参知政事吕余庆罢。皇弟赵光义封晋王，位宰相上。薛居正、沈义伦同平章事。十二月，颁布《循资格》。

开宝七年（974）九月，命曹彬等伐江南。十一月，契丹求和。

开宝八年（975）三月，契丹使团来访。七月，遣使回访契丹。十一月，克金陵，江南平。

开宝九年（976）八月，命党进等伐北汉。十月，烛影斧声。宋太祖崩，享年五十。皇弟赵光义即位。以赵廷美为开封尹，封齐王；赵德昭封郡王；以赵德芳为节度使，并同平章事。薛居正、沈义伦、卢多逊同平章事。枢密使曹彬同平章事。十一月，诏赵廷美、赵德昭位宰相上。十二月，大赦，改元太平兴国。

宋太宗赵光义

太平兴国二年（977）正月，取吕蒙正等进士、诸科共五百人。二月，置江南榷茶场。三月，置榷易局。编纂《太平御览》《太平广记》。闰七月，诸州上《闰年图》。

太平兴国三年（978）二月，置崇文院。四月，陈洪进献漳、泉二州。五月，吴越国王钱俶献吴越地。十月，置内藏库。

太平兴国四年（979）二月，亲征北汉。三月，郭进大败契丹于石岭关。五月，北汉平。六月，亲征契丹。围攻幽州。七月，惨败于高梁河。八月，赵德昭自杀。九月，败契丹于满城。

太平兴国五年（980）二月，定差役法。十一月，亲征，驻大名。

太平兴国六年（981）三月，赵德芳去世。九月，金匮之盟独传约公布。赵普复相。十一月，改武德司为皇城司。

太平兴国七年（982）四月，贬皇弟赵廷美、宰相卢多逊。五月，赵廷美安置房州。李继捧献定难军五州地。六月，李继迁起兵反宋。置译经院。

太平兴国八年（983）十月，赵普罢相。

雍熙元年（984）正月，赵廷美卒。九月，败李继迁于地斤泽。十月，召隐士陈抟，赐号希夷先生。十二月，立李氏为皇后。

雍熙二年（985）二月，李继迁诱杀曹光实。四月，始赏花钓鱼宴。九月，废赵元佐为庶人。

雍熙三年（986）正月，曹彬等三路北伐契丹。五月，曹彬惨败于岐沟关。七月，以田重进为侍卫马步军都虞候。八月，陈家谷惨败，杨业被俘殉国。十月，以赵元僖为开封尹、兼侍中。十二月，《文苑英华》成书。刘廷让惨败于君子馆。

雍熙四年（987）五月，许文臣换武。赐诸将阵图。

端拱元年（988）二月，置司谏、正言。赵普复相。五月，置秘阁。十月，置四厢都指挥使。十一月，败契丹于唐河。

端拱二年（989）正月，诏陈备边策。二月，下契丹攻劫罪己诏。七月，再败契丹于唐河。

淳化元年（990）正月，赵普罢相。五月，铸"淳化元宝"钱。十二月，契丹封李继迁夏国王。立覆奏法。

淳化二年（991）二月，宽商税。三月，颁《淳化编敕》。五月，置折博仓。八月，置审刑院。

淳化三年（992）六月，置常平仓。七月，赵普卒，太宗亲撰《神道碑》。十一月，赵元僖中毒死。

淳化四年（993）二月，置审官院、考课院。四川王小波、李顺以"等贵贱，均贫富"为号召，起事反宋。

淳化五年（994）正月，李顺克成都。讨李继迁。讨李顺。五月，破成都，李顺败。九月，赵元侃为襄王、开封尹，大赦。寇準参知政事。下罪己诏。

至道元年（995）四月，吕端拜相。宋太祖皇后宋氏崩，不成礼。六月，限度僧尼。重造州县二税版籍。八月，诏立赵元侃为皇太子。十二月，铜浑仪铸成，置司天台。

至道二年（996）四月，讨李继迁。定任子出官法。九月，五路讨李继迁。

至道三年（997）三月，太宗崩，真宗即位。六月，追复皇叔赵廷美官，赠皇兄魏王赵德昭太傅，岐王赵德芳太保。十二月，分天下为十五路。

宋真宗赵恒

咸平元年（998）十月，吕端罢相。十一月，置估马司。

十二月，颁新《编敕》。

咸平二年（999）十二月，契丹攻河北，亲征。

咸平三年（1000）正月，王均兵变成都，十月败。

咸平四年（1001）三月，分西川、峡路为四个路。六月，减冗吏。

咸平五年（1002）三月，李继迁陷灵州。

咸平六年（1003）正月，授六谷部潘罗支朔方节度使。四月，王继忠败于望都，被俘。十二月，潘罗支败李继迁。

景德元年（1004）正月，李继迁重伤死。开封地震。八月，毕士安、寇準拜相。闰九月，契丹大举南下。十月，契丹攻瀛州，不克。契丹来议和。十一月，亲征，至澶州。十二月，宋、契丹达成和议，订澶渊之盟。

景德二年（1005）二月，开放北边榷场。孙仅出使契丹。十月，颁《农田敕》。

景德三年（1006）正月，置常平仓。二月，寇準罢，王旦拜相。九月，与党项议和。十月，封党项李德明西平王、定难军节度使。

景德四年（1007）五月，置登闻鼓、检院。七月，开封城内外实行城乡分治。复设诸路提点刑狱。十二月，令礼部糊名考校。

大中祥符元年（1008）正月，天书降，大赦。十月，封禅泰山，大赦。

大中祥符二年（1009）二月，赐应天府书院额。

大中祥符三年（1010）闰二月，河北行预买法。六月，契丹前来购粮。十一月，契丹伐高丽。

大中祥符四年（1011）二月，至汾阴祀后土地祇。

大中祥符五年（1012）九月，《册府元龟》成书。十月，圣祖降，大赦。十二月，立刘氏为皇后。

大中祥符六年（1013）七月，除农器税。

大中祥符七年（1014）正月，至亳州，谒太清宫。升应天府为南京。是年春，置誊录院誊录科举试卷。

大中祥符八年（1015）六月，定茶法。

天禧元年（1017）八月，王钦若拜相。

天禧二年（1018）八月，立赵祯为皇太子。

天禧三年（1019）三月，天书降乾祐山。六月，寇準复相。八月，大会僧、道于大安殿，共一万三千余人。

天禧四年（1020）四月，分江南路为江南东路和西路两个路。寇準罢相。七月，贬寇準。十二月，严内侍传旨覆奏法。

参考文献

今人论著

《"烛影斧声"与宋太祖之死》，王瑞来撰，《文史知识》2008年第12期。

《三国前传》，于涛著，中华书局2006年版。

《五代史略》，陶懋炳著，人民出版社1985年版。

《王曾瑜说辽宋夏金》，王曾瑜著，上海科学技术文献出版社2009年版。

《五代禁军初探》，张其凡著，暨南大学出版社1993年版。

《邓广铭治史丛稿》，邓广铭著，北京大学出版社1997年版。

《北宋武将研究》，何冠環著，香港中华书局2003年版。

《论陈桥兵变》，王育济撰，《文史哲》1997年每1期。

《论杯酒释兵权》，王育济撰，《中国史研究》1996年第3期。

《宋太宗》，张其凡著，吉林文史出版社1997年版。

《宋太宗与宋初两次篡位》，刘子健撰，《中国史研究》

1990年每1期。

《宋太宗箭疾新考》，何冠環撰，《香港中文大学中国文化研究所学报》，第20卷，1989年。

《宋太祖传位遗诏的发现及其意义》，王育济撰，《文史哲》1994年第2期。

《宋代官制辞典》，龚延明编著，中华书局1997年版。

《宋代政治文化史论》，张邦炜著，人民出版社2005年版。

《宋史丛考》，聂崇岐著，中华书局1980年版。

《宋辽关系史研究》，陶晋生著，中华书局2008年版。

《宋辽夏金经济史研究》，乔幼梅著，齐鲁书社1995年版。

《宋朝的太祖与太宗》，〔日〕竺沙雅章著，方建新译，浙江大学出版社2006年版。

《金匮之盟真伪考》，王育济撰，《山东大学学报》1993年第1期。

《金匮之盟真伪新考》，何冠環撰，《暨南学报》1993年第3期。

《祖宗之法》，邓小南著，三联书店2006年版。

《漆侠全集》，漆侠著，河北大学出版社2008年版。

《澶渊之盟新论》，张希清主编，上海人民出版社2007年版。

古籍文献

《太平寰宇记》，乐史撰，王文楚等点校，中华书局2007年版。

《太宗皇帝实录》，钱若水等撰，《四部丛刊三编》本。

《廿二史札记校证》，赵翼著，王树民校证，中华书局1984年版。

《王文正公笔录》，王曾撰，《丛书集成初编》本。

《东轩笔录》，魏泰撰，李裕民点校，中华书局1983年版。

《北轩笔记》，陈世隆撰，《景印文渊阁四库全书》本。

《旧五代史》，薛居正等撰，中华书局1976年版。

《玉壶清话》，文莹撰，郑世刚、杨立扬点校，中华书局1984年版。

《宋人轶事汇编》，丁传靖辑，中华书局2003年版。

《宋大诏令集》，佚名编，中华书局1962年版。

《宋大事记讲义》，吕中撰，《景印文渊阁四库全书》本。

《宋元方志丛刊》，中华书局1990年版。

《宋史》，脱脱等撰，中华书局1977年版。

《宋会要辑稿》，徐松辑，中华书局1957年版。

《宋论》，王夫之著，舒士彦点校，中华书局1964年版。

《杨文公谈苑》，杨亿撰，李裕民辑校，上海古籍出版社1993年版。

《邵氏闻见录》，邵伯温撰，李剑雄、刘德权点校，中华书局1983年版。

《皇宋通鉴长编纪事本末》，杨仲良撰，李之亮校点，黑龙江人民出版社2006年版。

《皇朝编年纲目备要》，陈均编，许沛藻等点校，中华书局 2006 年版。

《涑水记闻》，司马光撰，邓广铭、张希清点校，中华书局 1989 年版。

《资治通鉴》，司马光编著，中华书局 1956 年版。

《清容居士集》，袁桷撰，《景印文渊阁四库全书》本。

《续资治通鉴长编》，李焘撰，中华书局 2004 年版。

《续湘山野录》，文莹撰，郑世刚、杨立扬点校，中华书局 1984 年版。

《湘山野录》，文莹撰，郑世刚、杨立扬点校，中华书局 1984 年版。

《新五代史》，欧阳修撰，徐无党注，中华书局 1974 年版。

后 记

自从拜读同窗畏友于涛兄大著《三国前传》之后，我不禁为于兄学识之高、文笔之健而折服，同时产生了也写一本有点个性的宋代历史的想法，即每一句话，甚至每一个字，都要做到有出处，有史料依据，有研究支撑，但通常并不直接征引史料原文，争取用一种叙述式的、评议式的笔调，来为读者讲述宋代历史上的一些精彩片段和细节，为读者剖析宋代历史发展中的大环节和大关键。正好齐鲁书社以《宋朝开国六十年》的题目约稿，我于是高兴地接受了任务。

思路是有了，但着手之后，却频有无从下笔之慨，好在业师王育济教授时常耳提面命，又有于兄大著可作鞭策，有书社及时督促，有宋史学界诸大家高文典册释疑解惑，酷暑命笔，深夜静思，神游故国，倒也一抒思古之幽情，时有所悟，略有心得。

文中涉及的许多问题，史书中原本就有相互歧异的记载，学界研究也有不同的认识，甚至是十分激烈的争论，本文或择一而从，或兼采众说，或另提新解。在历史真相的捕捉层面，我自信本书"虽不中，不远矣"，但在历史认识、人物品评诸层面，"横看成岭侧成峰，远近高低各不同"，"欲把西湖比西子，淡妆浓抹总相宜"，只有体悟不同，没有高下之分，本书最多只是一家之言，供读者参考而已。

大宋开国的历史，不仅精彩绝伦，而且内容繁富，自然不是本书所能完全涵盖得了的。书末附有参考文献，对这段历史有兴趣的读者，不妨自行深入探研，定会有所获益。另外，文中虽也尽量呈现了各家观点，但限于文体的要求，恕未能一一指明出处，也一并在文末参考文献中体现，这是需要特别说明的。

"糟粕所传非粹美，丹青难写是精神"。文中这样那样的问题，肯定在所难免，诚恳地欢迎读者批评指正。

范学辉

2009年8月21日凌晨，于山东大学